Heinz Abels
Horst Stenger

Heinz Abels
Horst Stenger

Gesellschaft lernen

Einführung in die Soziologie

2. durchgesehene Auflage

Leske Verlag + Budrich GmbH, Opladen 1989

Titelgrafik: M.C. Escher „Relativität" (1953).
Mit Genehmigung Cordon Art, De Baarn, Niederlande

CIP-Titelaufnahme der Deutschen Bibliothek

Abels, Heinz:
Gesellschaft lernen, Einführung in die Soziologie /
Heinz Abels; Horst Stenger. — 2. durchges. Aufl. —
Opladen: Leske und Budrich, 1989.
ISBN 978-3-322-97215-6   ISBN 978-3-322-97214-9 (eBook)
DOI 10.1007/978-3-322-97214-9

NE: Stenger, Horst

© 1989 by Leske Verlag + Budrich GmbH, Opladen
Satz: Leske + Budrich

Vorwort

Am Ende der Arbeit an einer Einführung steht das Vorwort. Man erinnert sich daran, was man ursprünglich schreiben wollte, und denkt darüber nach, was man tatsächlich geschrieben hat. Auf Anhieb fallen einem dann all die Untiefen und Auslassungen ein. Da man nicht alles neu schreiben kann und eine Einführung nur einen bestimmten Umfang haben kann, tritt man die Flucht nach vorn an. Man versucht, der Kritik den Wind aus den Segeln zu nehmen, indem man selbst auf die Lücken und Verkürzungen hinweist. Manchmal gelingt es auch, angebliche Widersprüche zwischen Anspruch und Wirklichkeit als didaktisch gewollt hinzustellen. Alles in allem sollen — so oder so — Vorwort und Werk als eine organische Verbindung erscheinen. Das ist der Grund, weshalb Vorworte immer zum Schluß geschrieben werden.

Bei einem Vorwort zu einer Einführung in die Soziologie steht ein Autor sicher nicht vor geringeren Problemen. Wir, die Autoren dieser Einführung, sind uns dieser Probleme durchaus bewußt, die Art, wie wir sie glauben gelöst zu haben, vertreten wir ohne Vorbehalt.

Eine Einführung in die Soziologie soll vor allem neugierig machen. Dieses Ziel könnte leicht als didaktische Ambition mißverstanden werden. Die haben wir sicher auch. Unser eigentliches Ziel ist aber, Sie neugierig zu machen auf das, was uns tagtäglich begegnet. Wir möchten Sie mit einem spezifischen Denken vertraut machen, das das „Selbstverständliche" unbefangen von allen Seiten betrachtet. Das ist der Grund, warum das Thema „Wissen" in dieser Einführung so oft angesprochen wird. Um es nah an vertrauten Erfahrungen zu plazieren, haben wir uns mit der Grundfrage „wie wir werden, was wir sind" auseinandergesetzt.

Was den Stil angeht, in dem wir diese Einführung geschrieben haben, so könnten Sie den Eindruck haben, daß hinter vielen Formulierungen ein persönliches Interesse aufscheint. Dieser Eindruck ist korrekt. Auf diese Weise werden wir zwar angreifbar, aber wir meinten, daß Soziologie etwas mit dem konkreten Leben — auch unserem — zu tun haben sollte. Die nachfolgende Passage möchten wir denn auch nicht als trotzige Entschuldigung, sondern als Erläuterung für die verstanden wissen, die etwas anderes erwarten oder alles ganz anders gemacht hätten:

> Ein geeignetes Mittel, die Wertgebundenheit zumindest zu verschleiern, ist die Entwicklung einer Fachsprache, die nur noch von Eingeweihten — und auch dort nicht selten erst mit Hilfe von Kommentaren und „Materialien" — verstanden wird. Hier liegt ein Grund für die Erschöpfung, mit der nicht nur Studenten der ersten Semester soziologische Bücher nach den ersten Seiten beiseite legen. Es sind vor allem zwei Gründe, die das Gefühl der Entrücktheit soziologischen Denkens aufkommen lassen: Es fehlt an einem Hinweis auf die Person, die hinter den abstrakten Formulierungen steht. „Der Ton ist nicht nur unpersönlich, sondern anmaßend unpersönlich. Bulletins der Regierung oder auch Geschäftsbriefe werden

manchmal in einem solchen Ton geschrieben", polemisiert *Mills* (1963; S. 276). Außerdem fehlt es an konkreten Hinweisen, was diese abstrakte Sprache überhaupt beschreiben will. Die Warnung, daß man nie mehr als drei Seiten schreiben sollte, ohne an ein konkretes Beispiel zu denken (*Mills*, 1963; S. 279), scheinen viele Soziologen nicht auf sich zu beziehen. Hochschuldidaktisch ist die Forderung nach einer Verdeutlichung von Problemen an konkreten Beispielen selbstverständlich, doch sobald ein Soziologe in die öffentliche Diskussion eintritt, gilt diese Forderung nicht mehr. Wer sich das klar machen will, braucht nicht erst die Theoriediskussion der letzten Jahre nachzulesen, sondern allein den Wechsel der Sprachebenen zu beobachten, den Soziologen bei gemeinsamen Auftritten vor Publikum vornehmen.

Die gängige Fachsprache der Soziologie hat nicht wenig getan, dem nichtwissenschaftlichen Leser die Übertragung abstrakter Erkenntnisse auf konkrete Erfahrungen zu erschweren. Es scheint beinahe so, als ob die Qualität der Inhalte durch einen Spezialjargon signalisiert werden soll. Die Gründe sind zweifellos in der Orientierung des Soziologen an der akademischen Kommunikation zu suchen, aus der allein er glaubt, Respekt erheischen zu müssen. *Mills*, der so vieles getan hat, was seine akademischen Kollegen schaudern machte, hat dies treffend beschrieben: ,,Wer sich heute einer allgemeinverständlichen Sprache zu bedienen sucht, wird von vielen akademischen Kreisen als oberflächlich oder schlimmer noch, als ,bloß literarisch' verurteilt. Es läßt sich unschwer erkennen, daß diese Phrasen auf dem Fehlschluß beruhen, was lesbar ist, sei oberflächlich... ,Nur ein Journalist' genannt zu werden, ist eine Herabwürdigung. Sicherlich ist das häufig der Grund für das Spezialistenvokabular und die gedrechselte Ausdrucksweise" (1963; S. 273).

Der Außenstehende — und das ist inzwischen schon der nicht-soziologisch geschulte Kommilitone oder Kollege aus dem anderen Fachbereich geworden — steht hilflos vor einer solchen abstrakten Sprache, findet sich und die ihn bewegenden Probleme in dieser Sprache nicht mehr wieder oder sieht sie in Dimensionen eingeordnet, von denen er in verwegenster Kühnheit oder Beschränktheit nicht hätte zu träumen gewagt. Sein Unvermögen, dies alles zu begreifen, verweist ihn nachdrücklich auf die Ebene des Laien. So kommt es nicht von ungefähr, daß die Öffentlichkeit nicht selten aus der spezialisierten Fachsprache auf den Verstand des Forschers und ein Vermögen schließt, die untersuchten Probleme nicht nur als solche einzuordnen, sondern auch zu *lösen*. Doch dieser Schluß erweist sich oft als trügerisch, und es ist diese Enttäuschung, die schließlich engagierte Sozialwissenschaft in eine Randposition drängt, die ihr technokratische Politiker gern zuweisen.

Wenn wir uns als Soziologen nicht mit einer irrelevanten Randposition zufriedengeben wollen, wenn wir verhindern wollen, daß die theoretische Diskussion in intellektuelle Spielerei und schlimmer noch in Belanglosigkeit und Entbehrlichkeit mündet, sollten wir uns fragen, ob die ,,maschinell gefertigte Prosa" (*Mills*, 1963; S. 276) abstrakter Formulierungen nicht die Soziologie in die falsche Richtung treibt. Es ist die Sprache, an der wir glauben, einen Menschen zu erkennen, es ist die Sprache, an der sich die Soziologie zu erkennen gibt. (Abels, 1975, S. 237f.)

6

Inhalt

Sozialisation und Interaktion:
„Wie wir werden, was wir sind" 79

Ein Perspektivenwechsel:
Sozialisation in der Gesellschaft 155

1. Soziologie und Alltag
„Was wir wissen"

Einführung

Das Problem jeder wissenschaftlichen Einführung ist die richtige Mischung zwischen Verständlichkeit und fachnotwendiger Abstraktion, zwischen breiter Übersicht und vertiefter Darstellung von Schwerpunkten. Diese Balance ist für eine soziologische Einführung schwieriger als bei den meisten anderen Wissenschaften. Grund dafür ist die Tatsache, daß die Soziologie sich wissenschaftlich mit Sachverhalten und Beziehungen des alltäglichen Lebens beschäftigt und damit für den soziologisch Ungeschulten vielfach zur ,,Konkurrenz" für den ,,gesunden Menschenverstand" wird. Wir reden also oft über Dinge, die alle schon kennen. Unsere Aufgabe als Soziologen wird es sein, dem Leser plausibel zu machen, daß der ,,gesunde Menschenverstand" keineswegs so vernünftig und zuverlässig ist, wie er in der Alltagspraxis erscheint.

Insofern müssen wir notwendige Illusionen oder ,,gesichertes Wissen" zerstören, das Ihnen lieb und teuer sein mag.

Die Balance wird deshalb auch schwierig, weil wir nicht den Eindruck entstehen lassen wollen, Soziologen seien Besserwisser und Wichtigtuer, die auch nicht mehr als Altbekanntes anzubieten haben und es darum in einer ,,aufgeblasenen" und komplizierten Sprache verpacken, damit es einen ,,wissenschaftlichen" Anstrich erhält.

Wir glauben, daß wir das ,,Balanceproblem" in dieser Einführung recht gut gelöst haben, indem wir zwar in den Darstellungen auf Alltagserfahrungen zurückgreifen, die wir dann allerdings soziologisch verarbeiten. ,,Soziologisch verarbeiten" heißt vor allen Dingen *analytisch* vorzugehen. So wie der Chemiker für eine chemische Analyse mechanische und elektronische Instrumente sowie erprobte Verfahrensweisen zur Verfügung hat, um die Zusammensetzung eines Stoffes zu bestimmen und die Art der Zusammenhänge zwischen den Bestandteilen zu beschreiben, hat auch der Soziologe Instrumente und Verfahrensweisen, um Strukturen und Zusammenhänge in gesellschaftlichen Vorgängen zu erkennen und zu bestimmen. Die analytischen Instrumente des Soziologen sind jedoch keine Geräte und Apparaturen, sondern Begriffe, also Worte mit einer abstrahierten und von der alltagssprachlichen Wortverwendung abgegrenzten Bedeutung. Die Bedeutung eines soziologischen Begriffes hat sich nicht naturwüchsig entwickelt, sondern ist Ergebnis der analytischen Erprobung. D.h., mit soziologischen Begriffen wird in der Untersuchung gesellschaftlicher Realität gearbeitet und überprüft, wie tauglich diese Begriffe als Instrumente sind. Als Ergebnis dieser dauernden Überprüfung werden Begriffe verfeinert, verändert oder neu entwickelt.

,,Soziologische Verarbeitung" von Alltagserfahrungen heißt darüber hinaus auch *systematische Verfremdung*. Der Soziologe nimmt Alltagserfahrungen nicht als das, was sie scheinen, sondern interessiert sich für die vordergründig verborgenen Dimensionen der Wirklichkeit. Diese Dimensionen werden erschlossen, indem Erfahrungen, Ereignisse, Probleme systematisch aus verschiedenen Blickwinkeln untersucht werden. Je nach Standort des Beobachters verändert sich mit der Perspektive die ,,Gestalt" des Untersuchungsgegenstandes, werden neue Strukturelemente des Gegenstandes und Zusammenhänge seiner Beziehung zur Umwelt sichtbar. Die Fähigkeit zum planvollen, rationalen Wechsel der Perspektive ist eine Grundqualifikation des Soziologen. Hilfsmittel für eine ,,vielseitige" Betrachtung sozialer Tatsachen sind die soziologischen Theorien, die jeweils einen ,,Standort" umreißen, für den eine bestimmte Perspektive typisch ist.

Soziologische Begriffe und soziologische Theorien sind also notwendiges ,,Handwerkszeug", um gesellschaftliche Wirklichkeit zu analysieren. Dies wollen wir Ihnen in diesem Buch nahebringen.

Indem wir häufig von Alltagserfahrungen ausgehen, wird Ihnen allerdings — so hoffen wir — die Notwendigkeit und Nützlichkeit soziologischer ,,Instrumente" bereits zu Beginn Ihrer soziologischen Studien deutlich. Um trotz der vielfach notwendigen Abstraktionen die Verständlichkeit weiter zu verbessern, haben wir uns um einen ,,roten Faden" bemüht, der den Zusammenhang von Darstellungen und Argumenten sicherstellt und nachvollziehbar machen sollte. Zum einen haben wir eine bestimmte Perspektive eingenommen, was eine Auswahl von Themen und eine bestimmte Form der Behandlung dieser Themen impliziert. ,,Gesellschaft lernen" gibt also keinen Überblick über die große Vielfalt soziologischer Themen und Theorien. Zum anderen konzentriert sich unser Buch darauf, in soziologisches Denken einzuführen und damit ein Verständnis vorzubereiten, das Ihnen bei weiteren soziologischen Studien hilft.

Den thematischen ,,roten Faden" der Einführung bilden die drei Themenbereiche *Wissen, Interaktion, Sozialisation.*

1. Annäherung an den Gegenstand: Die „unbekannte" Wissenschaft

Soziologie ist eine unbekannte Wissenschaft. Unter einem Chemiker, einem Architekten oder Pädagogen kann man sich sehr wohl etwas vorstellen, auch wenn man keine konkreten Vorstellungen darüber hat, was sie in ihrem Berufsalltag tun. Man „weiß", womit diese Wissenschaftler zu tun haben, denn man begegnet den Gegenständen ihrer Arbeit unweigerlich im täglichen Leben. Die Chemiker befassen sich (auch) mit den Arzneien, Kosmetika und Lebensmitteln, die wir konsumieren, oder erforschen Möglichkeiten der Genmanipulation. Die Architekten planen die Häuser, in denen wir wohnen und arbeiten, oder planen ganz neue Wohnumwelten, die uns vielleicht ganz neue Kommunikationsformen eröffnen. Die Pädagogen haben sich um unsere Erziehung bemüht, mehr oder weniger erfolgreich, und sie bemühen sich auch weiterhin, die heranwachsende Generation in irgendeiner Weise zu formen. Aber welche Erfahrungen des täglichen Lebens verbinden sich mit Soziologie und der Arbeit des Soziologen?

Soziologie hat etwas mit „sozial" zu tun. Vielleicht kommen wir der „unbekannten Wissenschaft" also etwas näher, wenn wir uns einige Wortverbindungen und Bedeutungen vergegenwärtigen, in denen das Wort „sozial" in der Alltagssprache auftaucht.

Alltagssprachliche Bedeutung von „sozial"

1. Da gibt es einmal den Gebrauch des Wortes „sozial" zur Beschreibung von persönlichen Eigenschaften, z.B. wenn wir jemandem bescheinigen, er habe „sozial" gedacht, oder einen anderen kritisieren, er sei „unsozial".
2. Auf einer anderen Ebene z.B. ist von „Sozialpolitik" als einem wichtigen Bereich gesetzgeberischer Aktivitäten oder von „sozialen Diensten" die Rede, die von Kommunalverwaltungen eingerichtet werden.

Diese alltagssprachlichen Begriffsverwendungen haben ein gemeinsames Grundthema: „Sozial" hat etwas mit Hilfsbereitschaft, mit der Einrichtung staatlicher Hilfen für Bedürftige, mit „Kümmern um den Nächsten" zu tun. Wer sich „unsozial" verhält, ist rücksichtslos und ignoriert die Interessen und Schwierigkeiten seiner Mitmenschen.

Haben Soziologen also alle eine besondere „soziale Ader", sind sie professionelle Helfer, die von Berufs wegen viel Verständnis für ihre Mitmenschen aufbringen, sind sie gewissermaßen ausgebildete Menschenfreunde mit staatlicher Prüfung?

Vielleicht sind Ihnen solche Überlegungen bereits geläufig, und Sie verfügen über genauere Vorstellungen darüber, was Gegenstand der Soziologie und was der Arbeitsbereich des Soziologen ist. Im öffentlichen Bewußtsein jedenfalls ist Soziologie eine unbekannte Größe, eine Wissenschaft für Eingeweihte. Vielleicht machen Sie die Probe auf's Exempel und fragen in Ihrem Verwandten- und Bekanntenkreis nach den Vorstellungen, die es über die Soziologie gibt. Oder, um Ihnen gleich eine soziologischere Herangehensweise vorzuschlagen: Erzählen Sie einfach, daß Sie sich jetzt mit Soziologie beschäftigen, und „beobachten" Sie erst einmal die Reaktionen Ihrer Mitmenschen auf diese Neuigkeit.

15

Die alltagssprachliche Verwendung des Begriffs „sozial" verweist auf zwei Dinge, die für die Annäherung an das Thema wichtig sind. Zum einen scheint „sozial" etwas mit anderen, mit den Mitmenschen zu tun zu haben.

— „Sozial" bezieht sich zunächst auf Bedürfnisse und Probleme, die wir in unmittelbarem Kontakt mit den Menschen in der Familie oder am Arbeitsplatz erfahren. Der Kreis, auf den sich „sozial" bezieht, ist begrenzt, überschaubar, betrifft unseren Umgang mit konkreten anderen Menschen. Es ist die Welt im kleinen, um die es geht.

— „Sozial" — dies zeigen Begriffe wie „Sozialpolitik" oder „Sozialpartner" — hat aber offensichtlich über unsere eigenen Erfahrungsmöglichkeiten hinaus etwas mit der Lebenssituation ganzer Gruppen zu tun. So wissen wir, daß alte Menschen oft isoliert sind, daß Frauen in bestimmten Berufen keine Chancen haben, daß Arbeitnehmer für ihre Rechte kämpfen usw. Obwohl wir zahlreiche Fälle kennen, in denen dies stimmt — oder auch nicht —, kennen wir die „soziale" Lage dieser Gruppen nicht genau. Wir verlassen uns auf das, was man allgemein dazu sagt.

— Schließlich wird der Kreis, auf den sich der Begriff „sozial" bezieht, so groß, daß wir die Lage aller Menschen und Gruppen und die Bedingungen und Formen ihres Zusammenlebens zusammen betrachten. Dann sprechen wir z.B. von der „sozialen" Lage der Bundesrepublik und meinen unsere Gesellschaft „im Großen".

Zum anderen scheinen alltagssprachliche Begriffsverwendungen den Begriff „sozial" mit Handeln im Sinne von praktischem Tun und Hilfe für andere zu verbinden. Damit ist eine alte, aber nichtsdestoweniger aktuelle Kontroverse angesprochen, die das Selbstverständnis des Soziologen berührt. Dazu zwei Textauszüge aus Diskussionsbeiträgen der Soziologen Bärbel *Raabe* und Ralf *Dahrendorf* in der „ZEIT".

„Die Vorstellung von Inhalt und Aufgaben des studierten Faches heißt, Theorien und Kritik zur Gesellschaft zu entwickeln und von den jetzigen Sach- und Menschenverhältnissen auszugehen, um sie über ihren zur Zeit gültigen, rationalen Pragmatismus hinauszudenken. (...) Das genaue Hinsehen auf zwischenmenschliche Verhältnisse und das infragestellende Befragen dieser Verhältnisse ist die Sache, um die es beim Praktizieren der Soziologie gehen sollte. (...) Von der Psychologie weiß man, wenn man auch sonst nichts weiß, daß sie beständig neue Therapieformen produziert; von der Pädagogik weiß man, spätestens seit Ivan Illich über die Verschulung der Gesellschaft schrieb, daß sie dabei ist, alle möglichen gesellschaftlichen Bereiche zu durchsetzen. Aber was weiß man von der Soziologie? ,Soziologen, das sind doch die Experten für die Experten. Keine Ahnung, was die machen!'

Außer, daß sie für die Öffentlichkeit ,im Verborgenen' betrieben wird und ab und zu mit gewaltig verzwickter und geheimnisvoller Sprache nach draußen dringt, ist dem ,gemeinen Volk' von der Soziologie nichts bekannt. Also immer noch hat die Soziologie keinen Stand in der Sache, wegen der sie überhaupt existiert: Die Sache ist die Gesellschaft."
(Raabe, Bärbel: Warum heute noch Soziologie studieren? in: DIE ZEIT, Nr. 33 vom 13.8.1982, S. 23 f.)

In seiner Antwort schreibt *Dahrendorf* u.a.:

„Sie sehen in der Soziologie den Anlaß zur Kritik der Gesellschaft, vielleicht sogar das Motiv für direkte Aktion. (...) Eher bin ich versucht aufzuzählen, was die Soziologie nicht ist. Sie ist z.B. keine Anweisung zum Handeln, sei es zur Hausbe-

setzung oder zur Regierungsberatung. (...) Die Soziologie ist auch keine Spezial-disziplin wie die politische Wissenschaft oder die Wirtschaftswissenschaft. Ihr Gegenstand entzieht sich solcher Definition. (...) Ist die Soziologie also eine ,,Sichtweise"? Die Meinung ist verbreitet. Sie ist auch in gewissem Maße richtig. Gewiß hat der, der Gesellschaft wissenschaftlich unter die Lupe nimmt, eine kritische Distanz zur Realität, die dem, der ,,nur" in der Gesellschaft lebt, abgeht. Aber kritische Distanz ist nur methodische Voraussetzung, nicht schon Inhalt der soziologischen Wissenschaft. Dieser geht es vielmehr um den Versuch, gesellschaftliche Prozesse zu verstehen, und zwar in einer Weise, die sich mitteilen, überprüfen, ggf. widerlegen läßt. (...) Damit komme ich zurück zu dem, was ich Ihr Mißverständnis unseres Faches nennen muß. Soziologie ist weder Revolutionswissenschaft noch unterscheidet sie sich von anderen Disziplinen derart, daß sie in der Gesellschaft existieren muß (was immer das auch heißen soll). Sie ist der Versuch, die komplexesten Prozesse des menschlichen Zusammenlebens zu verstehen".
(Dahrendorf, Ralf: Keine Revolutionswissenschaft, in: DIE ZEIT, Nr. 33 vom 13.8.1982, S. 24).

Auch wenn in den beiden Auszügen unterschiedliche Meinungen angedeutet werden über Rolle und Aufgabe der Soziologie in der Gesellschaft, besteht doch Einigkeit darüber, daß sich die Soziologie mit ,,zwischenmenschlichen Verhältnissen" bzw. ,,komplexesten Prozessen des menschlichen Zusammenlebens" beschäftigt. Also nicht ,,Helfen" und ,,Hilfsbereitschaft" ist das ,,Soziale" am Beruf des Soziologen, sondern die rationale Analyse der Beziehungen zwischen Menschen im gesellschaftlichen Zusammenleben. Rationale Analyse aber erfordert, was *Dahrendorf* ,,kritische Distanz" zum Gegenstand der Untersuchung und Beobachtung nennt. Was der Soziologe mit den Ergebnissen seiner Analyse ,,macht", welche Bedeutung er seinen Forschungen zumißt und welche Konsequenzen er für sein Selbstverständnis und für sein Handeln aus seinen Untersuchungen zieht, ist eine ganz andere Frage. Dieses Problem ist das eigentliche Thema der Diskussion in den beiden Textauszügen. Dieses Thema werden wir im Laufe dieser Einführung immer wieder aufnehmen.

,,Kritische Distanz" als Methode soziologischen Denkens

Als erstes Ergebnis unserer ,,Annäherung an den Gegenstand" können wir festhalten:

— *Gegenstand der Soziologie* ist die Gesellschaft bzw. das menschliche Zusammenleben.
— *Ziel der Soziologie* ist das Verständnis von Gesellschaft bzw. gesellschaftlicher Prozesse.
— *Voraussetzung* dafür ist kritische Distanz gegenüber gesellschaftlichen Ereignissen und Erscheinungen.

Gegenstand, Ziel und Voraussetzung der Soziologie

Diese Distanz muß erst im Laufe des Studiums erworben werden. Soziologie hat also viel mit Distanz gegenüber der Umwelt und mit der Bereitschaft zu tun, die Verhältnisse der gesellschaftlichen Umwelt nicht für selbstverständlich zu halten — übrigens eine Haltung, die der Soziologe auch gegenüber der eigenen Person, *seinem* Handeln und *seiner* unmittelbaren Umwelt einnehmen sollte!

Daß dies bisweilen sehr unangenehm sein kann, leuchtet ein, läßt sich aber für den, der eine ,,soziologische Sichtweise" (dieser Begriff stammt von dem amerikanischen Soziologen *Mills*) entwickelt hat, nicht vermeiden. (Im übrigen muß die Reflexion der eigenen Person in soziologischer Perspektive nicht stets unangenehm sein, sie kann und sollte sich durchaus auch als hilfreich für ein angemessenes Handeln in der eigenen Umwelt erweisen.)

Kritische Distanz führt zur ,,soziologischen Sichtweise"

17

Die amerikanischen Soziologen Peter und Brigitte *Berger* behaupten im Untertitel ihres Buches „Individuum und Co.": „Soziologie beginnt beim Nachbarn". Damit ist gemeint, daß die Untersuchung wesentlicher sozialer Prozesse nicht an eine übergreifende „gesamtgesellschaftliche" Perspektive gebunden ist, sondern auch die Beobachtung und Analyse der zwischenmenschlichen Verhältnisse im Mikrobereich von Familie, Schule, Wohnort usw. notwendig macht.

Wir gehen sogar noch einen Schritt weiter und meinen: Soziologie, verstanden als das analytisch geschulte Reflexionsvermögen hinsichtlich gesellschaftlicher Verhältnisse, beginnt bei jedem einzelnen selbst.

2. Wir wissen Bescheid

2.1 Alltag und Routine

Kehren wir noch einmal zu der ersten Frage dieser Einführung zurück: welche Erfahrungen des täglichen Lebens verbinden sich mit Soziologie? Wir möchten darauf eine Antwort geben, die auf den ersten Blick vielleicht überrascht: Nahezu *alle* Erfahrungen des täglichen Lebens haben einen soziologischen Bezug. Zur Begründung dieser Antwort wenden wir uns mit der Frage dem zu, was uns vertraut ist, dem Alltag.

Wenn der Gegenstand der Soziologie die Gesellschaft ist, ist zu fragen, wie sich denn eigentlich „Gesellschaft" bemerkbar macht und worin sie sich ausdrückt. Wir meinen, man muß bei der Auseinandersetzung mit dieser Frage an den *Erfahrungen der einzelnen* anknüpfen, denn jeder erlebt „Gesellschaft" zuerst durch die *konkreten Menschen,* mit denen er umgeht. Die Soziologie nennt das direkte Umgehen mit anderen Menschen *soziales Handeln* oder *Interaktion.* „Sozial" meint — und dies ist ein Berührungspunkt mit der umgangssprachlichen Bedeutung — auf Andere, auf Mitmenschen bezogen. Gesellschaftserfahrung durch konkrete Menschen

Der Begriff „Soziales Handeln" geht zurück auf einen der Klassiker der Soziologie, Max *Weber* (1864 - 1920). Auf seine Überlegungen werden wir in Kap. 6 noch genauer eingehen. An dieser Stelle genügt es, seine Definition „Sozialen Handelns" zu nennen.

Weber hat soziales Handeln als das Handeln bezeichnet, „welches seinem von dem oder den Handelnden gemeinten Sinn nach auf das Verhalten anderer bezogen wird und daran in seinem Ablauf orientiert ist." (1960, S. 3) Definition „soziales Handeln"

Um sich klarzumachen, was damit gemeint ist, überlegen Sie z.B., mit wie vielen Menschen Sie im Laufe eines Tages oder einer Woche „interagieren"? Und wenn Sie allein sind: wie viele Dinge tun Sie dann, bei denen Sie sich an den Erwartungen oder vorgestellten Reaktionen anderer orientieren? Oder denken Sie an die Vielzahl von Symbolen

> — „Soziologisch stellen Symbole ein wichtiges Medium soziologischer Kommunikation und Interaktion dar. (…) Symbolfunktion haben sowohl materielle Objekte, Formen, Farben, Melodien usw. als auch sprachliche Äußerungen und bestimmte … Formen des Verhaltens" — (Lexikon zur Soziologie 1975: S. 669) —, Soziologische Bedeutung von „Symbol"

die das tägliche Handeln begleiten. Sie stehen für Personen, die weder anwesend noch Ihnen überhaupt bekannt sind. An der Stelle des Polizisten, der Ihnen an der Straßenkreuzung sagt, wann Sie fahren dürfen, steht heute eine Ampel.

Soweit sich die Soziologie also mit sozialem Handeln befaßt, ist sie eine Wissenschaft, die sich mit dem *Alltag* auseinandersetzt. „Alltag"

In der Auseinandersetzung mit „alltäglichem", „üblichem" oder „normalem" Handeln steckt denn auch der Kern soziologischen Denkens, der sich folgendermaßen umschreiben läßt:

> Hinterfragen und Aufdecken, um das scheinbar Selbstverständliche oder Unverständliche zu verstehen.

Man könnte auch sagen: Soziologisches Denken hat sehr viel mit Neugier auf ,,ganz Vertrautes" zu tun. Soziologen suchen also nicht nur nach Erklärungen für gesellschaftliche Entwicklungen und Ereignisse, die ,,sowieso kein normaler Mensch versteht". In vielen Fällen geht es ihnen darum, dem auf den Grund zu gehen, was unseren Alltag so selbstverständlich und meist auch erträglich macht.

Dies wurde auch in einem Studienbrief der Fernuniversität in Hagen über ,,Die Entstehung von Interaktionsregeln" (*Abels/Link* 1985) angedeutet, indem zunächst die Frag-,,Würdigkeit" des Alltags begründet wurde.

Aus diesem Studienbrief übernehmen wir die Seiten 18-26, stellen sie aber so um und ergänzen sie, daß der Zusammenhang mit unserer Fragestellung deutlich wird.

Unter der Überschrift ,,Der irritierte Tausendfüßler oder: das Selbstverständliche als Problem" wird dort die Frage gestellt, was überhaupt genau mit ,,Alltag" gemeint ist, und die folgende Bestimmung gegeben:

,,Zunächst einmal das, was wir ‚alle Tage' tun, was wir tagtäglich leben. Das Alltagsleben ist das System derjenigen Handlungsweisen, Denk- und Tätigkeitsformen, die — zur selbstverständlichen Gewohnheit geworden — unserem Leben eine gleichsam ‚bewußtlose' und zugleich feste Struktur geben. Das Alltagsleben ist also gerade der Bereich unseres Lebens, der für uns normalerweise keine Probleme aufwirft." (Paris, 1975, S. 108)

Die heterogenen Verhaltensanforderungen unseres Alltagslebens bewältigen wir sozusagen mit der staunenswerten Grazie eines Tausendfüßlers, der seine vielen Beine automatisch und richtig bewegt. Der Alltag ist also dadurch gekennzeichnet, daß uns vieles in Fleisch und Blut übergegangen ist, was ,,man" tut und was nicht.

Hinzu kommt, daß wir vieles, das unseren Alltag ausmacht, als so selbstverständlich hinnehmen, daß uns ein Nachdenken darüber absonderlich erschiene oder gar in ernsthafte Gefahr brächte. Wer den Wasserhahn aufdreht und sich jedesmal der philosophischen Reflexion hingäbe, daß ,,alles fließt", gilt wohl zu Recht als Kauz. Wer vor einer scharfen Kurve Papier und Bleistift nimmt, um das Verhältnis von Masse und Beschleunigung zu berechnen, wird das Ergebnis im günstigsten Fall vielleicht im Krankenhaus bedenken können.

Die Tatsache, daß wir unseren Alltag als Routine erleben, als mehr oder weniger präzise Wiederholung gleicher Abläufe, hat durchaus auch ihr Gutes, es ist sozusagen eine psychische Krücke, um uns lebensfähig zu halten. Eben weil wir uns auf bestimmte Grundmuster von Ereignisketten verlassen können, haben wir den ,,Kopf frei", um uns mit den Problemen zu befassen, die uns trotz Alltagsroutine genug zu schaffen machen. Und weil wir uns auf die ,,wirklichen" Probleme konzentrieren müssen, behandeln wir den Rest unserer Umwelt so, als ob wir genau darüber Bescheid wüßten, als ob wir uns darauf verlassen könnten, als ob sie uns selbstverständlich wäre.

Normalerweise praktizieren wir unsere alltäglich eingespielten Strategien im Umgang mit anderen Menschen und der Selbstdarstellung recht erfolgreich; über die praktische Bewältigung des Alltags — vom Zähneputzen bis zur letzten Zigarette abends — denken wir erst gar nicht nach. Das Gefühl, daß viele unserer Lebensbezüge routinemäßig und quasi automatisch funktionieren, macht uns im Alltag meist gar nicht zu schaffen, im Gegenteil: oft ist es ganz schön, wenn alles ,,wie geschmiert" klappt. Die Routine hat auch ihr Gutes: große Überraschungen, die uns aufschrecken könnten, kommen in der Regel nicht vor. Da vieles, was uns täglich betrifft, nach der gleichen Routine abläuft, können wir ziemlich sicher sein, daß uns der nächste Augenblick nicht vor unlösbare Probleme stellen wird. Das ist zweifellos eine Entlastung. Routine kann aber auch ganz schön langweilig werden, zumal dann, wenn sie uns Anstrengungen abverlangt, die mit Mühe und Frustration, zumindest aber nicht mit Befriedigung verbunden sind. Das ist für viele der Bereich der Arbeit. Doch auch da haben wir unsere Strategien entwickelt, mit dieser Last fertig zu werden: Routine im ,,Reich der Notwendigkeit" gilt uns als Chance, ja geradezu Verpflichtung, im ,,Reich der Freiheit" um so mehr auf unsere Kosten zu kommen.

Alltag zeichnet sich auch dadurch aus, daß wir über ihn normalerweise gar nicht reden. Wir unterstellen, daß er für alle gleich ist und gleich banal. Da wir über den Alltag meist nicht reden, könnte man sagen, er sei ein Niemandsland, in dem wir alle wohnen. Es hat zwar auch Enklaven, in denen wir ganz allein wohnen, aber es beherbergt uns doch alle. Wir beherrschen die Regeln, die dort gelten, aber wir machen sie uns nicht bewußt, weil sie uns sattsam vertraut sind und eine willkürliche Verfremdung uns in Verlegenheit brächte.

Da nicht nur wir uns so verhalten, sondern im Prinzip alle anderen Menschen (der Gesellschaft) auch, funktioniert das System.

In dem folgenden Text beschreiben *Berger* und *Luckmann*, wie sich uns die Wirklichkeit der Alltagswelt aufbaut und wie sie uns immer sicherer wird. Sie bezeichnen die Wirklichkeit des Alltags als ,,Wirklichkeit par excellence", die sich von anderen, fiktiven Wirklichkeiten (Träumen, Wahn, religiöse Erfahrungen etc.) unterscheidet.

,,Unter den vielen Wirklichkeiten gibt es eine, die sich als Wirklichkeit par excellence darstellt. Das ist die Wirklichkeit der Alltagswelt. Ihre Vorrangstellung berechtigt dazu, sie als die oberste Wirklichkeit zu bezeichnen. In der Alltagswelt ist die Anspannung des Bewußtseins am stärksten, das heißt, die Alltagswelt installiert sich im Bewußtsein in der massivsten, aufdringlichsten, intensivsten Weise. In ihrer imperativen Gegenwärtigkeit ist sie unmöglich zu ignorieren, ja, auch nur abzuschwächen. Ich erlebe die Alltagswelt im Zustande voller Wachheit. Dieser vollwache Zustand des Existierens in und des Erfassens der Wirklichkeit der Alltagswelt wird als normal und selbstverständlich von mir angesehen, das heißt, er bestimmt meine normale, ,natürliche' Einstellung.
Ich erfahre die Wirklichkeit der Alltagswelt als eine Wirklichkeitsordnung. Ihre Phänomene sind vor-arrangiert nach Mustern, die unabhängig davon zu sein scheinen, wie ich sie erfahre, und die sich gewissermaßen über meine Erfahrung von ihnen legen. Die Wirklichkeit der Alltagswelt erscheint bereits objektiviert, das heißt konstituiert durch eine Anordnung der Objekte, die schon zu Objekten deklariert worden waren, längst bevor ich auf der Bühne erschien. Die Sprache, die im alltäglichen Leben gebraucht wird, versorgt mich unaufhörlich mit den notwendigen Objektivationen und setzt mir die Ordnung, in welcher diese Objektivationen Sinn haben und in der die Alltagswelt mir sinnhaft erscheint. Ich lebe an einem Ort, der geographisch festgelegt ist. Ich verwende Werkzeuge, von Büchsenöffnern bis zu Sportwagen, deren Bezeichnungen zum technischen Wortschatz meiner Gesellschaft gehören. Ich lebe in einem Geflecht menschlicher Beziehungen, von meinem Schachklub bis zu den Vereinigten Staaten. Beziehungen, die ebenfalls mit Hilfe eines Vokabulars geregelt werden. Auf diese Weise markiert Sprache das Koordinatensystem meines Lebens in der Gesellschaft und füllt sie mit sinnhaltigen Objekten.
Die Wirklichkeit der Alltagswelt ist um das ,Hier' meines Körpers und das ,Jetzt' meiner Gegenwart herum angeordnet. Dieses ,Hier' und ,Jetzt' ist der Punkt, von dem aus ich die Welt wahrnehme. Was ,Hier' und ,Jetzt' mir in der Alltagswelt vergegenwärtigen, das ist das ,Realissimum' meines Bewußtseins. Die Wirklichkeit

der Alltagswelt, die meiner direkten körperlichen Handhabung erreichbar ist. Diese Zone ist die Welt in meiner Reichweite, die Welt, in der ich mich betätige, deren Wirklichkeit ich modifizieren kann, die Welt, in der ich arbeite. In dieser Welt des Arbeitens ist mein Bewußtsein meistens pragmatisch, das heißt, meine Anteilnahme an dieser Welt ist im wesentlichen dadurch bestimmt, was ich in ihr tue, getan habe oder tun will. Auf diese Weise ist sie meine Welt par excellence. Ich weiß dabei natürlich, daß die Wirklichkeit der Alltagswelt Zonen umfaßt, die mir auf diese Weise nicht zugänglich sind. Aber entweder habe ich kein pragmatisches Interesse an diesen Zonen, oder mein Interesse an ihnen ist indirekt pragmatisch, insofern sie potentiell Handhabungszonen für mich sein können. Mein Interesse an den fernen Zonen ist meistens geringer, weniger drängend. Ich bin intensiv interessiert an dem Bündel von Objekten, das mit meiner täglichen Beschäftigung zu tun hat — etwa der Welt der Werkstatt, wenn ich Automechaniker bin. Als solcher bin ich — schon etwas weniger direkt — daran interessiert, was in den Testlaboratorien der Automobilindustrie vor sich geht. Zwar ist es unwahrscheinlich, daß ich je in einem dieser Laboratorien sein werde. Aber die Arbeit, die da getan wird, wirkt sich unter Umständen auf meine Alltagswelt aus. Ich kann auch daran interessiert sein, was in Cape Kennedy oder im Weltraum vor sich geht, aber solches Interesse ist eher Privatsache, ‚Freizeitbeschäftigung‘ nach Wahl, keine dringende Notwendigkeit meiner Alltagswelt.
Die Wirklichkeit der Alltagswelt stellt sich mir ferner als eine intersubjektive Welt dar, die ich mit anderen teile. Ihre Intersubjektivität trennt die Alltagswelt scharf von anderen Wirklichkeiten, deren ich mir bewußt bin. Ich bin allein in der Welt meiner Träume. Aber ich weiß, daß die Alltagswelt für andere ebenso wirklich ist wie für mich.
Tatsächlich kann ich in der Alltagswelt nicht existieren, ohne unaufhörlich mit anderen zu verhandeln und mich mit ihnen zu verständigen. Ich weiß, daß meine natürliche Einstellung zu dieser Welt der natürlichen Einstellung anderer zu ihr entspricht, daß sie wie ich die Objektivationen erfassen, durch die diese Welt reguliert wird, und daß auch sie diese Welt rund um das ‚Hier und Jetzt‘ ihres Daseins in ihr anordnen und wie ich Projekte in ihr entwerfen. Ich weiß selbstverständlich auch, daß die anderen diese gemeinsame Welt aus Perspektiven betrachten, die mit der meinen nicht identisch sind. Mein ‚Hier‘ ist ihr ‚Dort‘. Mein ‚Jetzt‘ deckt sich nicht ganz mit dem ihren. Dennoch — ich weiß, daß ich in einer gemeinsamen Welt mit ihnen lebe. Das Wichtigste, was ich weiß, ist, daß es eine fortwährende Korrespondenz meiner und ihrer Auffassungen von und in dieser Welt gibt, daß wir eine gemeinsame Auffassung von ihrer Wirklichkeit haben. Die natürliche Einstellung ist die Einstellung des normalen Jedermannsbewußtseins, eben weil sie sich auf eine Welt bezieht, die für jedermann eine gemeinsame ist. Jedermannswissen ist das Wissen, welches ich mit anderen in der normalen, selbstverständlich gewissen Routine des Alltags gemein habe.
Die Wirklichkeit der Alltagswelt wird als Wirklichkeit hingenommen. Über ihre einfache Präsenz hinaus bedarf sie keiner zusätzlichen Verifizierung. Sie ist einfach da — als selbstverständliche, zwingende Faktizität. Ich weiß, daß sie wirklich ist. Obgleich ich in der Lage bin, ihre Wirklichkeit auch in Frage zu stellen, muß ich solche Zweifel doch abwehren, um in meiner Routinewelt existieren zu können. Diese Ausschaltung des Zweifels ist so zweifelsfrei, daß ich, wenn ich den Zweifel einmal brauche — bei theoretischen oder religiösen Fragen zum Beispiel, eine echte Grenze überschreiten muß. Die Alltagswelt behauptet sich von selbst, und wenn ich ihre Selbstbehauptung anfechten will, muß ich mir dazu einen Stoß versetzen." (Berger und Luckmann, 3. A. 1972, S. 24-26)

Der Zweifel, daß etwas „sich von selbst behauptet", zielt einmal auf die Frage nach der Begründung von gesellschaftlichen Regeln und Entwicklungen. Darauf werden wir gleich eingehen. Der Zweifel ist aber auch die erste Stufe der Sicherheit, mit der wir auch in nicht vertrauten Situationen handlungsfähig bleiben.

Das Spektrum der Reaktionen auf Überraschendes, auf Anhieb nicht zu Erklärendes, reicht von der Ignorierung der Fakten bis zur Ausschaltung derer, denen solche Überraschungen angelastet werden.

Wenn wir in ein fremdes Land fahren, stellen wir fest, daß sich die Leute ganz anders verhalten. Von der Kindererziehung bis zur öffentlichen Trauer, von der Einstellung zur Arbeit bis zum Umgang mit politisch Andersdenkenden — vieles mutet uns fremd an, anderes verstehen wir gar nicht, wieder anderes stößt uns ab. Unsere geringste Reaktion ist, daß wir uns wundern, unsere stärkste, daß wir dieses Verhalten ablehnen und unser vertrautes Denken bestärken. Aber auch im eigenen Land erleben wir Überraschungen, wenn z.B. einer ,,aus der Reihe tanzt'' und unsere Erwartungen, unser Wissen und das Selbstverständliche in Frage stellt. Aber auch da wissen wir uns zu schützen: Störenfriede unserer geordneten Welt und Gewißheitserwartung werden gemieden oder ausgegliedert — je nachdem, welcher Art ihr ,,störendes'' Verhalten ist.

Beispielsweise sind auch die nicht eben seltenen Aggressionen, die Soziologen in ihrer außerfachlichen Umwelt auf sich ziehen, auf ihre Rolle als ,,Störenfriede'' zurückzuführen. Grund dafür ist, daß sie z.B. durch die Analyse von Vorurteilen und gesellschaftlichen Ungerechtigkeiten vor Augen führen, daß die eingespielte Ordnung von sozialen Beziehungen keine notwendige und natürliche, sondern eine ,,gemachte'' und veränderbare Ordnung ist, und daß Meinungen nicht selten deshalb für ,,wahr'' gehalten werden, weil diese ,,Wahrheit'' bequem ist und/oder ihren Verbreitern und ,,Gläubigen'' soziale und materielle Vorteile verschafft.

Wenn die Soziologie erforscht, wie das gesellschaftliche Zusammenleben und das zwischenmenschliche Miteinander funktioniert, muß sie sich also zwangsläufig mit dem Alltäglichen beschäftigen, weil es den größten Teil *unseres Lebens in der Gesellschaft* ausmacht. Vor diesem Hintergrund wird die Antwort des Soziologen Norbert *Elias* auf die Frage: ,,Was ist Soziologie?'' verständlich. *Elias* geht es darum,

,,das Alltägliche etwas fremdartig erscheinen zu lassen. Dessen bedarf es, ehe man verstehen kann, daß der Gegenstand der Soziologie, die Beziehungsgeflechte, die Interdependenzen, die Figurationen, die Prozesse, die interdependente Menschen miteinander bilden, kurzum die Gesellschaft, überhaupt ein Problem sind''. (4. A. 1981, S. 109)

So gesehen ist das Alltägliche der Schlüssel zum soziologischen Verständnis. Das Alltägliche verfremden bedeutet nicht, etwas zum Problem zu machen, was ,,eigentlich'' gar kein Problem ist. Vielmehr geht es darum, durch eine neue Sichtweise der Umwelt (,,kritische Distanz''!) im weitesten Sinne Zusammenhänge zu erkennen zwischen ganz persönlichen Problemen der Lebensbewältigung und den ,,großen'' Problemen der ,,Gesellschaft''.

Es sollte noch einmal deutlich herausgestellt werden, daß die von uns als Erkenntnisvoraussetzung benannte ,,kritische Distanz'' nichts mit ,,Kritik'' im alltagssprachlichen Sinne zu tun hat (also nicht ,,herumkritisieren'', ,,mäkeln'' oder ,,Suche nach Negativem'' bedeutet). Das Wort ,,Kritik'' kommt von dem griechischen Wort ,,krinein'', was so viel wie ,,scheiden, unterscheiden, urteilen'' bedeutet. Ebensowenig meint ,,Distanz'' den Anspruch, der Soziologe solle ,,über den Dingen stehen'' oder er dürfte sich nicht engagieren. ,,Kritische Distanz'' ist vielmehr eine Notwendigkeit für die Erkenntnis und das Verständnis der übergreifenden Strukturen und Muster sozialer Phänomene bzw. die Einsicht in gesellschaftliche Zusammenhänge.

Was wir unter „kritischer Distanz" und „Neugier auf ganz Vertrautes" verstehen hat viel zu tun mit dem, was einem praktischenPhilosophen vor einigen tausend Jahren zum Verhängnis geworden ist: er war einfach hingegangen und hatte das befragt, was Staatsmänner, Dichter, Handwerker anscheinend selbstverständlich und in der Annahme, es sei auch richtig, so zu handeln, täglich taten. Vielleicht lesen Sie diese Passage aus der Apologie des Sokrates (Platon, Apologie 20 c - 22 e) — allein schon um zu sehen, mit wie einfachen Fragen man jemanden aus selbstgefälliger Ruhe aufstört!

2.2 Routinen und Strukturen

Zum Begriff „Struktur"

Die Tatsache, daß unser Alltag durch Routine geordnet ist, wird in der Soziologie häufig mit dem Stichwort „Struktur" umschrieben. „Struktur" ist eines der Lieblingswörter des Soziologen und meint das Gliederungsmuster, das die Einzelteile eines Ganzen bilden, bzw. das Verhältnis der Einzelteile untereinander.

So könnte man z.B. von der Struktur des Tagesablaufs sprechen (beim Soziologen würde wahrscheinlich nicht von „Tagesablauf" die Rede sein, sondern er würde ein „Zeitbudget" untersuchen). Das „Ganze" wäre hier ein 24-Stunden-Tag und die Einzelteile die Art und Dauer der Zeitverwendung für bestimmte Tätigkeiten. Ein Element könnte z.B. Häufigkeit und Dauer des Fernsehkonsums sein. Je nach Veränderung der Bedingungen können sich andere Strukturen zeigen, einmal *intra*individuell, d.h. innerhalb des Lebens einer einzelnen Person. Denken Sie z.B. an eine Veränderung des Fernsehkonsums unter Urlaubsbedingungen oder bei Arbeitslosigkeit. Oder stellen Sie sich vor, wie sich Fernsehgewohnheiten verändern, wenn ein Haushalt ein Videogerät zur Verfügung hat oder an ein Fernsehkabel angeschlossen wird.
Strukturunterschiede zeigen sich ganz besonders *inter*individuell, d.h. zwischen verschiedenen Personen zum gleichen Zeitpunkt. So sind die Arbeitsbedingungen beim Lehrer und beim Schichtarbeiter höchst unterschiedlich und führen nicht nur zu einem unterschiedlichen Fernsehkonsum, sondern auch zu einer unterschiedlichen Struktur des Tagesablaufs.

Struktur als „relativ beständiges Beziehungsmuster"

Struktur bedeutet auch, daß die Beziehung der Einzelteile zueinander relativ beständig ist. Nur dann wird eine Struktur als Beziehungsmuster beobachtbar. Beständige Beziehungsmuster beinhalten weiterhin das Element der *Regelmäßigkeit bzw. Regelhaftigkeit.* Würden die Beziehungen der einzelnen Teile vom Zufall abhängen und sich auch je nach Zufall verändern, wäre es uns nicht möglich, dieses Ganze als solches überhaupt zu erkennen, weil wir auch die Art des Zusammenhangs der Teile nicht wahrnehmen könnten. Ebenso wenig hätten wir die Möglichkeit, die Regeln zu erkennen, die die Art und Weise des Zusammenhangs der Teile sowie deren Veränderung beschreiben. Wir könnten damit auch keinerlei *Prognosen* machen über die Gestalt der Struktur im nächsten Augenblick.

Alltag hat Struktur

Alltagsroutine ist geteilte, gemeinsame Routine

Sie werden schon gemerkt haben, worauf wir hinauswollen: Das Zusammenleben der Menschen, unser Alltag, unsere Routinen sind als relativ beständige Beziehungsmuster mit (mehr oder weniger klar) bestimmten Regelmäßigkeiten zu beschreiben. Unsere Routine ist — so nehmen wir an — eine *mit anderen geteilte* Alltagsroutine. Deshalb halten wir das Verhalten anderer Menschen für vorstellbar. Wir glauben, daß für sie die gleiche Routine gilt. In ähnlicher Weise ist unser

24

eigenes Handeln für die anderen mit einem gewissen Spielraum kalkulierbar. Wenn wir morgens am Arbeitsplatz erscheinen, sagen wir selbstverständlich ,,Guten Morgen" und erwarten selbstverständlich, daß die Kollegen den Gruß erwidern. Im Grunde ,,erwarten" wir die Erwiderung schon gar nicht, sondern sie erfolgt routinemäßig, und erst wenn sie ausbleibt, merken wir, daß wir etwas, was ,,selbstverständlich immer eintrifft", ,,erwartet" haben. Die Regeln und Regelmäßigkeiten der Alltagsroutine sind üblicherweise der Ebene des Nachdenkens und des Zweifels entzogen: sie sind selbstverständlich. Sie sind in unserem Alltagsleben kein Gegenstand von Überlegungen und Planungen, wir fragen also nicht ständig: Was machen wir jetzt? Wir handeln ,,einfach", weil uns die Grundmuster des Zusammenlebens in ,,Fleisch und Blut übergegangen" sind. Wir *erwarten* in bestimmten Situationen ein bestimmtes Verhalten. Und weil unsere Erwartungen im Laufe des Hineinwachsens in die Gesellschaft — wenn auch mit Modifikationen — immer wieder bestätigt wurden, haben wir sie irgendwann in unserem Bewußtsein unter der Rubrik ,,erledigt" ,,zu den Akten" gelegt. Unsere Erfahrung sagt uns, daß wir diese Erwartungen zu Recht haben. Routine hat Selbstverständlichkeitscharakter

Als kleines *Beispiel* sei die Situation in einem vollbesetzten Aufzug genannt. Vielleicht fällt Ihnen ein, daß das keine unbedingt angenehme Situation ist, auch wenn Sie im Moment nicht wüßten, wie Sie das ,,vernünftig" begründen sollten. Würden Sie diese Standarderfahrung nun aus kritischer Distanz betrachten, könnten Sie vielleicht auf folgende Überlegungen kommen: ,,Ich befinde mich im Aufzug in einer sozialen Situation, d.h. ich nehme andere Menschen wahr, denke auch darüber nach, daß ich sie wahrnehme. Ich bin mir auch sicher, daß es den anderen genauso geht. Warum verursacht eine solche Situation Unbehagen?" Ein ,,alltägliches" Beispiel geregelter Routine

Gehen wir nun einen Schritt weiter und suchen nach soziologischen Erklärungen für das Unbehagen. Eine grundsätzliche Erklärung könnte so aussehen, daß in dieser Situation aufgrund äußerer Notwendigkeiten sonst selbstverständliche Regeln des sozialen Verhaltens kurzfristig problematisch bzw. außer Kraft gesetzt werden. Konkret sind hier die Regeln des Verhaltens in der Öffentlichkeit bzw. über den Umgang mit Fremden betroffen (wenn wir hier so bestimmt von den Regeln für diesen oder jenen Bereich sprechen, dürfen Sie das nicht verwechseln mit schriftlich fixierten Regeln und Vorschriften, die von irgendeiner Autorität festgesetzt wurden). Hier geht es vielmehr um die Regelmäßigkeiten der alltäglichen Abläufe, an die wir uns gewöhnt haben. Die Existenz und Wirksamkeit dieser Regeln ist erkennbar z.B. an den Reaktionen der Umwelt auf Verletzungen der Regeln und Abweichungen von den routinemäßigen Verhaltenserwartungen. In unserem Beispiel werden u.a. die Regeln über die Wahrung einer angemessenen Distanz gegenüber Fremden außer Kraft gesetzt. Fremde Menschen kommen uns körperlich so nahe, wie wir es ,,normalerweise" nur Menschen gestatten, mit denen wir vertraut sind. Die Redensart, daß uns andere ,,zu sehr auf die Pelle rücken", bezeichnet ziemlich genau die soziologische Dimension unserer Beispielsituation. Bereiche geregelter Alltagsroutine

— körperliche Distanz

Das Problem ,,Distanz" bezieht sich aber nicht nur auf die physische Berührung, sondern hat auch mit der Beanspruchung unserer Sinne zu tun. So könnte unser Unbehagen auch daher rühren, daß wir die Körpergerüche anderer wahrnehmen oder daß wir zwangsweise mitbekommen, worüber sich zwei Mitfahrer unterhalten. — sinnliche Wahrnehmung

Von besonderem Interesse ist das Blickverhalten. Hier wird eine hohe Disziplin gefordert, die meist darin besteht, an die Decke, auf die Wand oder die — Blickverhalten

Leuchtziffern zu starren. Warum vermeiden wir, die anderen offen anzusehen? Das Blickverhalten ist ein äußerst sensibles Medium der interpersonalen Kommunikation (zwischenmenschliche Verständigung). Da sich mit diesem Medium besonders viele Ausdrucksmöglichkeiten verbinden, ist dieser Bereich auch relativ differenziert reglementiert. Beispielsweise hat der Augenkontakt für das ganze Feld der Signalisierung von Interaktionswünschen einschließlich der Kontaktaufnahme und -anbahnung besondere Bedeutung. Im vollbesetzten Aufzug geraten wir nun leicht in eine widersprüchliche Situation: einerseits haben wir keinerlei Interaktionsbedürfnisse hinsichtlich der Anwesenden (durch die große Nähe wird uns sogar schon ein ,,Zuviel" an Interaktion aufgezwungen), andererseits ergibt es sich vielleicht, daß wir mit mehreren Fremden vis-a-vis stehen, eine Konstellation, die ,,normalerweise" intensiven Kontakt beinhaltet. Aus dieser Widersprüchlichkeit resultiert das Problem, das Ihnen vermutlich am schnellstens bei dem Stichwort ,,vollbesetzter Aufzug" eingefallen ist: Wohin mit dem Blick? Und weil es schon einige Mühe kostet, anderen, körperlich nahen Menschen nicht ins Gesicht zu schauen bzw. sie anzustarren, müssen wir unser Blickverhalten in einem Maße kontrollieren, das wir nicht als angenehm empfinden.

Wir können den Blick auch auf eine weniger ,,geschlossene" Situation richten, um den Zusammenhang zwischen Raumstruktur und Interaktionsverhalten zu verdeutlichen. So hat *Stenger* (1983) gezeigt, wie alte Menschen Cafés, Parks und Straßen als Handlungsräume benutzen, in denen bestimmte Interaktionsbedürfnisse — vom Zuschauen bis zum gemeinsamen Handeln — befriedigt werden. So kann man z.B. beobachten, wie alte Menschen Stammplätze in einem Park besetzen und so einen Anspruch auf Territorialität dokumentieren.

Wir haben mit der Aufzugsituation nur eine kurzfristige und gewissermaßen ,,flüchtige" soziale Situation als Beispiel genommen und lediglich andeutungsweise einen Teil der impliziten Reglementierungen nennen können. Aber vielleicht läßt Sie gerade die Alltäglichkeit des Beispiels ahnen, wie ungeheuer komplex das gesellschaftliche Zusammenleben ,,im großen" ist, wenn schon in den ,,kleinsten" sozialen Situationen der Alltagsroutine komplizierte ,,Organisationsleistungen" der Gesellschaftsglieder für ein reibungsloses Miteinander notwendig sind.

Vielleicht versuchen Sie einmal selbst, einigen Strukturen Ihres Alltags ein wenig ,,auf die Spur zu kommen". Gehen Sie aus von immer wiederkehrenden ,,selbstverständlichen" Situationen, im Beruf, beim Einkaufen, im Straßenverkehr, in der Familie, beim Besuch von Freunden usw. Denken Sie sich einen möglichst kleinen Handlungsabschnitt (z.B. eine Begrüßung) und überlegen Sie, was die Handelnden (Akteure) stillschweigend voneinander erwarten und was für den ,,normalen" Ablauf vorausgesetzt wird. Versuchen Sie, die Situation in Gedanken zu verändern, indem Sie sich vorstellen, was passiert, wenn Sie sich einmal ganz anders als gewohnt verhalten.

Als Anregung mag Ihnen ein Experiment dienen, das der amerikanische Soziologe *Garfinkel* durchgeführt hat. Er bat Versuchspersonen, auf die Begrüßungsfrage von Bekannten: ,,Wie geht's?" zu antworten: ,,Wie meinen Sie das?" Die Reaktionen waren höchst interessant. Testen Sie es einmal selbst — bevor Sie sich mit der nun folgenden soziologischen Erklärung der Reaktionen auseinandersetzen!

Dadurch, daß eine Begrüßungsformel ernst genommen wurde, wurde die Normalität alltäglicher Abläufe „außer Kraft" gesetzt. Die „selbstverständlichen", stillschweigenden Erwartungen in einer solchen Situation wurden deutlich. Das „Spiel" zeigte, daß dieser Gruß zum formelhaften Ritual geworden war. Der ursprüngliche Sinn eines sozialen Geschehens war verloren gegangen. Die „Spielmöglichkeit" ergibt sich aus dem Bedeutungswandel des Inhalts bei gleichzeitiger Beibehaltung der äußeren Form (deshalb formelhaft). Im Experiment geht die Versuchsperson auf den ursprünglichen Sinn zurück und gibt vor dem Hintergrund der veränderten Bedeutung eine „unsinnige" Antwort, die den Selbstverständlichkeitscharakter des Begrüßungsrituals hervortreten läßt.

Routine ist die eingeschliffene Sicherheit, mit der wir denken und handeln. Dabei gehen wir davon aus, daß sich diese Routine aus einer geregelten Abfolge von Ereignissen ergibt, auf die wir reagieren. Diese Annahme bezieht sich auf das, was Soziologen „Struktur" nennen. Dazu wollen wir Ihnen eine Definition anbieten, in der die bisherigen Überlegungen zusammenfließen:

Struktur kann beschrieben werden als das Geflecht von immer wiederkehrenden Situationen, als ein Netz aus sich wiederholenden wechselseitigen Verhaltenserwartungen und Verhaltensweisen. Die altvertrauten Situationen, mit denen wir in jeweils sehr ähnlicher Weise — routiniert — umgehen, verbinden sich zu Ereignisketten, deren Verknüpfungsform die Struktur unseres Alltags ausmacht.

Definition
„Struktur"

Es stellt sich nun die Frage, woher wir eigentlich unsere Vertrautheit mit der Struktur unseres Alltags beziehen. Diesem Thema widmet sich das nächste Kapitel unter der Überschrift „Die Erfahrung der gesellschaftlichen Wirklichkeit". Es ist bis auf einige Änderungen zu Beginn und gegen Ende dem bereits erwähnten Studienbrief an der Fernuniversität in Hagen über „Die Entstehung von Interaktionsregeln" (Abels/Link 1985) entnommen.

2.3 Die Erfahrung der gesellschaftlichen Wirklichkeit

Eine Frage, die sich nach den bisherigen Überlegungen geradezu aufdrängt, ist, wie denn die gesellschaftliche Wirklichkeit an den Menschen herantritt und wie es kommt, daß der Mensch diese gesellschaftliche Wirklichkeit für selbstverständlich nimmt. Drei Antworten lassen sich darauf geben, die drei Aspekte einer komplexen Wechselbeziehung zwischen Gesellschaft und Individuum beleuchten.

Die erste Antwort lautet: Der Mensch macht Erfahrungen mit der Gesellschaft — ob er will oder nicht. Diese Erfahrungen schließen auch ein, wie er sich in der Gesellschaft zu verhalten hat. Diesen Zusammenhang wollen wir unter dem Stichwort „Sozialisation" skizzieren.

Die zweite Antwort lautet: Was sich dem Auge bietet, ist keine Abfolge an Überraschungen, sondern steht in bestimmten Zusammenhängen. Von daher lassen sich bestimmte Erklärungen für Vergangenes und Gegenwärtiges und Prognosen für Zukünftiges ableiten. Dies soll unter dem Stichwort „Sinn" angedeutet werden.

Die dritte Antwort lautet: Der Mensch erfährt, daß Zusammenhänge zwischen gesellschaftlichen Erscheinungen nicht einem vorgängigen Gesetz folgen, sondern von den Handlungen der Menschen abhängen. Diese Handlungen wiederum sind eingebunden in überindividuelle Vereinbarungen, an deren Gültigkeit geglaubt wird. Diesem Gedanken wenden wir uns unter dem Stichwort „Legitimation" zu.

Sozialisation

Bevor ein Mensch ins Leben tritt, ist die Gesellschaft schon da. Niemand fragt ihn, ob er sie vielleicht gerne anders gehabt hätte, ihm selbst kommt auch gar nicht die Frage, ob sie anders möglich wäre. Heranwachsend wird er mit dem vertraut gemacht, was in der Gesellschaft gilt. Seine Eltern leben ihm vor, wie „man" sich verhält, Kontakte zu Gleichaltrigen vermitteln neue Erlebnisse und erschließen neue Dimensionen des Verhaltens. Aber auch dort erfährt er, daß bestimmte Verhaltensweisen und Wertvorstellungen existieren, die überindividuell gelten. Die Schule steckt den Kreis der Erfahrungen noch weiter ab und macht mit den kulturellen Mustern vertraut, die aus der unmittelbaren Erfahrung nicht erschlossen werden können. Diesen Prozeß des Vertrautwerdens mit der Gesellschaft nennt man Sozialisation. Das für unser Thema interessanteste Ergebnis des Sozialisationsprozesses ist die Fähigkeit des Menschen, sich auf gesellschaftliche Normen und Werte einzustellen und aus ihnen — wenn auch nicht unbedingt widerspruchslos — auch die Konzepte seiner Identität und seines konkreten Handelns mit anderen Personen abzuleiten. Da er gelernt hat, wie er sich zu verhalten hat, und weiß, daß auch die anderen entsprechendes gelernt haben, weiß er, wie „man" sich zu verhalten hat. Das schafft Vertrauen und Sicherheit, Vertrauen, daß die eigenen Erwartungen im großen und ganzen erfüllt werden, Sicherheit, daß unvorhergesehenes in der Regel nicht eintritt.

Sinn

Im Laufe des Sozialisationsprozesses verstärkt sich mehr und mehr der Eindruck, daß einzelne Ereignisse mit anderen zusammenhängen, daß hinter scheinbar Disparatem durchaus ein Gemeinsames steht. Der Mensch lernt, daß es Voraussetzungen gibt, auf die nur bestimmtes folgen kann. Selbst für komplexe Probleme scheint es im Grunde klare Lösungen zu geben. Hinter anfänglicher Erfahrung scheinbar willkürlicher Gebote und Verbote leuchtet allmählich ein Sinnzusammenhang auf, der durchaus zum Schutz und zur Förderung des heranwachsenden Menschen dient. Diese Einsicht gilt nicht nur für den überschaubaren Kreis der Familie, sondern auch für alle weiteren Sozialisationsprozesse. Die gesellschaftliche Welt präsentiert sich als ein sinnvolles Gebilde. Zwar dauert es oft einige Zeit, bis man den tieferliegenden Sinn herausfindet, aber letztlich lassen sich immer plausible Zusammenhänge rekonstruieren. Immer? Im Grunde ja, denn auch für gesellschaftliche Phänomene, die sich unserem Sinnverständnis entziehen oder unseren moralischen oder politischen Vorstellungen widersprechen, lassen sich Sinnzusammenhänge rekonstruieren, die nur von anderen Prämissen ausgehen. Man mag ein bestimmtes Vorurteil ablehnen, aber für denjenigen, der es pflegt, macht es doch Sinn. Für unser Thema können wir also festhalten, daß der einzelne in seine subjektive Welt Erklärungen und Deutungen aus den Sinnsystemen der objektiven Wirklichkeit übernimmt — unbeschadet der Tatsache, daß ganz eigene Sinnsysteme sich als Kontrast zu dominanten herausbilden können.

Legitimation

Aus der Erfahrung heraus, daß für zunächst willkürlich scheinende Gebote und Verbote durchaus plausible Begründungen gefunden werden können, erwächst Sinn. Aus der Erfahrung, daß dieser Sinn relativ unabhängig von konkreten Personen und Situationen generell besteht, erwächst Verläßlichkeit. Mehr noch: es besteht die Gewißheit, daß Übertretungen überindividueller Regelungen geahndet werden. Über die Rechtmäßigkeit von Regelungen wacht nicht das Mißtrauen einzelner, sondern ein neutrales Rechtssystem. Damit wird die Legitimation von Normen einer stets wachen Beobachtung unterstellt. Legitimation stellt sich aber auch noch auf andere Weise ein. Legitimation ist auch gebunden an Praktikabilität und Angemessenheit. Wo Regelungen überholt sind oder im Effekt mehr schaden als nützen, stellt sich die Frage, wie ehedem legitime Ansprüche und Vorschriften auf den neuesten, sachangemessenen Stand gebracht werden können.

So weit die Ausführungen aus dem Studienbrief der Fernuniversität in Hagen über ,,Die Entstehung von Interaktionsregeln" (Abels/Link 1985) zur Beantwortung der Frage, wie es kommt, daß der Mensch diese gesellschaftliche Wirklichkeit für selbstverständlich nimmt.

Für unser Thema können wir festhalten, daß die Wirklichkeit deshalb für selbstverständlich genommen wird und dadurch außerhalb von Fragen bleibt, weil ihre Ordnung als legitim, angemessen und praktikabel erscheint.

Die äußere Realität dringt umso leichter in unsere innere Realität ein, je exklusiver jene ist und je sinnvoller und legitimer sie uns erscheint. Solange uns Alternativen zu den gesellschaftlichen Deutungsmustern nicht bekannt sind (Exklusivität), solange keine Widersprüche in der Erklärung von Zusammenhängen sichtbar werden (Sinnhaftigkeit) und solange angenommen werden kann, daß Regelungen zu Recht bestehen (Legitimität), lassen wir uns von der objektiven Realität Kriterien an die Hand geben, was ,,normal" und ,,natürlich" ist. Gesellschaftliche Entwicklungen, konkrete Situationen, moralische Maßstäbe und symbolische Interaktionen werden für uns in dem Maße ,,wirklich", wie wir sie als sinnvoll identifizieren und in unser eigenes Weltbild einordnen können.

Verhältnis: innere — äußere Realität

> Ausgerüstet mit solchem ,,Rezeptwissen", wissen wir in unseren Handlungsorientierungen über fast alles ,,Bescheid" als naive Tausenfüßler; wir verstehen eigene und fremde Handlungen und Wahrnehmungen im Rahmen von vertrauten und selbstverständlichen Sinnhorizonten, die von banalsten Alltagsproblemen bis zu metaphysischen Fragen reichen.

Gegen diesen Gedanken, daß die Gesellschaft das Individuum auf vielfältige Weise dominiert — letztlich vielleicht sogar so weit, daß sie ihm nahelegt, welche ,,Alternativen" denkbar sind! —, kann man natürlich einwenden, daß sich das Individuum durchaus eigenwillig und abweichend gegen die gesellschaftliche Wirklichkeit zu richten vermag. Fragen wir also, wann das passiert.

Wir können davon ausgehen, daß dies nicht zufällig geschieht und daß dies nicht immer erfolgreich ist. Fragen wir also nach den Anlässen solcher Umorientierungen und den Voraussetzungen für eine Veränderung der privaten Deutungsmuster.

Ein ganz entscheidender Anlaß ist die Erfahrung, daß etwas in der gesellschaftlichen Wirklichkeit nicht in Ordnung ist, daß es Widersprüche zwischen einzelnen Begründungen für das gibt, was gelten soll, daß eine Regelung nicht mehr angemessen ist. Haben wir oben bei den drei Antworten auf die Frage, wie es kommt, daß der Mensch die Wirklichkeit für selbstverständlich nimmt und dann auch übernimmt, immer nur den Fall unterstellt, daß Sinn und Legitimität für den einzelnen nachvollziehbar sind, so müssen wir jetzt den Fall annehmen, daß Sinnsysteme durchaus im Widerspruch zueinander stehen und Legitimität nur über Tradition oder Zwang begründet wird. Aber auch über Sozialisationsprozesse lassen sich Zweifel an gesellschaftlichen Verhältnissen erklären, dies

Widersprüchliche Sinnsysteme verursachen Zweifel

vor allem dann, wenn die gesellschaftlichen Erfahrungen nicht exklusiv sind, sondern sich den Vergleich mit Erfahrungen aus anderen Gesellschaften gefallen lassen müssen.

Situationen der Inkonsistenz von objektiver und subjektiver Wirklichkeit

Die drei Anlässe, die zu einer Differenz zwischen objektiver und subjektiver Wirklichkeit führen können, sind also

— Sozialisationsprozesse, in denen alternative Erfahrungen gemacht werden,
— Sinnkrisen, die Widersprüche innerhalb des gesellschaftlichen Systems aufzeigen oder generelle Werte über individuelle Ansprüche stellen,
— Legitimationskrisen, in denen die Unangemessenheit bestehender Regelungen deutlich wird und keine Begründungen über Tradition oder Zwang hinaus gegeben werden können.

Die Anlässe können im Prinzip zahlreich sein, etwas ganz anderes ist es, ob sich tatsächlich etwas ändert. Damit kommen wir zu der Frage nach den Voraussetzungen für eine Veränderung der privaten Deutungsmuster.

Eine entscheidende Voraussetzung ist sicherlich, daß überhaupt alternative Erfahrungen zur Verfügung stehen. Wer nie erfahren hat, daß es ganz andere Formen des menschlichen Umgangs gibt, wird nicht das Bedürfnis haben, etwas Neues auszuprobieren. Das war eine grundlegende Idee der Aufklärung, die dem Menschen seine Verhaftung in unbegriffenen Denk- und Handlungsmustern vor Augen führen wollte. Eine weitere Voraussetzung ist, daß eine geistige Stabilität erreicht ist, die erfahrene Widersprüche nicht nur leidend hinnimmt, sondern entschlossen ist, solche Widersprüche auch zu überwinden. Das heißt: neuer Sinn muß auch wiederhergestellt werden. Schließlich ist Voraussetzung, daß ein gesellschaftliches System interne Kritik auch zuläßt. Wo anders zu denken verboten ist und nur Uniformität zugelassen ist, entfällt die Basis für Legitimität. Erst unter der Voraussetzung, daß gesellschaftliche Sanktionsmechanismen auch zur Sicherung begründeter Alternativen des Denkens und Handelns zur Verfügung stehen, hat der Mensch eine Chance, subjektive Wirklichkeit auch gegenüber dominanten gesellschaftlichen Deutungsmustern durchzusetzen.

Die Avantgarde der Lösung der traditionellen Bindung subjektiver Wirklichkeit an objektive bilden die politischen, künstlerischen und kulturellen Vordenker. Sie ,,hinterfragen" tradierte Konventionen, entwerfen neue Verkehrsformen, projizieren alternative Selbstbilder. Die gleiche Wachheit muß aber von jedem Menschen gefordert werden, um zu verhindern, daß Tradition sich in eine Fessel verwandelt bzw. neue Entwürfe sich in neue Fesseln verkehren.

Es sollte uns jetzt möglich sein, das Verhältnis zwischen dem Individuum und seiner Gesellschaft in einer vorläufigen Zusammenfassung zu bestimmen:

Zusammenfassung zum Verhältnis Individuum — Gesellschaft

Subjektive und objektive Wirklichkeit beeinflussen sich wechselseitig in ,,dialektischer" Weise, d.h. sie stehen in einer dynamischen und z.T. widersprüchlichen Spannungsbeziehung zueinander.

Die Vermittlung, d.h. wechselseitige Übersetzung ,,objektiver" gesellschaftlicher Strukturen und subjektiv-individueller Sinngebung, vollzieht sich im Medium unserer Interaktion. Insofern sind Interaktionsprozesse immer auch Sozialisationsprozesse, in denen uns eine bestimmte Identität nahegelegt und ermöglicht wird.

Nach den bisherigen Ausführungen liegt es nahe, hinter dieser Überschrift eine
rhetorische Frage zu vermuten. In der Tat merken wir oft, wenn wir mit Neugier
und Beharrlichkeit den selbstverständlichen Dingen auf den Grund gehen, daß
wir nur scheinbar Bescheid wissen. Meist reicht das, — für den ganz normalen
Alltag allemal und für neue Situationen in aller Regel auch. In diesem Kapitel
wollen wir nun zeigen, wie wir selbst dann, wenn uns unsere Gewißheit zu verlassen droht, über die Runden kommen.

Das Vertrauen in die Stabilität unserer Alltagsstrukturen ist Grundlage der meisten unserer Handlungen. Wir tun fast ständig so, als wüßten wir Bescheid: Als
wüßten wir, wo wir selbst und unsere Mitmenschen ihren Platz haben, was wir
von uns selbst und anderen zu halten und zu erwarten haben und wie Ereignisse in
Familie, Betrieb, Wirtschaft und Politik zu bewerten sind. Häufig ist es so, daß
wir damit nur versuchen, die ,,Klippen'' der Realität mehr oder weniger geschickt zu umschiffen.

Kennzeichnend für die Struktur der Alltagsroutine und das Funktionieren von
Gesellschaft ist u.a. auch, daß es häufig ausreicht, wenn wir nur so tun, als wüßten wir Bescheid. Tatsächlich brauchen wir in aller Regel unser ,,Wissen'' nicht
unter Beweis zu stellen, sondern es reicht, wenn wir *Zeichen und Symbole* verwenden, die die anderen glauben lassen, wir würden über einen ähnlichen ,,Wis-
sensbestand'' verfügen wie sie selber. Indem wir bestimmte Zeichen und Symbole verwenden, geben wir an, was die anderen bei uns als selbstverständlich voraussetzen können. Das wollen wir an einem bekannten Phänomen verdeutlichen.

,,Wissen'' wird durch Symbole angedeutet

Seit einigen Jahren sind Sprüche für gescheite Leute in Mode gekommen. Sie
bedienen sich witziger Wortspiele, setzen Gedanken zusammen, die in ganz anderen Zusammenhängen entstanden sind. Aufkleber zwingen uns, unser ge-
wohntes Denken anzuhalten und schmunzelnd oder grübelnd wenigstens für einen Augenblick in eine andere Richtung zu denken. Ganze politische oder philo-
sophische Gedankengebäude werden in einem Slogan auf den Punkt gebracht,
und die Insider wissen Bescheid, was mit diesen Signalen gemeint ist. Parole wird
gegen Parole gesetzt. Das Erkennungswort, das früher der Wache gegeben
wurde, ist der Ausweis, der zum Eintritt berechtigt und das Bleiben erlaubt.

Ein Beispiel ,,demonstrierten'' Wissens

Manchmal sind die Parolen martialisch und fordern zu bestimmtem Handeln
auf. Sie finden sich an Mauern, Schulen und in Büchern, grenzen Gruppen ein
oder aus, je nach Standpunkt. Sie finden sich auf Motorhauben, auf Ledertaschen
und in Werbeprospekten. Wer in Parolen redet, gilt bei Gleichgesinnten als ,,in'',
bei Andersdenkenden je nach Standpunkt als ,,beschränkt'', ,,arrogant'' oder
,,angepaßt''. Die Urteile variieren selbstverständlich nach dem sozialen Wert,
den bestimmte Parolen oder Embleme haben. Parolen und viele andere Symbole
demonstrieren Wissen, indem sie ausschnitthaft eine bestimmte Sicht der Welt
anzeigen und soziale Ortsbestimmungen in gröbster Vereinfachung nach Polari-
täten wie ,,in-out'', oben-unten, gut-schlecht, klug-dumm usw. vornehmen. Alle
Formen demonstrativen Bescheid-Wissens verweisen auf ein durchgehendes
Grundmuster der Anpassung an wichtige Gruppen oder Personen, das sich im
menschlichen Verhalten zeigt. Auch einer demonstrativ zur Schau getragenen
Andersartigkeit liegt oft genug eine starke Konformität gegenüber einer ganz anderen Gruppe zugrunde.

Ein bestimmtes Wissen wird in Form der ,,richtigen" Stich- und Schlagworte angezeigt. Dies hat keineswegs nur die Funktion der Verständigung, sondern dient ebenso der Selektion unseres sozialen Umfeldes, indem wir in die Lage versetzt werden, uns von anderen abzugrenzen, sie zu meiden und generell andere Menschen und Gruppen einzuordnen. Gleichzeitig zeigen Stichworte und Parolen, mit welchen anderen man auf der ,,gleichen Wellenlänge" liegt. Die Kenner wissen Bescheid, daß ,,man" unter sich ist. Das ,,name dropping" ist ein solches alltägliches Verfahren, um mit Stichworten anzuzeigen, wer und was man ist und wie man eine Situation definieren möchte. Es geht fast immer darum, die eigene Person relativ eng verbunden mit prestigeträchtigen sozialen Objekten (Menschen, Organisationen, Konsumartikel) erscheinen zu lassen. Ein Beispiel wäre, daß jemand in einer Diskussionsrunde über einen Sachverhalt berichtet und ,,nebenbei" ,,fallen läßt", daß er in der ,,ZEIT" oder im ,,SPIEGEL" darüber gelesen oder gestern erst mit dem Bürgermeister (dem Direktor, dem Professor, einem Arbeiter am Band usw.) darüber gesprochen habe.

Beispiel:
,,name dropping"

Im Rahmen der alltäglichen Signalisierung gemeinsamer Wissensbestände mag es manchmal vorkommen, daß Signale benutzt werden, die uns fremd sind. Häufig trauen wir uns dann nicht nachzufragen aus Angst, uns zu blamieren. Wir wollen gern einen guten Eindruck machen und nicht aus dem Gesprächskreis ,,rausfliegen". Wir tun so, als ob wir Bescheid wüßten, zeigen mit vagen Beiträgen, daß wir so denken wie die anderen auch.

Schließlich gibt es Parolen, mit denen wir unsere Gespräche in Gang halten, die uns helfen, in jeder Situation einigermaßen richtig zu handeln oder wenigstens nicht das völlig Verkehrte zu tun. Sie sind so nichtssagend, daß sie ein Gespräch nicht wesentlich stören. Wer ,,wie geht's?" fragt, erwartet nicht unbedingt eine Antwort. Es ist wie ein Räuspern, nach dem es dann mit dem gemeinsamen Reden losgeht.

> Daß es zu folgenreichen Mißverständnissen kommen kann, wenn jemand diese Frage ernst nimmt, wurde bereits durch die Fragen von *Garfinkel* angedeutet. Vielleicht versuchen Sie selbst einmal bei irgendeiner Gelegenheit auf diese Frage zu antworten: ,,Darüber möchte ich nicht sprechen."

Im Grunde ist an diesen Redensarten deutlich geworden, daß es bestimmte Dinge gibt, die unser Handeln miteinander erleichtern. Es ist so, als ob es etwas Gemeinsames gäbe, das wir hinter bestimmten Worten, Gesten und Dingen vermuten. Ohne alles aussprechen zu müssen, rechnen wir damit, daß andere uns verstehen mit dem, was wir sagen, und in der Art und Weise, wie wir uns verhalten.

Worte, Gesten, Phänomene bezeichnen etwas, das vor der aktuellen Situation liegt und von dem wir annehmen, daß es der andere in ganz ähnlicher Weise sieht. Das, was sich aktuell zeigt, wird also eingeordnet in einen größeren Zusammenhang.

Wir handeln auf der Grundlage unseres Wissens, das wir im Laufe unseres Lebens im direkten oder vermittelten Umgang mit anderen Menschen erworben haben. Ebenso wie der Erwerb ,,richtigen" Wissens, stellt sich auch die Erkenntnis ,,falschen" Wissens zumeist in Situationen sozialen Handelns ein.

,,Wissen" strukturiert die
Erwartungen

Wir haben auf Grund unseres Wissens bestimmte Vorstellungen und Erwartungen hinsichtlich der Handlungsabläufe, der Struktur von Situationen und der Ergebnisse von Handlungen. Wenn sich nun herausstellt, daß wir mit unserem Vorwissen die Situation nicht ,,im Griff haben", verspüren wir Unsicherheit und entwickeln Strategien, um die alte Erwartungsgewißheit wiederherzustellen. Alle

Strategien führen zu Lernprozessen, die die Struktur und den Bestand unseres Alltagswissens — wenn auch nur in kleinen oder kleinsten Bereichen — verändern.

Trotz aller Routine kommt es noch oft genug vor, daß wir mit unserem Wissen nicht mehr weiterkommen, daß das Selbstverständliche problematisch wird, daß wir neue Erfahrungen machen und unserHandeln in einem kleinen Bereich verändern.

Neue Situationen verursachen Unsicherheit

Jeder tut im eigenen Interesse (d.h. zur Vermeidung von Unsicherheit) einiges dafür, daß die Routine des Miteinander-Umgehens aufrechterhalten wird. Wie oben schon angedeutet, ist es aber trotz unseres Bemühens, alles ,,im Griff zu behalten" (d.h. uns in einer ,,stabilen" Welt einzurichten), nicht möglich, Veränderungen und Verunsicherungen aus dem Wege zu gehen. Das, was wir zu wissen meinen, stellt sich oft auch als falsch oder unzureichend heraus.

,,Ein häufig in der Alltagspraxis anzutreffendes Beispiel auf mikrotheoretischer Ebene für das Problematischwerden von Wissensbeständen ist die Diskrepanz zwischen dem gegenwärtigen Verhalten eines ,alten Freundes', den man nach längerer Zeit wiedertrifft, und den erheblich anderen Erwartungen, die man hinsichtlich seines Verhaltens aufgrund des Bildes in die gegenwärtige Interaktion mitbringt, das man sich in ,jenen vergangenen Tagen' aufgrund seines damaligen Verhaltens und der eigenen damaligen Einschätzung dieses Verhaltens gebildet hatte und in der Zwischenzeit aufrechterhielt — aufgrund eines alten Bildes, das allmählich überlagert wurde durch spätere retrospektive Deutungen, da der eigene Erfahrungsbereich inzwischen ebenfalls starken Veränderungen unterworfen war. In der Zwischenzeit haben sich aufgrund der Auseinandersetzung mit Problembereichen, die der gemeinsamen früheren Interaktionserfahrung heteronom sind, sowohl bei — um es in der erlebten Interaktionsperspektive zu sagen — ,meinem' alten Freund als auch bei ,mir' selbst neue Verhaltensmuster und Stile von Verhaltenserwartungen ausgebildet, die jene zunächst als unbestimmtes Unsicherheitsgefühl erlebte Diskrepanz zwischen unseren wechselseitigen Verhaltenserwartungen, Erwartungen dieser Verhaltenserwartungen und tatsächlichen Handlungsweisen aufkommen lassen. Die Diskrepanz ihrerseits führt zu anschließenden Reinterpretationsversuchen des Bildes von der jeweiligen Fremdidentität (bei signifikanten Interaktionspartnern unter Umständen auch des Bildes von der eigenen Selbstidentität) und der grundlegenden Interaktionsbeziehung zwischen den beiden ,alten Freunden', die zu dauerhaften neuen Interaktionssequenzen oder zum Abbruch der Interaktionsbeziehung Anlaß geben können. In beiden Fällen wird der jeweilige alltagsweltliche Wissensbestand der Interaktionspartner in kleinen oder größeren Teilbereichen umstrukturiert." (Matthes, J./Schütze, F., Bd. 1, 1973, S. 12f.)

,,Wissen" und ,,Gewißheit" sind also sehr relative Dinge, die in bezug auf jeden Bereich unseres Lebens beständig der Gefahr ausgesetzt sind, sich in ihr Gegenteil zu verkehren, also zu Unsicherheit und Ungewißheit zu werden. Da für uns kaum etwas so schwer zu ertragen ist wie Ungewißheit und wir aus den verschiedensten Gründen nicht jedem Problem auf den Grund gehen können oder wollen, behandeln wir unsere Umwelt lieber so, als wüßten wir genau Bescheid über alle Vorgänge und Zusammenhänge. Wir nehmen eher das Risiko *momentaner* Verunsicherung aus einem grundlegenden Gefühl der Sicherheit heraus in Kauf, als von vornherein mit der Gewißheit der Ungewißheit zu leben.

Versuchen wir, die wesentlichen Einsichten hinsichtlich unseres Wissens zusammenzufassen:

1. Unser Alltagswissen ist die Grundlage unseres Handelns.
2. Das Alltagswissen verschafft uns vertraute Erfahrungen (Routine) und gibt uns das Gefühl von Zuverlässigkeit und Stabilität unserer Welt.

Dieser positive Aspekt hat auch eine negative Kehrseite:
,,Das Alltagsbewußtsein ist dadurch charakterisiert, daß es keine neuen Horizonte erschließt, es bewegt sich im Rahmen unwesentlicher Horizontverschiebungen (...). Es ordnet sich den gesellschaftlichen Verhältnissen vor, weiß schon immer, was geschieht und wie etwas gemacht werden muß. So machtg es sich zu einem bornierten Alleswisser." (Leithäuser, T. und Volmerg, B., 1977, S. 47).
Zu diesem Zitat müssen wir anmerken, daß Alltags*bewußtsein* nicht identisch ist mit Alltags*wissen*. Die verschiedenen Formen des Wissens sind Bestandteile des Bewußtseins; Alltagswissen ist also immer nur Bestandteil des übergeordneten Alltagsbewußtseins. Für den hier behandelten Zusammenhang reicht es, auf diesen Unterschied zwischen Wissen und Bewußtsein hinzuweisen. Im Rahmen der Zusammenfassung ist festzuhalten: *Handlungsfähigkeit als positiver Funktion des Alltagswissens steht Erfahrungsbeschränkung als negative Wirkung des Alltagswissens gegenüber.*

3. Unser Alltagswissen leitet uns an, Situationen aus dem Wege zu gehen, die uns absehbar verunsichern können. Treten dennoch Verunsicherungen auf, wird häufig als zentrale Strategie des Alltagsbewußtseins ein Verhalten aktiviert, das uns veranlaßt, so zu tun, als wüßten wir Bescheid. Auf diese Weise halten wir die Verunsicherung ,,auf Distanz".
4. Dennoch kommt es immer wieder vor, daß Teile unseres Alltagswissens problematisch werden. Dies geschieht in der Regel im Zusammenhang mit neuen Situationen und Problemen, wenn wir versuchen, sozusagen ,,probeweise" mit vertrauten Handlungsmustern die neuen Anforderungen zu bewältigen. Dies geschieht aber auch in Situationen, die scheinbar gar nicht neu sind, in denen sich jedoch — für uns nicht erkennbar — die Handlungsbedingungen verändert haben.
5. Problematisierungen der Routine und Überraschungen werden von unserem Alltagsbewußtsein möglichst schnell ,,vereinnahmt" und in eine neue oder erweiterte Routine überführt. Das Alltagswissen wird dadurch nicht ,,umgekrempelt", sondern lediglich modifiziert (,,Horizontverschiebung").

Was wir wissen, wissen auch die anderen — zumindest in den wichtigsten Bereichen — und umgekehrt. Das schafft Sicherheit auf der individuellen Ebene wie auf der Ebene des gemeinsamen Handelns.

3. Der scheinbare Widerspruch: Individuum und Gesellschaft

Wir haben an das Ende des einleitenden Abschnitts die Behauptung gestellt: Soziologie bzw. soziologisches Denken beginnt bei jedem einzelnen selbst. Um dies zu veranschaulichen und zu belegen, haben wir uns deshalb anschließend mit einigen Grundelementen menschlicher bzw. sozialer Existenz beschäftigt. Indem von Alltag, Routine, Strukturen und Wissen die Rede war, haben wir einige elementare und unausweichliche soziale Erfahrungen angesprochen, die vordergründig nur etwas mit dem einzelnen ,,persönlich" zu tun haben. Damit haben wir versucht klarzumachen, daß unserem Denken und Handeln die soziale Dimension so selbstverständlich ist, daß es in vielen Fällen äußerer Anstöße bedarf, um sie überhaupt noch wahrzunehmen.

Sicherlich ist uns klar, daß wir im Beruf oder in der Familie von anderen Menschen beeinflußt werden und zum Teil auch von ihnen abhängig sind. Dies sind gewissermaßen offenkundig *soziale* Felder, weil wir ihre Einflüsse *wahrnehmen*. Da diese Einflüsse einen großen Teil unserer aktuellen Probleme verursachen, setzen wir uns damit auch bewußt auseinander, und wir können deshalb die Tatsache einer ,,sozialen" Existenz in manchen Lebensbereichen gar nicht ,,vergessen".

Aber haben wir nicht trotzdem oft den Eindruck, eigenständig zu denken und unabhängig zu handeln? Ja, bemühen wir uns nicht geradezu, uns von fremden Einflüssen frei zu machen? Haben wir nicht eine eigene Persönlichkeit, mit der wir dem ,,Rest der Gesellschaft" gegenübertreten? Diese Fragen führen uns die Differenz zwischen dem Individuum und der Gesellschaft vor Augen.

Auf der anderen Seite werden Sie in privaten und öffentlichen Diskussionen über gesellschaftspolitische Themen den Satz: ,,Die Gesellschaft, das sind doch wir" gehört und vielleicht sogar selbst benutzt haben. Damit wird dann in der Regel darauf verwiesen, daß der Widerspruch zwischen Individuum und Gesellschaft nur ein scheinbarer ist, wenn es darum geht, für die engere oder weitere Umwelt Verantwortung zu übernehmen oder selbst auf Veränderungen in dieser Umwelt hinzuwirken.

Das ,,Individuum" auf der einen Seite, die ,,Gesellschaft" auf der anderen: betreiben die Autoren dieser Einführung nicht selbst die übliche Konstruktion eines Gegensatzes? Wir haben schließlich selbst im ersten Abschnitt hinsichtlich Gegenstand und Ziel der Soziologie von ,,gesellschaftlichen Prozessen" einerseits gesprochen und andererseits das Individuum in seiner unmittelbaren Umwelt zum Ausgangspunkt soziologischen Denkens erklärt.

Nach diesen Fragen und Anstößen wollen wir eine Antwort versuchen: Für den Soziologen sind ,,Individuum" und ,,Gesellschaft" keineswegs *gegensätzliche* Phänomene. Vielmehr ist das eine ohne das andere nicht denkbar: Individuen sind nur vor dem Hintergrund ihrer gesellschaftlichen Existenz verstehbar, und

,,Individuum" und ,,Gesellschaft" bezeichnen keinen Gegensatz

35

umgekehrt gibt es keine Gesellschaft, die aus sich heraus, sozusagen als unabhängige Abstraktion, existiert. *,,Individuum" und ,,Gesellschaft" stehen eher für unterschiedliche Betrachtungsweisen menschlichen Zusammenlebens.* Gesellschaftliche Vorgänge können als analytische Verdichtungen oder Abstraktionen in der Betrachtung menschlichen Zusammenlebens verstanden werden, während wir bei der Beobachtung des Individuums in seiner sozialen Umwelt sozusagen ,,ins Detail" gehen. Der Soziologe spricht in diesem Zusammenhang von einer mikrosoziologischen Fragestellung, wogegen die gesellschaftliche, also die größere, umfassendere Ebene als die makrosoziologische bezeichnet wird.

Mikro- und makrosoziologische Sichtweise

Wir wollen versuchen, Ihnen die wechselseitige Bedingtheit von Individuum und Gesellschaft etwas anschaulicher darzustellen: Denken Sie daran, wie Sie ,,Gesellschaft" erfahren: Diese Gesellschaftserfahrung ist ganz eng mit den *konkreten Menschen und Situationen* verbunden, mit denen Sie im Laufe Ihres Lebens umzugehen hatten. Sicher können Sie sich spontan an ,,Schlüsselerlebnisse" erinnern, an ganz einschneidende Erfahrungen, die Ihre Einstellungen, Ihr Verhalten stark beeinflußt haben. So wie Sie heute ,,sind", ist ohne diese ,,Schlüsselerlebnisse" vielleicht gar nicht verstehtbar.

Noch um einiges deutlicher wird das Gemeinte, wenn Sie an die Situation eines Neugeborenen denken. Wenn das Kind geboren wird, existiert alles ,,gesellschaftliche" bereits, die Regeln des Zusammenlebens, die Organisationen des Zusammenlebens und die Erwartungen und Beschränkungen, die für jeden Einzelnen mit der Teilhabe an jeder beliebigen Form des Zusammenlebens verbunden sind. Mehr und mehr erfährt und erlernt das Kind die Grundmuster sozialen Verhaltens in der Familie. Zu einer bestimmten Zeit gibt es etwas zu trinken, zu einer bestimmten Zeit wird das Baby gewaschen, und es gibt Zeiten, da kümmert sich anscheinend niemand um das Baby. Konnte es früher mit ,,Plärren" die Mutter zu raschem Handeln bringen, scheint mit zunehmendem Alter diese Form, Unlust zu äußern, überhaupt nicht mehr anzukommen. Es lernt, auf ein energisches Wort der Eltern angemessen zu reagieren, und merkt, daß es seine Wünsche mit denen seiner Mitmenschen abstimmen muß.

Die Situation des Neugeborenen: Alles Gesellschaftliche existiert bereits

In der Erfahrung, nicht als autonomes Einzelwesen zu existieren, sondern die Hilfe anderer zu benötigen, umgekehrt auch ihnen helfen zu können, Mitteilungen über die eigenen Bedürfnisse machen zu können und auch Mitteilungen über die Bedürfnisse anderer zu erhalten, sind soziale Grunderlebnisse zu sehen. In der familiären Interaktion liegt gewissermaßen der Mikrokosmos gesellschaftlichen Lebens. Hier werden die sozialen Elemente vermittelt, die unabdingbar sind, um außerhalb der Familie Kontakt zu anderen Menschen herzustellen und aufrechtzuerhalten. Hier lernt das Kind ,,soziales Handeln", nämlich sich in seinem eigenen Verhalten sinnhaft auf andere zu beziehen (s.o.). Die Beherrschung der elementaren Grundmuster gesellschaftlicher Existenz werden vorausgesetzt, wenn das Kind in die Schule kommt, also in weitere und größere Gesellschaftsbereiche eintritt, die außerhalb der Familie liegen. Der Vorgang des Hineinwachsens in die Gesellschaft wird in den Sozialwissenschaften als ,,*Sozialisation*" bezeichnet. Und weil in der Familie die grundlegenden Gesellschaftserfahrungen vermittelt werden, wird die Sozialisation in der Familie auch als ,,*Primärsozialisation*" bezeichnet. Primärsozialisation bedeutet also das Erlernen der Basisregeln menschlichen Miteinanders. ,,Erlernen" allerdings nicht in dem Sinne, wie man schulisches Wissen erlernt: relativ ober-

Begriff ,,Sozialisation"

Primärsozialisation

flächlich, bewußt und abfragbar. Beim Lernen in der Primärsozialisation sind existenzielle Bedürfnisse und Emotionen angesprochen (z.B. Hunger, Zuwendung, Schutz usw.).

Aus diesem Grunde ist das Gelernte nicht bloß wissensmäßig gespeichert, sondern wird tief in der Persönlichkeit verankert. Die sozialen Grunderfahrungen der Primärsozialisation werden verinnerlicht oder internalisiert. Man könnte auch sagen: ,,Ziel" der Primärsozialisation ist die Herstellung einer Alltagsroutine, die — wie oben dargestellt —

,,Internalisierung" als zentraler Mechanismus von ,,Sozialisation"

— uns psychisch entlastet und uns eigentlich erst handlungsfähig macht, indem wir nicht ständig darüber nachdenken müssen, was wir nun zu tun haben; und die
— der Ebene des Nachdenkens und Reflektierens üblicherweise entzogen ist.

Indem wir als Kind also soziale Grunderfahrungen internalisiert haben, haben wir ein wesentliches Stück ,,Gesellschaft" in uns hineingenommen. Wir ,,wissen" (auch dies ist ja — wie die Alltagsroutine — schon ein bekanntes Stichwort) z.B., daß wir uns nicht mit Gewalt nehmen dürfen, was wir haben wollen, daß man etwas hergeben muß, um etwas anderes von anderen zu erhalten, daß ein Gespräch aus Reden und Zuhören besteht, daß Distanz und Höflichkeit im Umgang mit Fremden angebracht sind usw. Und wir wissen, daß auch die anderen dies wissen. Neben die ,,ärgerliche Tatsache der Gesellschaft", wie sich *Dahrendorf* einmal ausgedrückt hat, tritt die Sicherheit, daß es Regeln gibt, die uns schützen und die Gefahr, in neuen Situationen das Falsche zu tun, in Grenzen halten. Dazu schreibt *Dahrendorf*:

,,Gewiß bezieht der Mensch viele seiner Sorgen und Nöte aus der Tatsache, daß die Gesellschaft ihn in Bahnen und Formen zwingt, die er sich nicht selbst gewählt oder geschaffen hat. Doch sind es nicht nur Sorgen und Nöte, die ihm hieraus erwachsen. Daß die Tatsache der Gesellschaft ein Gerüst sein kann, das uns aufrechterhält und Sicherheit gibt, gilt auch für die, die bemüht sind, sich von ihren Rollen nach Möglichkeit zu distanzieren." (Dahrendorf, 5. A. 1965, S. 33)

Das gesellschaftliche ,,Wissen" und die ,,Selbstverständlichkeiten" waren irgendwann einmal etwas völlig Neues für uns, das wir im Wege unmittelbarer (und häufig wohl auch schmerzhafter) Erfahrung haben lernen müssen. Die Familie spielte dabei die entscheidende Rolle. Sie stellte den ersten Kontakt zur Gesellschaft dar. Sie ist der Ort primärer Gesellschaftserfahrung und für das Kind der Bereich, der das Basiswissen hervorbringt oder die Regeln schafft, die für eine erfolgreiche Sozialisation wichtig sind. Man könnte auch sagen, die Familie ist gewissermaßen eine Einrichtung für den Transport grundlegenden Wissens; dies ist ihre gesellschaftliche Aufgabe. In der Familie wird ein wesentlicher Teil übergreifender gesellschaftlicher Übereinkünfte gewissermaßen ,,mit Leben erfüllt" — von den Regeln über den ,,richtigen" Umgang mit Messer und Gabel bis hin zu abstrakten moralischen Prinzipien wie z.B. ,,Gemeinwohl geht vor Eigenwohl".

Familie als ,,Ort" primärer Gesellschaftserfahrung

Die Familie ist also Kristallisationspunkt und gleichzeitig auch Produkt gesellschaftlichen Wissens. D.h. sie ist ein ,,Ort", an dem Wissen über Gesellschaft in sehr verdichteter Form vermittelt wird. Als Vermittlungsinstanz ist sie aber wieder selbst nach gesellschaftlichen Regeln organisiert. ,,Familie" ,,existiert" also gewissermaßen auf zwei Ebenen:

Familie als ,,Produkt" gesellschaftlicher Regeln

— Zum einen auf der ganz konkreten Ebene unmittelbarer Erfahrung, was sich z.B. darin ausdrückt, daß fast jeder im Laufe seines Lebens mehrere familiäre Rollen innehat (Kind, Schwester, Mutter, Onkel, Großvater).
— Auf der anderen Seite existiert „Familie" abstrakter als gesellschaftliche Vorstellung, als allgemeines, verbindliches Handlungsmodell.

Begriff „Institutionen"

Derartige allgemeine, jedem Gesellschaftsmitglied zugänglichen Handlungsmodelle nennt man in der Soziologie „*Institutionen*" (andere Institutionen sind z.B. Sprache, Ehe, Recht, Herrschaftsformen, Marktformen). Die Tatsache, daß man von komplexen Zusammenhängen als von Institutionen sprechen kann, bedeutet u.a., daß hinsichtlich dieser Zusammenhänge ein breiter gesellschaftlicher Konsens besteht, daß man sich in Interaktionen fraglos auf die Existenz und die Regelstrukturen der Institutionen beziehen kann.

Institutionen sind historisch relativ stabil

Institutionen sind auch deshalb soziologisch interessant, weil sie historisch relativ stabile Elemente einer jeden Gesellschaft sind. Gerade ihre historische Stabilität mag beim ersten Hinsehen den Eindruck erwecken, als handele es sich um anthropologische, zumindest jedoch um gesellschaftliche Konstanten, als habe man es hier mit „natürlichen" Handlungsmodellen oder „ewigen Wahrheiten" menschlichen Zusammenlebens zu tun.

Beispiel institutionellen Wandels

Die Institutionen einer Gesellschaft sind dem Zeitgenossen *fraglose* Wahrheiten, er ist durch sie so geprägt, daß er sie distanzlos und selbstverständlich benutzt. Auf die Beziehung eines Zeitgenossen zu den Institutionen seiner Gesellschaft trifft die Redensart zu vom „Wald, den man vor lauter Bäumen nicht sieht". Weil er „mitten drin" steckt, kann er Gestalt und Struktur der ihn umgebenden Institutionen normalerweise nicht erkennen. Erst in einer historischen Perspektive bzw. im interkulturellen Vergleich werden Erscheinungsformen und Veränderungsprozesse von Institutionen deutlich. „Sichtbar" werden dem alltäglichen Zeitgenossen solche Institutionen, die als Ausdrucksformen sozialen Wandels selbst Veränderungsprozessen unterliegen und damit die „Bruchstellen" der gesellschaftlichen Ordnung markieren. Der Wandel von Institutionen bedeutet einerseits eine Verringerung der Selbstverständlichkeit und kann zur Krise führen, andererseits kann aus der Erfahrung des Wandels eine höhere Bewußtheit gegenüber (noch) institutionalisierten Handlungsmodellen entstehen.

Beispiel für einen institutionellen Wandel sind die Veränderungen, die sich hinsichtlich der Formen menschlichen Zusammenlebens vollziehen. Ehe und Kleinfamilie sind zwar nach wie vor institutionalisierte Handlungsmodelle, haben jedoch in einem quantitativ bedeutsamen Umfang ihre fraglose und unbedingte Gültigkeit verloren. Zeichen des institutionellen Charakters der Veränderungen ist u.a. die Tatsache, daß Gesetzgebung und Rechtsprechung beginnen, z.B. auch „eheähnliche Verhältnisse" als Rechtsgut zu behandeln.

Die historische Perspektive zeigt mithin, daß sich auch Institutionen verändern, daß alte verschwinden und neue entstehen können. Man kann sagen, Institutionen bezeichnen die kulturelle Grundordnung einer Gesellschaft. In anthropologischer Sicht ist eine solche Grundordnung notwendig, um den Menschen als instinktarmes Wesen überhaupt lebensfähig zu machen. Während das Tier über angeborene Verhaltensprogramme verfügt, die das jeweils angemessene Verhalten quasi automatisch hervorrufen, ist der Mensch genötigt, die ihn umgebende Natur so zu verändern, daß sie von ihm stets bewältigt werden kann. An die Stelle der Naturwelt tritt die Kulturwelt des Menschen. Dies ist der Ausgangspunkt des Kulturanthropologen Arnold *Gehlen* (1904-1976).

Die anthropologische Sicht: Institutionen entlasten von der Auseinandersetzung mit Naturbedingungen

38

Mit der Veränderung der natürlichen Umwelt entlastet sich der Mensch von der Unbill der Natur. Er schafft gewissermaßen eine ,,Distanz" zwischen sich und den Naturbedingungen. Die Entlastung von der Unmittelbarkeit ist Voraussetzung für Planung, für Voraussicht. Damit entsteht ,,Entlastung":

> ,,Dieser Ausdruck soll weiter noch eine andere Seite desselben Sachverhaltes bedeuten, nämlich die fortschreitende Indirektheit des menschlichen Verhaltens, den zunehmend herabgesetzten, aber auch feineren, freieren und mehr variablen Kontakt. Zwischen die Handlung und deren Ziel werden Mittelglieder eingeschoben, die ihrerseits Gegenstand eines abgeleiteten und umwegigen Interesses werden, und nicht den zufälligen Gebrauch eines vor Augen liegenden Werkzeugs für nächste Zwecke, sondern die Herstellung eines Werkzeugs für einen ferneren Zweck halten wir für menschliches Tun". (Gehlen, 9. A. 1971, S. 64).

Damit stellt sich die Frage, wie verläßlich die Schlüsse sind, die der Mensch bei seiner Voraussicht zieht. Hier stellt sich nun die Frage nach der Institution. *Gehlens* fundamentale Frage lautet:

> ,,Wie bringt es denn der Mensch angesichts seiner Weltoffenheit und der Instinktreduktion, bei aller potentiell in ihm enthaltenen unwahrscheinlichen Plastizität und Unstabilität eigentlich zu einem voraussehbaren, regelmäßigen, bei gegebenen Bedingungen denn doch mit einiger Sicherheit provozierbaren Verhalten, also zu einem solchen, das man quasi-instinktiv oder quasi-automatisch nennen könnte, das bei ihm *an Stelle* des echt instinktiven steht und das offenbar den stabilen sozialen Zusammenhang erst definiert? So fragen, heißt das Problem der *Institutionen* stellen. Man kann geradezu sagen, wie die tierischen Gruppen und Symbiosen durch Auslöser und durch Instinktbewegungen zusammengehalten werden, so die menschlichen durch Institutionen und die darin erst ,sich feststellenden' quasi-automatischen Gewohnheiten des Denkens, Fühlens, Wertens und Handelns, die allein als institutionell gefaßte sich vereinseitigen, habitualisieren und damit stabilisieren. Erst so werden sie in ihrer Vereinseitigung gewohnheitsmäßig und einigermaßen zuverlässig, d.h. voraussehbar". (Gehlen, 9. A. 1971, S. 79)

Institutionen sind in diesem Sinne ein kulturell variabler funktionaler Instinktersatz:

> ,,Genau an der Stelle, wo beim Tiere die ,Umwelt' steht, steht beim Menschen die ,zweite Natur' oder die Kultursphäre." (Gehlen, 9. A. 1971, S. 80)

Die alltagssoziologische Sicht: Institutionen haben Selbstverständlichkeitscharakter

In einer alltagsweltlichen Perspektive haben Institutionen Selbstverständlichkeitscharakter. Wer beispielsweise sein Nichterscheinen zu einer gselligen Verabredung mit dem Hinweis ,,meine Frau ist krank" entschuldigt, setzt bei den ,,Versetzten" ein breites gesellschaftliches Wissen voraus. Er muß nicht erklären, daß er mit einem andersgeschlechtlichen Menschen zusammenlebt, welcher Art diese Beziehung ist, wie die Umwelt auf die Beziehung reagiert, daß der Zustand des anderen Menschen (,,krank") emotionale, soziale und juristische Verpflichtungen mit sich bringt, die ihn veranlassen, seine Handlungspläne zu ändern, usw. Weil (von extremen Ausnahmen abgesehen) alle Gesellschaftsmitglieder in verschiedenen und lebenslangen Sozialisationsprozessen ein dichtes Netz komplexer Handlungsmodelle (Institutionen) erlernt und internalisiert haben, kann der verhinderte Ehemann voraussetzen, daß er und seine Erklärung ,,richtig" verstanden werden. Er braucht gewissermaßen nur noch einige ,,Kürzel" anzugeben, um seinen Interaktionspartnern die eigenständige Rekonstruktion der ,,dahinterstehenden" Bedeutung zu ermöglichen.

Begriff:
,,Hintergrundwissen"

Dieses ,,Hintergrundwissen" (der Begriff stammt von dem amerikanischen Soziologen *Garfinkel* und meint die Dinge, ,,die jeder weiß" und die deshalb in Interaktionen allseitig vorausgesetzt werden) besitzt und benützt auch der Soziologe, wenn er Untersuchungen im Mikrobereich macht. Hier muß er sogar, wenn er die Ebene bloßer Beschreibung verlassen will, Teile des für die Situation relevanten Hintergrundwissens mitreflektieren, um Strategien und Absichten von Akteuren hinreichend ,,erklären" zu können. Andere soziologische Betrachtungsweisen setzen den Mikrobereich mit dem entsprechenden Hintergrundwissen gewissermaßen als ,,gegeben" voraus und gehen sozialen Prozessen und Strukturen auf einer abstrakten Ebene — z.B. der Institutionen — nach. Und weil sich auf der Grundlage von Alltagsstrukturen und institutionellen Regelungen äußerst komplexe Gebilde organisiert haben (z.B. das Bildungswesen), die aus einer Mikroperspektive allein nicht analysiert werden können, beschäftigen sich Soziologen auf einer Makroebene, die durch noch größere Abstraktion von den konkreten Beziehungen zwischen Menschen gekennzeichnet ist, mit diesen komplexen Gebilden und deren Beziehung untereinander (z.B. Zusammenhänge zwischen Sozialschicht, Bildungswesen und Arbeitsmarkt). In der größten Abstraktion wird ,,Gesellschaft" als Gesamtzusammenhang aller komplexen Gebilde verstanden, deren spezifische Beziehungen zueinander die *Struktur der Gesellschaft* kennzeichnen.

Daraus sollte Ihnen klar werden, daß zwischen ,,Individuum" und ,,Gesellschaft" in der Tat kein Widerspruch besteht. Vielmehr zeigen die Perspektiven des Soziologen den kontinuierlichen Zusammenhang zwischen beiden ,,Größen". ,,Individuum" und ,,Gesellschaft" können als polare Endpunkte eines Kontinuums gedacht werden, zwischen denen soziale Prozesse jeder Art ablaufen. Von jedem Punkt des Kontinuums aus ist jede soziale Tatsache ,,sichtbar", nur wechselt mit dem Standort auch die Perspektive des Betrachters, und damit werden soziale Tatsachen je nach Perspektive unterschiedlich wahrgenommen.

,,Individuum" und ,,Gesellschaft" als Endpunkte eines Kontinuums soziologischer Sichtweisen

Beispielsweise läßt sich die Tatsache, daß Arbeiterkinder an Hochschulen unterrepräsentiert sind, einerseits in der Perspektive gesellschaftlicher Selektions- und Allokationsprozesse beschreiben oder aus der Perspektive differentieller Familienstrukturen mit je unterschiedlichen Sozialisationsbedingungen und Erziehungsstilen. Man kann diese Tatsache aber auch interpretieren im Rahmen einer Analyse individueller Bildungsverläufe, in der man Fragen des Identitätswandels nachgeht.

Alles Gesellschaftliche ist ,,gemacht"

Weiterhin sollte Ihnen klargeworden sein, daß alles Gesellschaftliche ,,gemacht" ist. Wenn eben einmal die Rede davon war, daß man bestimmte Aspekte als ,,gegeben" annimmt, so hat dies lediglich die praktische Funktion, Analysen zu erleichtern oder gar erst möglich zu machen, weil (auch ,,einfache") soziale Sachverhalte in der Regel zu komplex sind, um in *einer* Analyse die ,,ganze Wahrheit" festzuhalten. Aus der Perspektive des Individuums scheinen viele gesellschaftliche Zusammenhänge unüberschaubar, unveränderlich oder unbeeinflußbar. Wir sind deshalb geneigt, solchen Zusammenhängen eine eigene ,,Seins-Qualität" zu unterstellen. Dies ist umso erstaunlicher, als es doch in jedem Fall der Mensch selbst ist, der die gesellschaftlichen Zusammenhänge geschaffen hat. ,,Der Mensch", schreiben *Berger* und *Luckmann*, erlebt die Welt ,,als fremde Faktizität, ein opus alienum, über das er keine Kontrolle hat, nicht als das opus proprium seiner eigenen produktiven Leistung." (Berger und Luckmann, 3. A. 1972, S. 95)

40

Dies hat sicherlich mit den Sozialisationsbedingungen unserer Gesellschaft zu tun. Zum einen ist es wie oben beschrieben eine Grunderfahrung, daß alles Gesellschaftliche bereits bei unserer Geburt existiert. Zum anderen besteht ein nicht unwesentlicher Teil unserer lebenslangen Bemühungen darin, uns unsere eigene, unmittelbare Welt überschaubar zu machen. Darüber hinaus erfahren wir über interpersonale Kommunikation und Massenmedien von gesellschaftlichen Realitäten, die unserem eigenen Erleben fremd sind, deren Zustandekommen und Funktionieren uns unverständlich bleibt, oder wir erkennen, daß vermeintlich „private" Probleme im Rahmen breiter gesellschaftlicher Prozesse stehen, gegenüber deren Dynamik wir uns hilflos vorkommen. Dies führt dazu, daß wir mitunter aus dem Blick verlieren, daß Vorgänge und Tatbestände auf der Makroebene auch „nur" Produkte menschlicher Interaktion sind.

Die Anerkennung dieser Produkte als Entitäten eigener Art nennt man Verdinglichung:

Begriff:
„Verdinglichung"

> „Verdinglichung bedeutet, menschliche Phänomene aufzufassen, als ob sie Dinge wären, das heißt außer- oder gar übermenschlich. Man kann das auch so umschreiben: Verdinglichung ist die Auffassung von menschlichen Produkten, als wären sie etwas anderes als menschliche Produkte. Naturgegebenheiten, Folgen kosmischer Gesetze oder Offenbarungen eines göttlichen Willens. Verdinglichung impliziert, daß der Mensch fähig ist, seine eigene Urheberschaft der humanen Welt zu vergessen, und weiter, daß die Dialektik zwischen dem menschlichen Produzenten und seinen Produkten für das Bewußtsein verloren ist. Eine verdinglichte Welt ist per definitionem eine enthumanisierte Welt". (Berger und Luckmann, 3. A. 1972, S. 94 f.)

Gesellschaftliche Tatsachen mögen uns „„selbstverständlich" erscheinen, wir vermuten, daß sie in einem größeren Zusammenhang stehen, der uns freilich nicht klar ist und den zu durchschauen uns zu aufreibend erscheint. Gleichwohl, gesellschaftliche Tatsachen — von der Form der Begrüßung bis zur Institution religiöser Sinnsysteme — sind „Produkte", d.h. durch das Handeln der Menschen „hergestellt". Sie besitzen eine *historische Dimension*. Ihr scheinbar spezifisches Eigenleben verdanken sie Vereinbarungen, die Menschen getroffen oder hingenommen haben und treffen oder hinnehmen werden.

Damit kehren wir ein zweites Mal zu unserem Ausgangspunkt zurück: Wie verhält es sich mit dem „eigenständigen" Denken und Handeln, mit der Besonderheit und Einzigartigkeit der Individualität? Die vorstehenden Ausführungen könnten den Eindruck erwecken, als sei das Individuum gewissermaßen „gefangen" im „Käfig" beständiger gesellschaftlicher Reproduktion, als sei die einzig mögliche Reaktion auf die Allgegenwart von Gesellschaft die bedingungslose Anpassung und die resignative Hingabe an einen lebenslangen Formungsprozeß. Würden die Autoren diese Meinung vertreten, wären sie alles andere, nur keine Soziologen.

> Soziologie ist untrennbar von der Erfahrung und Erkenntnis, daß das Individuum von seiner Umwelt geformt wird, daß es aber auch selber formend in seine Umwelt eingreift.

Das Individuum ist Produkt und Produzent von „Gesellschaft"

Dies gilt für das gesamte Kontinuum sozialer Prozesse zwischen „Individuum" und „Gesellschaft". Und sehr häufig muß sich der einzelne entscheiden zwischen Handlungsalternativen mit unterschiedlichen Konsequenzen, d.h. er ist „frei" innerhalb gewisser, das „Mensch-sein" konstituierender Rahmenbedingungen biologischer, psychologischer und sozialer Art.

Menschliche Entscheidungen gestalten Umwelt

> Solche Entscheidungen können z.B. Einfluß nehmen auf die Form der Stadtsanierung („Kahlschlag" versus Modernisierung) und damit auf einen wichtigen

Teil der Stadtgestalt, der auf mein Wohn- und Lebensgefühl einwirkt. Was Formung von Umwelt alles bedeuten kann, wird noch deutlicher, wenn Sie an die Zerstörung der Wälder, den Bau des Rhein-Main-Donau-Kanals, die Einrichtung von Gesamtschulen, die Wahl der Partei X, ein Wirtschaftsförderungsprogramm für eine strukturschwache Region, die Suche nach einer größeren Wohnung, die Teilnahme an einer Maßnahme der beruflichen Weiterbildung denken.

Dieser (beliebig verlängerbaren) Liste von Beispielen gemeinsam ist die Tatsache, daß alle Beispiele *Ergebnis menschlicher Entscheidungen* auf allen Ebenen sozialen Handelns sind: Alles Gesellschaftliche ist „gemacht". Auch im Mikrobereich gibt es trotz der prägenden Kraft der Primärsozialisation keinen Determinismus. Das interagierende Individuum gestaltet seine soziale Umwelt. Auch wenn unsere Alltagswelt ein Netz von Routinen ist: Sogar innerhalb der Routinestrukturen werden uns Interpretations-, Definitions- und Aushandlungsleistungen abverlangt und ermöglicht. In unseren Interaktionen müssen wir beständig „entscheiden", wie wir etwas verstehen wollen, d.h. wie wir den Spielraum sozialer Bedeutungen, die fast immer uneindeutig sind, nutzen wollen.

Insoweit unser Leben also eine Kette von Entscheidungen und Entscheidungsmöglichkeiten ist, kann man die Frage stellen nach der Eigenständigkeit des Handelns und nach der Individualität selbst: Kein Leben, keine erlebbare Umwelt ist einer anderen identisch, eben weil jedes Individuum in der Auseinandersetzung mit mehr oder weniger von ihm beeinflußbaren Umweltbedingungen zu persönlichen Entscheidungen gezwungen ist, die auf die Umwelt und den Verlauf seines Lebens im „kleinen" und „großen" zurückwirken.

Um Mißverständnissen vorzubeugen: Hinter dem Gesagten steht nicht die Meinung, jeder könne alles tun und erreichen, wenn er nur wolle. Die Rahmenbedingungen der primären und sekundären Sozialisation gehören eben nicht zu den individuell grundsätzlich entscheid- und veränderbaren Umweltfaktoren (z.B. die Entscheidung, Kinder zu haben), sondern schaffen Zuweisungen zu bereits vorab verteilten gesellschaftlichen Chancen (denken Sie z.B. an den Zusammenhang von Schichtzugehörigkeit der Eltern und Bildungs- und Berufsentscheidungen der Kinder).

Sie sollten aus den letzten Ausführungen auch nicht schließen, das Individuum sei alleiniger oder zentraler Gegenstand der Soziologie. Der Gegenstandsbereich umfaßt neben dem *Individuum* in seinen sozialen Bezügen eben gleichermaßen *gesellschaftliche Strukturen,* die Ausdruck vielfältiger Gleichartigkeiten der Individuen sind.

3.1 Sind wir unser eigener Herr?

Im vorangegangenen Abschnitt haben wir bei der Bestimmung der Beziehung zwischen Individuum und Gesellschaft den Einzelnen als gesellschaftlich geprägtes, aber nicht determiniertes Wesen mit Entscheidungsspielraum charakterisiert. Den Prozeß gesellschaftlicher Prägung haben wir als Sozialisation bezeichnet und angedeutet, daß in diesem Prozeß grundlegendes „Wissen" gesellschaftlicher Art internalisiert wird. „Internalisation" bedeutet, daß Normen, Erwartungen und Handlungsmuster in der Weise „gelernt" werden, daß sie uns als selbstverständlich erscheinen. Denken wir über uns nach, scheinen wir solche charakteristischen Verhaltensformen an uns festzustellen.

Mit *Formen der Internalisierung* in Abhängigkeit von bestimmten (historischen) Gesellschaftsbedingungen hat sich David *Riesman* in einem Buch beschäftigt, das zu einem Standardwerk in der Soziologie geworden ist und den Titel trägt „The lonely crowd" (1950). Es erschien in deutscher Übersetzung im Jahre 1958 unter dem Titel „Die einsame Masse". In seinem Buch arbeitet *Riesman* unterschiedliche Formen der Einstellungs- und Verhaltenssteuerung heraus. Seine Analyse zeigt, daß sich historische Entwicklungsstadien der Gesellschaft unterscheiden lassen. Jedes Entwicklungsstadium ist neben demographischen und ökonomischen Bedingungen durch spezifische Rahmenbedingungen der Sozialisation für *alle* Gesellschaftsmitglieder gekennzeichnet. Eine wesentliche Konsequenz dieser Überlegungen ist, daß sich — entsprechend der Veränderung der Sozialisationsbedingungen — auch die jeweils in einer Gesellschaft dominierenden *Persönlichkeitstypen* unterscheiden lassen.

Riesman unterscheidet drei Typen und macht die strukturellen Unterschiede an der Kontrolle und den emotionalen Sanktionen deutlich, denen die einzelnen Typen ausgesetzt sind. Die Typen der Traditionslenkung, der Innenlenkung und der Außenlenkung stellen wir unter den Überschriften „Die Macht der Geschichte", „Die Macht des Gewissens" und „Die Macht der Anderen" vor.

David *Riesman:* „Die einsame Masse"

3.1.1 Die Macht der Geschichte

Der erste Typus ist der des *traditionsgeleiteten* Menschen.

Traditionslenkung

„Der traditionsgeleitete Mensch steht der Kultur wie einer einheitlichen Macht gegenüber, auch wenn ihm diese durch jene spezifische kleine Gruppe von Menschen, mit denen er in täglichem Kontakt steht, nahegebracht wird. Diese erwartet von ihm nicht, daß er sich zu einer bestimmten Persönlichkeit entwickelt, sondern lediglich, daß er sich in der allgemein anerkannten Art und Weise verhalte. Demzufolge wird die Sanktion für sein Verhalten die *Furcht vor Schande* darstellen" (Riesman, 1958, S. 40).

Furcht vor Schande

Der traditionsgeleitete Mensch ist typisch für Gesellschaften, die ihre Mitglieder zur *Konformität gegenüber überkommenen Konventionen* verpflichten. Persönliche Qualitäten und Eigenschaften haben keinen sozialen Selbstwert, sondern sind nach den Maßstäben der tradierten Kultur zu bewerten. Die Sozialisation bindet den traditionsgeleiteten Menschen (durch Internalisierung) an die kulturell gesteuerten Verhaltensformen und Rituale. Ein relativ hoher Bevölkerungsumsatz verhindert tiefgreifende Auswirkungen auf die tradierten Verhaltensformen, weil die Lebensspanne der meisten Menschen so kurz ist, daß sie vielfach nur ausreicht, um in der existierenden Gesellschaft ein kompetentes, handlungsfähiges Mitglied zu werden. Sie reicht aber nicht, um in Auseinandersetzung mit den existierenden Bedingungen neue, veränderungswirksame Verhaltensweisen zu entwickeln.

Konformität gegenüber Konventionen

Beispiele für Gesellschaften, deren Verhaltenssteuerung auf Tradition basiert, bieten das Mittelalter, aber auch bestimmte Stammesgesellschaften unseres Jahrhunderts.

3.1.2 Die Macht des Gewissens

Innenlenkung

Als zweiten Typus beschreibt *Riesman* den *innengeleiteten* Menschen:

,,Der innen-geleitete Mensch, der frühzeitig einen seelischen Kreiselkompaß in sich aufnimmt, mit dem er, wenn er einmal von seinen Eltern in Gang gesetzt ist, später auch Signale von anderen, seinen Eltern entsprechenden Autoritäten aufnehmen kann, geht nicht ganz so unabhängig durch sein Leben, wie es scheinen mag, denn er gehorcht diesem nach innen verlegten Steuerungsorgan. Weicht er von seinem Kurs ab, entweder als Antwort auf seine eigenen inneren Impulse oder auf die schwankenden Stimmen seiner Mitmenschen, so wird ihn dies mit Schuldgefühl erfüllen." (1958, S. 40)

Schuldgefühle

Gesellschaften, in denen *Innenlenkung* dominiert, sind offener, differenzierter als traditionelle Gesellschaften. Tradition ist zwar auch hier in der Vorgabe von Werten und Orientierungen wichtig, aber es gibt verschiedene, teils konkurrierende Traditionen. Der Einzelne kann sich nicht an einer für alle Gesellschaftsmitglieder zu jeder Zeit verbindlichen Kultur orientieren, sondern nur an Teilen dieser Kultur — so wie sie ihm durch seine Eltern oder andere Autoritäten vermittelt wurden.

Konformität gegenüber Prinzipien

Die Differenzierung kultureller Werte macht es ,,erforderlich", die Verhaltenssteuerung nicht in der Kultur ,,zu lassen", sondern nach ,,innen" zu ,,verlagern". Der innengeleitete Mensch wird in der primären Sozialisation auf Werte, Prinzipien und Ziele festgelegt, die in einem hohen Maße verinnerlicht werden und als Muster lebenslanger Verhaltenssteuerung fungieren. Der Kreiselkompaß zeigt immer, wie ein einmal eingeschlagener Kurs auch unter schwierigen Bedingungen eingehalten werden kann: ,,Da dem innen-geleiteten Menschen die Richtung, die er im Leben einzuschlagen hat, in der privaten Sphäre des Elternhauses von wenigen Leitbildern gewiesen wird und da statt einzelner Verhaltensregeln Prinzipien verinnerlicht werden, kann er ein hohes Maß an charakterlicher Stabilität entwickeln". (Riesman, 1958, S. 41)

Eine Abweichung von seinem ,,Kurs" führt den Menschen zu inneren Konflikten und Schuldgefühlen. Für *Riesman* ist der innengeleitete Mensch der dominante Typus im Zeitalter der Industrialisierung.

3.1.3 Die Macht der anderen

Außenlenkung

Als typischen Charakterzug des modernen Menschen stellt *Riesman* die Außenlenkung heraus:

,,Das gemeinsame Merkmal der *außengeleiteten* Menschen besteht darin, daß das Verhalten des einzelnen durch die Zeitgenossen gesteuert wird; entweder von denjenigen, die er persönlich kennt, oder von jenen anderen, mit denen er indirekt durch Freunde oder durch die Massenunterhaltungsmittel bekannt ist. Diese Steuerungsquelle ist selbstverständlich auch hier ,verinnerlicht', und zwar insofern, als das Abhängigkeitsgefühl von dieser dem Kind frühzeitig eingeplant wird. Die von den außengeleiteten Menschen angestrebten Ziele verändern sich jeweils mit der sich verändernden Steuerung durch die von außen empfangenen Signale. Unverändert bleibt lediglich diese Einstellung selbst und die genaue Beobachtung, die den von den anderen abgegebenen Signalen gezollt wird" (1958, S. 38).

Der außengeleitete Mensch lernt also,

,,Signale von einem sehr viel weiteren als dem durch seine Eltern abgesteckten Kreis aufzunehmen. Die Familie stellt nicht mehr jene eng miteinander verbundene Einheit dar, mit der er sich identifiziert, sondern lediglich einen Teil einer weiterreichenden sozialen Umgebung, an die er sich frühzeitig gebunden fühlt. In dieser Hinsicht ähnelt der außengeleitete Mensch dem traditionsgeleiteten Menschen, denn beide leben in einem Gruppenmilieu, und beiden fehlt die Fähigkeit des innen-geleiteten Menschen, seinen Weg allein zu gehen. Doch ist dieses Gruppenmilieu in beiden Fällen grundverschieden. Der außengeleitete Mensch ist ,Weltbürger' ". (1958, S. 41)

Der außengeleitete Mensch steht im Zeitalter der Massenkommunikation mit allem und jedem in Verbindung. Er ist

,,in gewissem Sinne überall und nirgends zu Hause; schnell verschafft er sich vertraulichen, wenn auch oft nur oberflächlichen Umgang und kann mit jedermann leicht verkehren". (1958, S. 41)

Im Gegensatz zum traditionsgeleiteten Menschen, der kulturell gleichförmige Signale aufnimmt, die ihn und seine Mitmenschen in immer gleicher Gewißheit bestärken, und zum innengeleiteten Menschen, der gewissermaßen in sich ruht, sieht sich der außengeleitete Mensch einer Fülle von Signalen gegenüber — und sie können im Prinzip alle wichtig sein! Ob sie wichtig sind, entscheidet sich, wenn Mitmenschen sich nach ihnen richten. Da der außengeleitete Mensch heute noch nicht weiß, was morgen ,,für alle selbstverständlich" ist, muß er in der Lage sein,

Konformität gegenüber der sich wandelnden Umwelt

,,Signale von nah und fern zu empfangen, es gibt viele Sender und häufigen Programmwechsel. So ist es nicht erforderlich, einen Kodex von Verhaltensregeln, sondern jenes hochempfindliche Gerät, womit er diese Nachrichten empfangen und gelegentlich an ihrer Verbreitung teilnehmen kann, zu verinnerlichen. Gegenüber Kontrollen durch Schuld oder Furcht vor Schande, wenngleich diese selbstverständlich weiterexistieren, besteht ein wesentlicher Beweggrund für den außengeleiteten Menschen in einer diffusen Angst. Der Kontrollmechanismus wirkt jetzt nicht in der Art des Kreiselkompasses, sondern wie eine Radaranlage" (1958, S. 40).

diffuse Angst

Für *Riesman* ist der außengeleitete Mensch der vorherrschende Typus der modernen Gesellschaft.

3.1.4 Kulturelle Gewißheit

Typologien wie die von *Riesman* sind als *Tendenzaussagen* gesellschaftlicher Entwicklung zu verstehen. D.h. sie beziehen sich nicht auf konkrete *Quantitäten*. Man könnte also z.B. nicht sagen: In der Gesellschaft XY waren/sind 58 % der Bevölkerung außengeleitet, 32 % innengeleitet und 10 % traditionsgeleitet. Das wäre aus einer Reihe von Gründen so nicht empirisch feststellbar. Vielmehr geht es um *Qualitäten* sozialisatorischer Entwicklungen und Bedingungen, und dafür kann man durchaus empirische Belege finden (z.B. in der kulturanthropologischen Forschung).

Typologien haben Tendenzcharakter

Riesman geht davon aus, daß Gesellschaften entsprechend den ihnen eigenen Strukturmerkmalen systematisch für die Mehrheit der Gesellschaftsmitglieder Sozialisationsbedingungen hervorbringen (durch Entwicklung von Rollensystemen, die den gesellschaftlichen Erfordernissen entsprechen), welche die Entwicklung eines gesellschaftstypischen *Sozialcharakters* begünstigen. Damit ist

Begriff: Sozialcharakter

gemeint, daß Wahrnehmungskriterien, Denkstrukturen und Handlungsmuster innerhalb physiologischer Grenzen kulturell geprägt und überformt werden und in jeder historischen Kultur bzw. Gesellschaft zu einer typischen Sicht- und Handlungsweise hinsichtlich der natürlichen und sozialen Umwelt geführt haben.

Beispiel für Wandel der Denkstrukturen: Aufklärung

Ein gutes Beispiel ist, wie Aufklärung und Rationalismus das abendländische Denken ,,umgekrempelt`` und zu einer ,,Empirisierung`` der Wissenschaft geführt haben. Die darauf basierenden Erfindungen, Entwicklungen und Entdeckungen haben unser Verständnis von ,,Welt`` völlig verändert und die materiellen und sozialen Grundlagen des Denkens und Lebens gänzlich umstrukturiert. Denken Sie etwa daran, daß alle modernen demokratischen Staatsformen aus dem Gedankengut der Aufklärung hervorgegangen sind. Ein anderes Beispiel ist die Medizin, der erst die Aufklärung den Weg frei gemacht hat für eine wissenschaftliche (systematische) und rationale Auseinandersetzung mit dem menschlichen Körper und seinen Krankheiten.

Der Sozialcharakter, also das Bündel von kulturell für selbstverständlich gehaltenen Persönlichkeitsqualitäten, wird von den Sozialisationsagenturen einer Gesellschaft (die Familie ist hier von ganz zentraler Bedeutung!) an die nächste Generation weitergegeben. Gesellschaftliches ,,Basiswissen`` wird internalisiert. Dieses Basiswissen ist, und darauf will *Riesman* verweisen, unterschiedlich strukturiert, und es kommt bei den einzelnen Typen unterschiedlich zustande.

In der empirischen Realität dominieren bei fast allen Typologien *Mischformen* ,,reiner`` Typen, d.h. zum Beispiel, daß bei einem konkreten Menschen sowohl Aspekte der Außenlenkung als auch der Innenlenkung feststellbar sind. Der ,,reine`` Typus beschreibt dagegen das Grundmuster gesellschaftlicher Sozialisations- und Reproduktionsbedingungen. Unter diesem Vorbehalt spricht sehr viel dafür, daß der außengeleitete Mensch der heute aktuelle Typus ist.

Kommen wir nun auf unsere Ausgangsfrage zurück: Ist der außengeleitete Mensch (nehmen wir einmal an, er ist der moderne dominante Typus) sein eigener Herr? Diese Frage und ein spontanes ,,nein`` als Antwort darauf liegen auf den ersten Blick nahe. Doch trifft diese Antwort sicher auch auf die anderen Typen zu. Wenn wir uns die Ausführungen zu ,,Individuum und Gesellschaft`` und zu den beiden anderen Typen der Verhaltenssteuerung vergegenwärtigen, wird deutlich, daß sowohl der traditionsgeleitete als auch der innengeleitete Mensch gesellschaftlich geformt sind. Lediglich die Art und Weise der Formung unterscheiden sich, mit der Konsequenz, daß die Art der Formung entscheidend ist für die Rückwirkungsmöglichkeiten des Individuums, für die Möglichkeit der Einflußnahme auf seine Umwelt. So gesehen, sind die Erfahrungsmöglichkeiten und Handlungsspielräume der historisch ,,älteren`` Typen enger und gesellschaftlich stärker beschränkt. Das ,,normative Korsett`` des außengeleiteten Menschen ist sehr viel weiter ,,geschnitten`` und er wird in stärkerem Maße in seiner sozialen Kreativität gefordert.

Der ,,Preis der Freiheit``: Unsicherheit und Angst

Den ,,Preis der Freiheit`` hat *Riesman* angedeutet: Unsicherheit und Angst sind die Kehrseite des vergrößerten Gestaltungs- und Handlungsspielraums. Der traditionsgeleitete Mensch hat sehr viel mehr Gewißheit über die Ziele seines Lebens. Wo sie in Frage gestellt werden, macht sich Hoffnungslosigkeit breit. Dies hat Bert *Brecht* in seinem Stück ,,Leben des Galilei`` eindringlich gezeigt. Der Dialog zwischen Galilei, dem in einem Dekret der Heiligen Kongregation untersagt wurde, seine Erkenntnisse, wonach die Erde nicht das Zentrum des Weltalls sei, zu verbreiten, zeigt, welche nicht beabsichtigten Folgen aus richtigen Erkenntnissen entspringen können:

„*Der kleine Mönch:* Herr Galilei, seit drei Nächten kann ich keinen Schlaf mehr finden. Ich wußte nicht, wie ich das Dekret, das ich gelesen habe, und die Trabanten des Jupiter, die ich gesehen habe, in Einklang bringen sollte. Ich beschloß, heute früh die Messe zu lesen und zu Ihnen zu gehen.

Galilei: Um mir mitzuteilen, daß der Jupiter keine Trabanten hat?

Der kleine Mönch: Nein. Mir ist es gelungen, in die Weisheit des Dekrets einzudringen. Es hat mir die Gefahren aufgedeckt, die ein allzu hemmungsloses Forschen für die Menschheit in sich birgt, und ich habe beschlossen, der Astronomie zu entsagen. Jedoch ist mir doch daran gelegen, Ihnen die Beweggründe zu unterbreiten, die auch einen Astronomen dazu bringen können, von einem weiteren Ausbau der gewissen Lehre abzusehen.

Galilei: Ich darf sagen, daß mir solche Beweggründe bekannt sind.

Der kleine Mönch: Ich verstehe Ihre Bitterkeit. Sie denken an die gewissen außerordentlichen Machtmittel der Kirche.

Galilei: Sagen Sie ruhig Folterinstrumente.

Der kleine Mönch: Aber ich möchte andere Gründe nennen. Erlauben Sie, daß ich von mir rede. Ich bin als Sohn von Bauern in der Campagna aufgewachsen. Es sind einfache Leute. Sie wissen alles über den Ölbaum, aber sonst recht wenig. Die Phasen der Venus beobachtend, kann ich nun meine Eltern vor mir sehen, wie sie mit meiner Schwester am Herd sitzen und ihre Käsespeise essen. Ich sehe die Balken über ihnen, die der Rauch von Jahrhunderten geschwärzt hat, und ich sehe genau ihre alten abgearbeiteten Hände und den kleinen Löffel darin. Es geht ihnen nicht gut, aber selbst in ihrem Unglück liegt eine gewisse Ordnung verborgen. Da sind diese verschiedenen Kreisläufe, von dem des Bodenaufwischens über den der Jahreszeiten im Ölfeld zu dem der Steuerzahlung. Es ist regelmäßig, was auf sie herabstößt an Unfällen. Der Rücken meines Vaters wird zusammengedrückt nicht auf einmal, sondern mit jedem Frühjahr im Ölfeld mehr, so wie auch die Geburten, die meine Mutter immer geschlechtsloser gemacht haben, in ganz bestimmten Abständen erfolgten. Sie schöpften die Kraft, ihre Körper schweißtriefend den steinigen Pfad hinaufzuschleppen, Kinder zu gebären, ja zu essen aus dem Gefühl der Stetigkeit und Notwendigkeit, das der Anblick des Bodens, der jedes Jahr von neuem grünenden Bäume, der kleinen Kirche und das Anhören der sonntäglichen Bibeltexte ihnen verleihen können.

Es ist ihnen versichert worden, daß das Auge der Gottheit auf ihnen liegt, forschend, ja beinahe angstvoll, daß das ganze Welttheater um sie aufgebaut ist, damit sie, die Agierenden, in ihren großen oder kleinen Rollen sich bewähren können. Was würden meine Leute sagen, wenn sie von mir erführen, daß sie sich auf einem kleinen Steinklumpen befinden, der sich unaufhörlich drehend im leeren Raum um ein anderes Gestirn bewegt, einer unter sehr vielen, ein ziemlich unbedeutender. Wozu ist jetzt noch solche Geduld, solches Einverständnis in ihr Elend nötig oder gut? Wozu ist die Heilige Schrift noch gut, die alles erklärt und als notwendig begründet hat, den Schweiß, die Geduld, den Hunger, die Unterwerfung, und die jetzt voll Irrtümern befunden wird? Nein, ich sehe ihre Blicke scheu werden, ich sehe sie die Löffel auf die Herdplatte senken, ich sehe, wie sie sich verraten und betrogen fühlen. Es liegt also kein Auge auf uns, sagen sie. Wir müssen nach uns selber sehen, ungelehrt, alt und verbraucht, wie wir sind? Niemand hat uns eine Rolle zugedacht außer dieser irdischen, jämmerlichen auf einem winzigen Gestirn, das ganz unselbständig ist, um das sich nichts dreht? Kein Sinn liegt in unserem Elend, Hunger ist eben Nichtgegessenhaben, keine Kraftprobe; Anstrengung ist eben Sichbücken und Schleppen, kein Verdienst. Verstehen Sie da, daß ich aus dem Dekret der Heiligen Kongregation ein edles mütterliches Mitleid, eine große Seelengüte herauslese?" (Brecht: Das Leben des Galilei)

Will man im Bild bleiben, dann ruht auf dem außengeleiteten Menschen nicht das Auge Gottes, sondern er blickt auf alle anderen, und er geht davon aus, daß die anderen ihn beobachten. Deshalb hat er kein festes Ziel wie die Bauern in der Campagna, sondern seine Ziele ändern sich mit den Zielen der anderen. Offenheit und Veränderung sind für ihn existenzbestimmende Elemente. Aufgrund der sozialisatorisch angelegten Orientierung an anderen Menschen sind diese auch Quelle und Ursache vieler Ängste. Die Angst, nicht mitzukommen hinsichtlich der von anderen für wichtig gehaltenen Kriterien, anders zu sein als andere und ganz generell abzuweichen von den Menschen unserer Umwelt — all diese Ängste kennzeichnen die Sozialisationsbedingungen und -effekte des außengeleiteten Menschen. Die Art und Weise des Umgangs mit diesen Ängsten beschreibt gleichzeitig die Art und Weise des Umgangs mit unserer Abhängigkeit von anderen und kennzeichnet das Maß, in dem wir „unser eigener Herr" sind.

Außenlenkung und Angst

An dieser Stelle erscheint es notwendig, Ihnen noch einmal einen Orientierungs- und Verständnishinweis zu geben: Wir „liefern" und vertreten hier keine allgemeingültige soziologische Perspektive, sondern wollen Ihnen Hinweise und Anregungen zum Nachdenken über Ihre eigene „soziale" Situation geben. Die „Botschaft" lautet nicht: Wir sind alle außengeleitet, sondern: Die historische Entwicklung gesellschaftlicher Sozialisationsbedingungen beeinflußt uns und unser Verhältnis zur Umwelt. Das Erkennen und Reflektieren der Bedingungen und Abhängigkeiten eröffnet die Chance einer rationalen Auseinandersetzung und einer Einflußnahme hinsichtlich der gegenwärtigen und zukünftigen Lebens- bzw. Umweltbedingungen.

Unser eigener Herr werden wir in dem Maße, wie wir uns unserer Einbindung in die Gesellschaft bewußt werden, uns vor Vereinnahmung durch „selbstverständliche" Verhaltensmuster hüten und uns gegen falsche „Autoritäten" behaupten.

3.2 Die Abhängigkeit von anderen auf dem Prüfstand

Wir wollen das Kaleidoskop der Verunsicherung ein wenig weiterdrehen und uns eine „benachbarte" Facette sozialer Existenz anschauen. Die Orientierung an anderen Menschen, das Bedürfnis, Bestätigung und Anerkennung von anderen zu bekommen, führt zu der Neigung, so zu handeln, wie andere dies von uns erwarten. Die Stärke dieser Neigung hängt ab von der Bedeutung, die diese anderen für uns haben. D.h. wir sind relativ sensibel für die Erwartungen z.B. unseres Partners oder Vorgesetzten, dagegen vermutlich relativ unempfindlich gegenüber Sektenwerbern an der Haustür oder in der Fußgängerzone, die uns auffordern, einer bestimmten Religionsgemeinschaft beizutreten. Im allgemeinen verbindet sich „Bedeutung" mit irgendeiner Form von Abhängigkeit und korreliert mit der Tatsache, daß diese anderen ein Stück weit *Sanktionsmacht* über uns haben. „Sanktionsmacht" bedeutet, daß der Interaktionspartner aufgrund der Struktur der Beziehung die Möglichkeit hat, mich zu „belohnen" (z.B. durch ausdrückliches Loben oder einfache Beachtung) oder mich zu „bestrafen", indem er mir etwas entzieht oder verweigert, was ich von ihm haben will (z.B. Zu

Begriff: „Sanktionsmacht"

wendung oder Anerkennung), oder mir etwas antut, was ich vermeiden möchte (z.B. Spott, körperliche Gewalt).

Eine sozialstrukturell angelegte Sanktionsmacht ist mit „Autorität" verbunden. Autorität besitzen Personen und Gruppen, die legitimen (d.h. sozial anerkannten, rechtmäßigen) Einfluß auf andere ausüben. Autorität, also die Berechtigung, Einfluß (Macht) auszuüben, ist nun in der Tat in den sozialen Strukturen der Gesellschaft sehr unterschiedlich verteilt. Offensichtlich wird dies in der weitreichenden Hierarchisierung fast aller sozialen Gebilde. Wer in einer Organisation (Betrieb, Behörde, Verein) „oben" steht, wer in einer informellen Gruppe den höchsten Status hat, erhält Autorität und damit — je nach Charakter der sozialen Formation — ein Stück interpersonale Macht und Einflußmöglichkeit (wobei die Quellen von Macht und Einfluß sehr stark differieren: in Organisationen spielen die formalen Aspekte einer Position eine sehr viel größere Rolle, in einer Clique von Jugendlichen kann dagegen z.B. das „gute Aussehen" entscheidendes Statuskriterium sein).

Sanktionsmacht und Autorität

In unserem Zusammenhang ist wichtig, daß auch die Tatsache hierarchischer Strukturierung elementarer Bestandteil der Sozialisation ist und damit auch Selbstverständlichkeitscharakter gewinnt. Wir lernen Gehorsam gegenüber „Autoritäten" und sind damit als Akteure an der Reproduktion des Verhaltenssystems von Über- und Unterordnung beteiligt. Wir nehmen Autorität und interpersonale Macht keineswegs grundsätzlich als unangenehm wahr, im Gegenteil: Die Möglichkeit, auf Leute zu vertrauen, die „es wissen müßten", entlastet uns psychisch in Konflikt- und Entscheidungssituationen. Autoritäten reduzieren stellvertretend für uns die Komplexität der Umwelt auf ein erträgliches Maß (z.B. Eltern für ihre Kinder, der Meister für den Lehrling).

„Autoritäten" geben psychische Entlastung

Dieser Mechanismus hat natürlich nicht nur eine psychische, sondern auch eine funktionale Komponente. Die hochdifferenzierte Arbeitsteilung unserer Gesellschaft erfordert und produziert Wissen, das für den einzelnen schon lange nicht mehr überschaubar ist. Spezialisten besitzen Kompetenz und gesellschaftliche Verantwortung für einen kleinen Teilbereich. Die Abhängigkeit von Spezialisten im Alltagsleben ist vielfältig, denken Sie z.B. an den Arzt, dessen Diagnose und Therapie Sie sich letzten Endes anvertrauen müssen, an den Rechtsanwalt, den Sie für die Durchsetzung von Ansprüchen brauchen, den KFZ-Mechaniker, der Ihr Auto wieder fahrbereit macht.

Das Vertrauen bzw. Anvertrauen gegenüber Menschen, die für uns „Autorität" (auf welcher Grundlage auch immer) besitzen, ist ein Grundmuster sozialer Beziehungen, das in der primären und sekundären Sozialisation internalisiert wird. Dieses Grundmuster wird durch die Lebenserfahrung zwar relativiert und modifiziert (d.h. wir lernen auch, daß manche Autoritäten gar nicht vertrauenswürdig sind, oder daß sich unsere Kriterien für „Autorität" verändern), aber keineswegs ausgelöscht.

Vertrauen auf „Autorität" ist ein Grundmuster sozialer Beziehungen

Indem wir von anderen abhängig sind, ihnen Autorität zuerkennen und ihnen Macht/Einfluß über uns einräumen, sind wir auch manipulierbar. Innerhalb des politischen Systems versucht man (auch vor dem Hintergrund der Erfahrungen im „Dritten Reich") die Manipulierbarkeit einzugrenzen durch vielfältige demokratische Kontrollen. Sie schützen zwar den einzelnen nicht vor Manipulation in seinem Alltagsleben, sie stellen aber auf gesellschaftlicher Ebene gewissermaßen ein „alternatives" Sozialisationspotential mit anderen Erfahrungsmöglichkeiten bereit. Die Demokratisierung der Gesellschaft beweist sich in der Verbrei-

Zugeständnis von Autorität schafft Manipulierbarkeit

tung von Verhaltensmustern, die auf Mitverantwortung, Eigenverantwortung, Diskussion, Toleranz und Mehrheitsbildung basieren. Ihre sozialisatorischen Wirkungen reichen bis in die kleineren Einheiten der Gesellschaft, bis hin zur Nachbarschaft und Familie.

Dennoch sind wir immer wieder erschrocken, wenn wir sehen, wie gering der Widerstand gegen falsche Autoritäten ist. Die Erfahrungen im „Dritten Reich" haben dies besonders nachdrücklich vor Augen geführt. Um Gehorsam zu leisten, Anordnungen zu verwirklichen und Befehle auszuführen, wurden Menschen gedemütigt, gefoltert und getötet. Eine ganze Zeit nach dem Krieg war man der Meinung, der „bürokratische Menschenschinder" sei eine nationalsozialistische Spezialität und hinsichtlich der Persönlichkeitsstruktur ein Extremfall.

Ein Experiment in den 60er Jahren führte sehr drastisch vor Augen, daß auch in „fortschrittlicheren" Zeiten viele Menschen bereit sind, unter dem sozialen Druck einer Autorität ihre persönliche Moral und Menschlichkeit „über Bord zu werfen".

Das *Milgram*-Experiment: Unterwerfung unter Autorität

In diesem Experiment wollte der amerikanische Psychologe Stanley *Milgram* herausfinden, wie weit sich ganz normale Menschen von der Straße seiner „wissenschaftlichen" Autorität unterwerfen würden. Er wählte dazu bewußt eine Situation, die das normale menschliche Empfinden der Menschen tangierte: er gab vor, testen zu wollen, ob Schüler unter Strafe ihren Lernerfolg verbessern. Per Anzeige in einer Lokalzeitung hatte er Personen aller Berufsgruppen 4 Dollar für die Teilnahme an einem wissenschaftlichen Experiment zur Untersuchung von Gedächtnisleistungen angeboten. Rund 300 Personen wurden ausgesucht. Ihnen wurde gesagt, sie sollten mittels „elektrischer Schocks" Fehler von Schülern bestrafen und somit zu besseren Leistungen anspornen. Auf der Bestrafungsskala stand deutlich, welche Auswirkungen die Schocks, die von Fehler zu Fehler stärker wurden, haben würden: sie reichten von 15 bis 450 Volt und wurden als „geringer Schock" bis hin zu „Gefahr: Schwerer Schock" deutlich gekennzeichnet.

Im ersten Durchgang konnten die Versuchspersonen den „Schüler", der in allen Experimenten natürlich ein von *Milgram* ausgewählter Mitarbeiter war, weder sehen noch hören. Sie erfuhren die „Fehlleistungen" nur über eine Anzeigetafel und reagierten mit Elektroschocks. Nahezu alle waren bereit, auch die härtesten Strafen anzuwenden.

Die Vermutung, daß diese Bereitschaft zu quälen auch damit zusammenhänge, daß die „Lehrer" ihre Opfer nicht sehen, bestätigte sich nicht: selbst als die „Lehrer" die Schreie der „Schüler" — die natürlich simuliert wurden — hören konnten, waren die allermeisten bereit, ihre Strafen zu steigern. In einem letzten Durchgang konnten sie die Qualen der Schüler sogar sehen. Auch dies änderte nichts am Strafverhalten. Zwar zeigten einige „Lehrer" Skrupel, doch als ihnen der Wissenschaftler sagte, sie hätten keine andere Wahl und müßten das wissenschaftliche Experiment fortführen, stellten sie ihre moralischen Bedenken zurück. Nur ein Drittel weigerte sich, weiter mitzumachen.

Im Vorwort zu seinem Untersuchungsbericht schreibt *Milgram:* „Derselbe Mensch, der aus innerster Überzeugung Diebstahl, Tötung und Körperverletzung verabscheut, wird sich vielleicht doch in Akte des Raubens, Tötens und Folterns verstricken, und zwar ohne nennenswerten inneren Widerstand, sofern eine Autorität ihm den Befehl dazu gibt. Ein Verhalten, das bei einem Menschen, der aus eigener Verantwortung handelt, undenkbar ist, wird vielleicht ohne die geringste Hemmung praktiziert, wenn ein Befehl es verlangt." (1974, S. 9)

Das Milgram-Experiment ist sicherlich extrem hinsichtlich der Konsequenzen der untersuchten Anpassungshandlungen. Im Alltag wird unsere Bereitschaft zur Anpassung an sozialen Druck (glücklicherweise) nicht in ähnlich folgenreichen

50

Situationen geprüft. Der Mechanismus der Anpassung ist aber auch in der alltäglichen Routine wirksam. Die Autorität, an deren Forderung wir meinen uns anpassen zu müssen, hat dabei häufig nicht einen erkennbaren Expertenstatus, sondern ist „einfach" die Autorität der *Mehrheit*. Für die beiläufige Anpassung „im kleinen" sorgen die vielfältigen sozialen Gruppen und Gruppierungen, mit denen wir alltäglich zu tun haben — in erster Linie Familie, Bekannte und Kollegen.

Anpassung an sozialen Druck ist Bestandteil der Alltagsroutine

Der Druck, der von sozialen Gruppen auf unsere Meinung und Wahrnehmung ausgeübt wird, ist von der experimentellen Gruppenforschung hinlänglich untersucht und immer wieder bestätigt worden. Dazu ein „klassisches" Experiment von *Asch*:

Ein Experiment zum Gruppendruck

„Bei diesem Experiment betrat ein Student mit sieben anderen zusammen einen Raum und mußte sich an das Ende der Sitzreihe setzen. Der Versuchsleiter erklärte, bei der Untersuchung gehe es um die Fähigkeit, bestimmte Diskriminationsleistungen der Wahrnehmung zu erbringen. Er zeigte jeweils verschiedene Linien unterschiedlicher Größe sowie eine ‚Standardlinie'. In jedem Durchgang mußte die Linie bezeichnet werden, die dieselbe Länge wie die Standardlinie hatte. Insgesamt gab es 18 Durchgänge, bei denen die einzelnen Teilnehmer ihr Urteil abgaben.

Bei den ersten Versuchen stellte der Student fest, daß die Aufgabe leicht und die Gleichheit der Längen jeweils offensichtlich war — man brauchte nicht Student zu sein, um das Problem zu lösen. Was ihn jedoch beim nächsten Versuch irritierte, war der Umstand, daß die anderen Teilnehmer nicht ebenfalls die Linie angaben, die er für die offensichtlich richtige gehalten hatte. Einstimmig bezeichneten sie eine Linie, die zweifelsohne länger als die Standardlinie war. Im Verlauf des Experimentes stellte sich heraus, daß der Rest der Gruppe nur in einem Drittel der Fälle mit dem Urteil des Studenten übereinstimmte.

Die meisten Personen, die man in diese Situation versetzte, empfanden einen starken Zwang, ihre eigenen Wahrnehmungen zu ignorieren und sich zum Rest der Gruppe konform zu verhalten, d.h. offensichtlich falsche Antworten zu geben. Etwa die Hälfte von ihnen gab diesem Druck etwas nach und gab bei zwei oder mehr Versuchen konforme Antworten. Ein Viertel der Teilnehmer verhielt sich bei vier oder mehr Versuchen konform. Andere widerstanden dem Druck, fühlten sich allerdings äußerst unbehaglich dabei. Was der Teilnehmer nicht wußte: die sieben anderen Studenten waren Mitarbeiter des Versuchsleiters und gaben absichtlich falsche Urteile ab. In diesem Experiment führte der starke soziale Druck durch den einstimmigen Konsens der sieben anderen Studenten häufig zu einem konformen Verhalten des einzelnen, obgleich die in der Situation gegebenen Anhaltspunkte klar und eindeutig waren." (zit. nach Secord und Backman 1976, S. 374)

Ob nun — wie in anderen Experimenten — die angeblichen Bewegungen eines tatsächlichen unbewegten Lichtpunktes in einem dunklen Raum geschätzt oder Gerüche „wahrgenommen" wurden, die von einem Gefäß mit geruchlosem Wasser ausgehen sollten — stets haben wir es mit einem alten Problem zu tun: von der Meinung der anderen abzuweichen, erfordert Selbstbewußtsein und Mut. Dies heißt nichts Geringes, vor allem dann, wenn alle anderen von ihrer „richtigen" Meinung überzeugt sind und wenn jemand — wie im Märchen über „Des Kaisers neue Kleider" — verkündet, daß eine andere Meinung zu haben ein Beweis für Dummheit sei:

Zur Veranschaulichung der Abhängigkeit von anderen: Das Märchen: „Des Kaisers neue Kleider?"

Des Kaisers neue Kleider

Der Kaiser sandte bald wieder einen anderen ehrlichen Höfling hin, um zu sehen, wie es mit dem Weben fortschritte, und ob das Zeug bald fertig sei. Ihm erging es wie dem Minister, er guckte und guckte, aber da außer den leeren Webstühlen nichts da war, konnte er nichts erblicken.

,,Ja, ist es nicht ein schönes Stück Zeug?" fragten die beiden Betrüger und zeigten und erklärten das herrliche Muster, das gar nicht da war.

,,Dumm bin ich nicht!" dachte der Mann, ,,es ist also das Amt, für das ich nichts tauge! Das ist merkwürdig genug! Aber da darf man sich nichts anmerken lassen!" und so lobte er das Zeug, das er nicht sah, und versicherte sein Vergnügen über die schöne Färbung und das herrliche Muster. ,,Ja, es ist wirklich ganz allerliebst!" sagte er zum Kaiser.

Alle Menschen in der Stadt sprachen von dem prächtigen Zeug.

Nun wollte der Kaiser es selbst sehen, während es noch auf dem Webstuhl war. Mit einer ganzen Schar auserlesener Männer, unter denen auch die beiden ehrlichen Ratgeber waren, die schon früher dagewesen waren, ging er zu den beiden listigen Betrügern hin, die nun aus allen Kräften webten, aber ohne Faden und Durchschuß.

,,Ja, ist es nicht wirklich magnifique!" fragten die beiden ehrlichen Ratgeber. ,,Geruhen Eure Majestät zu sehen: welch ein Muster! welche Farben!" und dabei zeigten sie auf die leeren Webstühle, denn sie glaubten, daß andere das Zeug wohl sehen könnten.

,,Was ist das!" dachte der Kaiser, ,,Ich sehe ja gar nichts! Das ist ja entsetzlich! Bin ich etwa dumm? Tauge ich nicht dazu, Kaiser zu sein? Das wäre das schrecklichste, was mir zustoßen könnte!" ,,Oh ja, recht hübsch!" sagte der Kaiser. ,,Es hat meinen allerhöchsten Beifall!" und er nickte zufrieden und betrachtete den leeren Webstuhl; er wollte nicht sagen, daß er nichts sehen konnte. Das ganze Gefolge, das er bei sich hatte, schaute sich die Augen aus, bekam aber nicht mehr heraus, als alle die anderen, aber sie sagten ebenso wie der Kaiser: ,,O, es ist sehr hübsch!" Und sie rieten ihm, dieses prächtige neue Zeug zum erstenmal bei der großen Prozession in Gebrauch zu nehmen, die bevorstand.

,,Magnifique! Wundervoll! Ausgezeichnet!" ging es von Mund zu Mund, und alle zusammen waren vollkommen derselben Meinung. Der Kaiser verlieh jedem der beiden Betrüger ein Ritterkreuz, im Knopfloche zu tragen, und den Titel ,,Hofweber".

Die ganze Nacht vor dem Vormittag, an dem die Prozession stattfinden sollte, saßen die Betrüger auf und hatten über sechzehn Lichter angezündet. Die Leute konnten sehen, daß sie es eilig hatten, um des Kaisers neue Kleider fertig zu bekommen. Sie taten, als ob sie das Zeug vom Webstuhl nähmen, schnitten mit großen Scheren in die Luft, nähten mit Nähnadeln ohne Faden und sagten zuletzt: ,,So, nun sind die Kleider fertig!"

Der Kaiser mit seinen vornehmsten Kavalieren kam selbst heran, und die beiden Betrüger hoben den Arm in die Höhe, als ob sie etwas hielten, und sagten: ,,Seht, das sind die Beinkleider! Hier ist der Rock! und das ist der Mantel!" und so weiter fort. ,,Es ist so leicht wie Spinngeweb! Man sollte glauben, man habe nichts auf dem Körper. Aber das ist eben der Vorzug!" ,,Ja," sagten alle Kavaliere, aber sehen konnten sie nichts, denn es war nichts da.

Der Kaiser legte alle seine Kleider ab, und die Betrüger spiegelten vor, ihm jedes Stück von den neu genähten anzuziehn, und sie faßten ihn um den Leib, als ob sie etwas festbänden, das war die Schleppe, und der Kaiser drehte und wendete sich vor dem Spiegel.

,,O, wie gut sie kleiden, und wie prächtig sie sitzen!" sagten alle. Was für ein Muster! Welche Farben! Das ist eine kostbare Tracht!"

,,Draußen stehen sie mit dem Thronhimmel, der über Eurer Majestät in der Prozession getragen werden soll!" sagte der Oberzeremonienmeister.

„Ja, ich bin ja fertig!" sagte der Kaiser. „Sitzt es nicht gut?" und dann wendete er sich einmal vor dem Spiegel, denn es sollte so aussehen, als ob er seinen Staat recht betrachte.

Die Kammerherren, die die Schleppe tragen sollten, suchten mit den Händen auf dem Fußboden umher, gerade als ob sie die Schleppe aufnähmen. Sie wagten nicht sich anmerken zu lassen, daß sie nichts sehen konnten.

Und so ging der Kaiser in der Prozession unter dem herrlichen Thronhimmel, und alle Menschen auf den Straßen und in den Fenstern sagten: „Gott, des Kaisers neue Kleider sind ja beispiellos schön! Welch eine herrliche Schleppe an dem Kleid! Und wie wohlgeraten alles sitzt!" Niemand wollte sich merken lassen, daß er nichts sähe, denn dann hätte er nicht für sein Amt getaugt, oder wäre sehr dumm gewesen. Noch nie hatte ein neues Kleid des Kaisers solches Glück gemacht wie dieses.

„Aber er hat gar nichts an!" sagte ein kleines Kind. „Herr Gott, hört die Stimme der Unschuld!" sagte der Vater, und der eine flüsterte es dem anderen zu, was das Kind gesagt hatte.

„Er hat gar nichts an! ein kleines Kind sagte, er hat überhaupt gar nichts an!"

„Er hat ja gar nichts an!" rief zuletzt das ganze Volk.

(Hans Christian Andersen: Des Kaisers neue Kleider)

Ob es „die Stimme der Unschuld" war, die die Unterwerfung unter die Meinung der anderen entlarvt hat, oder ob es sich um den Fall noch nicht gelungener Sozialisation handelt, sei dahingestellt. In jedem Fall ist es ein Beweis dafür, daß der Versuch, das, was alle ganz sicher zu wissen scheinen, zu hinterfragen, durchaus erfolgreich sein kann. Man kann nicht ständig „gegen den Strom schwimmen", umgekehrt muß man aber auch nicht in der öffentlichen Meinung aufgehen. Der Rest Innenleitung, der in einer komplexen Welt gegenüber den „plausiblen" Angeboten an Denk- und Handlungsmustern unterzugehen droht, muß erhalten und ausgeweitet werden. Daß dies zunehmend schwieriger wird, zeigt der Blick auf Wissensformen, die uns tagtäglich unterkommen: Vorurteile und Ideologien.

4. Vorurteile und Ideologie: Das „falsche Wissen"?

„Wir wissen Bescheid" lautet die Überschrift des vorletzten Kapitels. Trotz dieses Titels haben wir bisher eigentlich nur das Gegenteil vor Augen geführt, nämlich wie unsicher oder zumindest verunsicherbar unser Alltagswissen und das darauf aufbauende Handeln sind.

In diesem Kapitel wollen wir Ihnen zeigen, wie wir uns vor der Verunsicherung unseres Alltagswissen schützen. Dies tun wir auf vielfältige Weise. Das Spektrum reicht vom Abbruch sozialer Beziehungen, die mit „beunruhigenden" Informationen verbunden sind, bis zur rücksichtslosen Unterdrückung anderer Meinungen. Wir wollen zwei zentrale Formen der Sicherung unseres „Wissens" herausgreifen: Vorurteil und Ideologie. Das Wort „Wissen" haben wir in Anführungszeichen gesetzt, um zu signalisieren, daß es sich nicht um Wissen handelt, das aus der Erfahrung der objektiven Wirklichkeit entspringt, sondern um ein „Wissen", das die Wirklichkeit verzerrt. Insofern kann man auch von „falschem Wissen" sprechen. Wir benutzen diesen Begriff, weil Vorurteilen und Ideologien gemeinsam ist, daß sie hinter dem möglichen Wissen zurückbleiben. Diesem „falschen Wissen" auf die Spur zu kommen ist nicht immer leicht, da es von denen, die es verwenden, als völlig richtig angesehen wird. Dies ist der erste Grund, weshalb wir die Überschrift mit einem Fragezeichen versehen haben.

Beiden Formen des „Wissens" gehen ineinander über. Am ehesten kann man sich die Unterschiede klar machen, wenn man Vorurteile mehr auf die Handlungsebene bezieht und Ideologie stärker der politisch-kulturellen Ebene zuordnet. Während Vorurteile auf eine Ausgrenzung von Menschen hinauslaufen, sind mit Ideologien oft Machtinteressen verbunden.

Bei der Behandlung des Themas Ideologie ergibt sich allerdings eine Schwierigkeit. In aller Regel wird der Begriff im abwertenden Sinn gebraucht und meint ein einseitiges Denken von Menschen, die für andere Meinungen völlig unzugänglich sind. Wir werden den Begriff im letzten Teil dieses Kapitels dagegen in dem allgemeinen Sinn gebrauchen wie es Karl *Mannheim* gefordert hat: als Hinweis darauf, daß alles Denken an einen bestimmten gesellschaftlichen Standort gebunden ist. Wissen, das wir erwerben, ist immer Wissen aus einem konkreten gesellschaftlichen Zusammenhang heraus, die Verwendung von Wissen gilt immer für einen bestimmten gesellschaftlichen Zusammenhang. Aus ihm wird es begründet, in ihm bewährt es sich. Insofern ist es nicht „falsch", sondern „seinsgebunden", wie *Mannheim* es nennt. Dies ist der zweite Grund, weshalb wir die Überschrift mit einem Fragezeichen versehen haben.

4.1 Vorurteile

Versuche, den Begriff Vorurteil zu definieren, verweisen stets auf die Herkunft des Wortes, mit dem ein Urteil abgegeben wird, bevor alle Fakten bekannt oder geprüft sind. Dies ist der kognitive Aspekt des Vorurteils. In seinem Beitrag zur ,,International Encyclopedia of the Social Sciences" geht Otto *Klineberg* über diesen Aspekt hinaus und schrieb:

Vorurteil als positive/negative Einstellung und als positives/negatives Gefühl

,,Prejudice also involves an attitude for or against, the ascription of a positive or negative value, an affective, or feeling, component. Usually there is in addition a readiness to express in action the judgements and feelings which we experience, to behave in a manner which reflects our acceptance or rejection of others: this is the conative, or behavioral, aspect of prejudice. (The resulting actions are also described as representing varying degress of discrimination.) Prejudice may therefore be defined as an unsubstantiated prejudgement of an individual or group, favorable or unfavorable in character, tending to action in a consonant direction." (1968, Vol. 12, S. 439).

Sowohl auf den kognitiven Aspekt, der unsere Organisation von Wissen beleuchtet, als auch auf den Handlungsaspekt, der die besondere Bedeutung des Vorurteils im Umgang der Menschen untereinander beleuchtet, wollen wir nun zu sprechen kommen.

4.1.1 Die ,,harmlose" Gedankenlosigkeit

Vermutlich würden Sie für sich die Frage nach der Notwendigkeit von Vorurteilen ohne weiteres Nachdenken verneinen, und vielleicht denken Sie dabei an eine allgemeine, gerade aktuelle Vorurteilsdiskussion, wie z.B. das, was unter dem Stichwort ,,Ausländerfeindlichkeit" berichtet und erörtert wird. Vorurteile gelten allgemein als etwas Negatives. Man nimmt sie in erster Linie bei den anderen wahr und geht davon aus, daß Vorurteile nur bei bornierten Leuten vorkommen. Da die meisten Menschen annehmen, daß sie sich mehr Gedanken machen als ,,die anderen", sind sie ziemlich sicher, ,,eigentlich" keine Vorurteile zu haben.

Wir wollen Sie nicht unnötig zweifeln machen, aber denken Sie einmal darüber nach, welchen Menschen gegenüber Sie spontan ein eher positives oder ein eher negatives Gefühl haben. Halten Sie sich dabei nicht bei ,,Randgruppen" auf, sondern überprüfen Sie Ihre Gefühle (Sympathie/Antipathie) hinsichtlich ,,integrierter" sozialer Gruppen. Beispiele sind Polizisten, Ärzte, Handwerker, Body-Builder, Diskothekenbesucher, Frauenfußballerinnen, Boulevardzeitungsleser, Schrebergärtner, alte Menschen, Tennisclubmitglieder usw.

Diese willkürlichen Beispiele sollten Ihnen verdeutlichen, daß wir — die Autoren schließen sich diesmal ausdrücklich ein! — hinsichtlich sehr alltäglicher sozialer Gruppen affektiv getönte Vorstellungen entwickelt haben. So sind vielleicht Boulevardzeitungsleser ,,dumm", Schrebergärtner ,,engstirnig", alte Menschen ,,unbeholfen" und Tennisclubmitglieder ,,elitär" (oder in entgegengesetzter Tönung ,,interessiert", ,,naturverbunden", ,,rücksichtsvoll" und ,,aufgeschlossen".) Solche affektiv getönten Urteile würden wir im konkreten Fall vielleicht zurücknehmen, aber bis dahin messen wir ihnen nicht allzu viel

Bedeutung zu, da wir damit niemandem wehtun und bei kritischer Betrachtung ja auch augenzwinkernd zugeben, daß auch wir nicht ganz frei von solchen „harmlosen" Vorurteilen sind.

Wir möchten Ihnen ein Dokument nicht vorenthalten, das gleichsam eine Totale von Völkerurteilen darstellt. Es scheint aus dem 17. Jahrhundert zu stammen, aber manche Urteile kommen Ihnen sicher bekannt vor (vgl. S. 58).

Von Vorurteilen solchen Ausmaßes scheinen wir aufgeklärten Menschen nun doch frei zu sein — scheinen, denn: daß solche Urteile, verschärft und zum Haß gesteigert, auch heute noch an der Tagesordnung sind, lehren uns die Auseinandersetzungen zwischen Völkern, Religionsgemeinschaften und Sportfans. Urteile dieser Art sind die „heimliche Energiequelle" der Intrigen und Streitereien, mit denen sich auch aufgeklärte Menschen das Leben schwer machen.

Es gibt keinen Menschen ohne Vorurteile

Alles in allem gehen wir aber davon aus, daß Vorurteile eigentlich nur bei den anderen vorkommen. In ihrer massiven Form halten wir sie ohnehin für Charakterfehler, die nur bei Fanatikern vorkommen.

4.1.2 Die „Denknotwendigkeit" von Vorurteilen

Aber noch ein anderer Umstand begünstigt die „Blindheit" gegenüber der eigenen Person: Die „Krückenfunktion" von Vorurteilen. Das Vertrauen auf die Autorität und Kompetenz anderer verhilft uns dazu, die eigene Alltagswelt überschaubar zu halten, indem wir die anderen zu „Repräsentanten" der Außenwelt machen, die gewissermaßen als Stellvertreter Bereiche der gesellschaftlichen Realität erschließen, die für uns selbst nicht direkt zugänglich sind. In gleicher Weise benutzen wir auch *Vorurteile*, um unserer Alltagswelt eine beruhigende Ordnung, um ihr Struktur zu geben. *Allport* spricht in diesem Zusammenhang von „*Vorausurteilen*", und er bezeichnet sie als normal:

Vorurteile strukturieren unsere Alltagswelt

> „Der menschliche Verstand braucht zum Denken Kategorien (dieser Terminus bedeutet hier dasselbe wie Verallgemeinerungen). Wenn sich Kategorien gebildet haben, werden sie zur Grundlage für das normale Vorausurteil. Diesen Prozeß können wir auf keinen Fall vermeiden, denn unser geordnetes Leben beruht darauf." (*Allport*, (1954) 1971, S. 34)

Vorurteile als notwendige Bestandteile des Denkens

Wir stützen uns in unserer Alltagsroutine vielfach auf diese „Krücken", um „bewegungs-" und handlungsfähig zu bleiben. Auch Vorurteile reduzieren — wie Autorität — die Komplexität der Umwelt, indem sie uns die Sisyphusarbeit ersparen, jeden sozialen Sachverhalt empirisch und rational überprüfen zu müssen. Wir machen bestimmte Erfahrungen und verallgemeinern sie, indem wir ein erstes Urteil über das bilden, was wir erfahren haben. Werden wir mit ähnlichen Situationen konfrontiert, aktivieren wir dieses erste Urteil und ziehen es zur Erklärung der neuen — nun schon ja „vertrauten" — Situation heran. Wir ordnen also die neue Situation in alte Erfahrungen ein. Wo uns genaue Kenntnisse über Einzelaspekte der neuen Situation fehlen, springt die alte Erfahrung hilfreich ein: Das Vor-Urteil wird zum Lückenbüßer der Erfahrung.

Vorurteile reduzieren Komplexität der Umwelt

In gewisser Weise belegt dieser Mechanismus, daß wir uns zu helfen wissen. Die Verallgemeinerung von Erfahrungen ist eine entscheidende Voraussetzung für die Erhaltung von Handlungsfähigkeit in neuen Situationen. Über Verallgemeinerung erschließen wir uns Sachverhalte, die uns ohne weiteres nicht zugänglich sind. Die rasche Zuordnung von neuen Erkenntnissen zu alten Erfah-

Kurze Beschreibung der in Europa befindlichen Volker und ihren Aigenschaften

Numen \ Aigenschaften	Spanier	Frantzoß	Walisch	Teutscher	Engerlander	Schweth	Polack	Unger	Moskawith	Tirk oder Griech
Sitten	Hochmuthig	Leichtsinnig	Hinderhaltig	Offenherzig	Wohl Gestalt	Stark und Groß	Baurisch	Untreu	Boßhafft	Wie das Abriweder
Natur und Aigenschaft	Wunderbarlich	Holdselig und gesprachig	Eifersuchtig	Ganz gut	Lieb-Reich	Graussam	Noch wilder	Aller Graussambst	Gut Ungerisch	Ein Jung Teufel
Verstand	Klug und Weiß	Firsichtig	scharffsinig	wizig	Anmuthig	Hartnackig	Gering achtend	Noch wenger	Gar Nichts	Oben Auß
Anzeugung deren Aigenschaften	Manlich	Kindisch	Wie jeder will	uber Allmt	Weiblich	Unerkennlich	Mittlmäßig	Bluthbegyrig	Unendlich krob	Zan-Isch
Wissenschaft	schrifgelehrt	In Kriegssachen	in Geistlichen Rechten	In Weltlichen Rechten	Welt Weiß	In Freuen Kunsten	In unterschiedlichen Sprachen	In Ladenischer Sprach	In Knchischer Sprache	Ein falscher Politicus
Tracht der Kleidung	Ehrbaar	Unbeständig	Ehrsam	Macht alles nach	auf Französische Art	Von Loder	Lang Rockig	Viel Farbig	Mit boltzen	Auf Weiber Art
Untugent	Hoffartig	Betrugerisch	Geissuchtig	Verschwenderisch	Unruhig	Aber Glaubensch	Praller	Veräther	Gar Veratherisch	Noch veratherischer
Lieben	Ehrlob und Ruhm	Den Krieg	Das Gold	Den Trunck	Die Wohllust	Köstliche Speisen	Den Adl	Die Aufruhe	Den Brugl	Selbsteigne Lieb
Krankheiten	Verstopfung	An Eigner	An bosser seuch	An bodagram	An Der Schwindsucht	An der Wassersucht	An den Durchbruch	An der freis	An Keichn	An Schwachheit
Ihr Land	Ist fruchtbaar	Wohlgearbeith	Ergözlich und Wohllustig	Gut	Fruchtbaar	Bergig	Waldich	Frucht und golt Reich	Voller Eiß	Ein Liebreiches
Krigs Tugente	Groß Muthig	Arglistig	Firsichtig	Uniberwindlich	Ein See Held	Unverzackt	Un Gesinnt	Aufrererisch	Miesamb	Gar Faul
Gottesdienst	der aller beste	Gut	Etwas besser	Noch andächtiger	Veränderlich Wie der Mond	Eifrig im Glauben	Glaubt Allerley	Unmuessig	Ein Abtriniger	Ewen ein solcher
Erkennen für Ihren Herrn	Einen Monarchen	Eine(n) König	Einen Baterarch	Einen Kaiser	bald den balt jene	Freie Herrschaft	Einen Erwelden	Einen Unbeliebigen	Einen Freimütigen	Ein Thiran
Haben Überfluß	An Früchten	An Waren	An Wein	An Geträid	An Fich Weid	An Artz Kruben	An Bölzwerch	In Allen	An Immen	an Zart und Weichen sachen
die Zeit Vertraiben	Mit Spillen	Mit betrugen	Mit schwatzen	Mit Trincken	Mit Arbeiten	Mit Essen	Mit zancken	Mit Miessiggehen	Mit schlaffen	Mit Kränkeln
Vergleichung Mit denen Thiren	Ein Elofanthen	Ein Fuchsen	Einen Luchsen	Einen Löben	Einen Pferd	Einen Ochsen	Einen Bern	Einen Wolffen	Ein Esel	Einer Katz
Ihr Leben Ende	In Bett	In Krieg	In Kloster	In Wein	In Wasser	Auf der Erd	Im stall	beym säwel	Jn schnee	In betrug

(Herzlichen Dank an Lew Kopelew, der mir dieses Dokument zur Verfügung gestellt hat, H.A.)

58

rungen verhindert, daß wir vor lauter Prüfen und Nachdenken gar nicht mehr dazu kommen, Handlungskonsequenzen aus unserer Reflexion abzuleiten bzw. die Ableitung auch in Handeln umzusetzen.

Damit wollen wir keineswegs sagen, Vorurteile seien gesellschaftlich und politisch harmlos. Wir wollen Ihnen vielmehr die Erkenntnis vermitteln, daß Vorurteile, die durch Verallgemeinerung früherer Erfahrungen zustande kommen, sich nicht nur bei herausragenden Ereignissen und Problemen zeigen, sondern fester Bestandteil von Alltagswelt und -routine sind. ,,Vorurteile" gehören zu den alltagsweltlichen Wissensbeständen und haben damit (s.o.) in aller Regel Selbstverständlichkeitscharakter. Sie sind so der Ebene des Nachdenkens im allgemeinen entzogen.

Vorurteile haben Selbstverständlichkeitscharakter

Dies ist nun der kritische Punkt des Übergangs von der Verallgemeinerung früherer Erfahrungen zum Vorurteil, das die Besonderheiten einer neuen Situation nicht mehr wahrnimmt. Das ,,Wissen" hat sich verfestigt und weigert sich, etwas wahrzunehmen, was dem einmal gefaßten Urteil widerspricht. Obwohl ein Urteil revidiert werden könnte, wird es beibehalten.

4.1.3 Die Korrektur der Wirklichkeit

Was passiert, wenn die Wirklichkeit unserem ,,Wissen" widerspricht? Auch dafür gibt es bekannte Lösungen. Die eine Möglichkeit der Vorurteilserhaltung ist die ,,Wirklichkeitsbeugung" durch die Verzerrung unserer Wahrnehmung, die andere ist die der ,,Versiegelung" durch Rationalisierung.

Konflikte zwischen ,,Wissen" und ,,Wirklichkeit"
Lösung durch:- Verzerrung der Wahrnehmung - Rationalisierung

Die systematische Verzerrung der Wahrnehmung (z.B. durch Vorurteile, Erfahrungen, Interessen) wird in den Sozialwissenschaften als *selektive Wahrnehmung* bezeichnet. Diesem Begriff liegt die allgemeine Einsicht zugrunde, daß die Möglichkeiten der Informationsaufnahme und -verarbeitung aus unserer Umwelt begrenzt sind. Die im Laufe des Lebens aufgebauten kognitiven, emotionalen und motivationalen Orientierungen strukturieren den Bereich unserer Wahrnehmung. Die in einer Situation jeweils aktualisierten Interessen, Gefühle und Bedürfnisse bezeichnen auf einer konkreten Ebene die Kriterien der Wahrnehmung.

Begriff ,,selektive Wahrnehmung"

Ein Beispiel wäre die Situation, daß Sie ein privates oder berufliches Problem haben, das Sie stark beschäftigt. Wenn Sie in irgendwelchen schriftlichen Materialien nach Lösungen für Ihr Problem suchen, werden Sie das Buch oder die Zeitschrift nicht von Anfang bis Ende durchlesen, sondern ,,durchblättern" und ,,überfliegen" und Ihre Wahrnehmung/Aufmerksamkeit auf Stichworte konzentrieren, die mit der Lösung des Problems zu tun haben. Sie sind für derartige Stichworte aber nicht nur bei der bewußten Suche nach Lösungen sensibilisiert, sondern Sie ,,horchen auf", wenn in einem Gespräch am Nachbartisch in der Kneipe, im Fernsehen oder im Radio Stichworte zu Ihrem Problem fallen. Im Bereich der Massenkommunikations- und Wahlforschung hat sich gezeigt, daß die Wirkung von Massenmedien auf die Änderung von Einstellungen (und von Vorurteilen als besonderer Form von Einstellungen) durch den Prozeß der selektiven Wahrnehmung beeinträchtigt wird.

Beispiele selektiver Wahrnehmung

Denken Sie in diesem Zusammenhang vielleicht einmal an Ihre eigenen Erfahrungen in der Wahrnehmung z.B. von Wahlsendungen. Es ist vermutlich häufiger passiert, daß die Sendungen der ,,gegnerischen" Parteien Ihre Abneigung diesen gegenüber bestätigt haben, als daß Sie versucht hätten, sich offen auf die Argumente der anderen einzulassen (vorausgesetzt, Ihre Entscheidung stand fest). In der Wahlforschung hat sich gezeigt, daß die Selektivität so stark sein kann, daß aus einer Botschaft das genaue Gegenteil der eigentlichen Aussage „herausgehört" oder „herausgelesen" wird.

Vorurteile und selektive Wahrnehmung

In Bezug auf die Vorurteile bewirkt die Selektivität der Wahrnehmung, daß wir dazu neigen, Ereignisse und Objekte unserer Umwelt so zu interpretieren, daß sie mit bestimmten Bereichen unseres „Wissens" übereinstimmen und insbesondere die spezifisch mit Emotionen verbundenen Vorurteile bestätigen und bekräftigen.

Auf diesen Mechanismus hat schon Francis *Bacon* aufmerksam gemacht. In seinem Novum Organon aus dem Jahre 1620 heißt es:

> „Hat der menschliche Verstand einmal an Etwas Gefallen gefunden (es sei nun, weil er es einmal so glaubt und angenommen hat, oder weil es ihm Vergnügen macht), so zieht er alles Übrige mit Gewalt hinein, damit zusammenzustimmen. Und wenn auch für das Gegentheil weit bessere Beweise sich anbieten, so übersieht er sie oder verkennt ihren Werth, oder schafft sie durch Spitzfindigkeiten bei Seite, nicht ohne die größten, schädlichsten Vorurtheile; Alles, um nur die Autorität seiner ersten Annahme ungeschmälert zu erhalten." (1981, S. 34)

Begriff: „Rationalisierung"

Die andere Möglichkeit, unsere Vorurteile zu „schützen", liegt in der Strategie der *Rationalisierung*. Das bedeutet, daß die spezifischen affektiven Elemente des Vorurteils hinter vordergründig „vernünftigen" Argumenten versteckt werden. Es wird also beispielsweise nicht einfach gesagt: „Ich mag Türken nicht, weil sie anders sind und mir meinen Arbeitsplatz wegnehmen könnten". Die Abneigung wird vielmehr „rationalisiert": Man sucht nach „vernünftigen" Gründen, die für den Verstand belegen, was das Gefühl entschieden hat. Das Vorurteil gegen Türken ließe sich z.B. ganz gut hinter volkswirtschaftlichen oder gesellschaftspolitischen Argumentationsmustern verbergen, etwa indem man sagt, der Arbeitsmarkt könne die Türken nicht mehr integrieren oder das Problem sei, daß die Türken ihre Frauen unterdrückten.

Beispiele für Rationalisierungen

Als „zynische Spitzenleistung" der Rationalisierung können Argumente gewertet werden, die behaupten, nur „das Beste" für die Abgelehnten zu wollen. Im Beispiel hieße das, die Rückkehr der Türken ins Heimatland nicht mit dem eigenen kollektiven Vorurteil zu begründen, sondern zu belegen, daß dies gerade den Türken besondere Vorteile brächte. „Rationalisierte" Vorurteile bieten den großen Vorteil, sozial akzeptabel zu sein. D.h., wer seine Vorurteile auf diese Weise „tarnt", ist geringer gefährdet, bei Andersdenkenden als „Vorurteilsträger" negativ aufzufallen.

„Rationalisierte" Vorurteile sind häufig sozial akzeptabel

Wie über rationalisierende Vorurteile die Ursache-Wirkungs-Beziehung geradezu auf den Kopf gestellt wird, läßt sich besonders eindringlich an der Einstellung zu Juden zeigen:

Beispiel: Rationalisierung von Vorurteilen gegenüber Juden

> „Seit dem Jahre 63 v. Ch., als die Juden unter römische Oberherrschaft kamen, bis zur Gründung des Staats Israel 1948 — also knapp 2000 Jahre lang — lebten die Juden ohne Staat und unter wechselnder Fremdherrschaft. Das einzige, was das Volk über diese lange Zeit zusammenhielt, war die gemeinsame Kultur und Religion. — Viele jüdische Gruppen wanderten in den europäischen, afrikanischen und asiatischen Raum aus und spezialisierten sich — begünstigt durch internationale Kontakte rund um das Mittelmeer — auf den Handel und das Gewerbe. Im Deutschland des Feudalismus durften sie keinen Land-(Lehens)Besitz haben und kein „ehrbares" Handwerk ausüben, was nur Christen gestattet war. Stattdes-

sen waren die Juden im Geldverleih (und später im Bankgeschäft) tätig, weil es ihnen ihre Religion, im Gegensatz zum Christentum, nicht verbot. Die Folge war, daß zahlreiche wohlhabende Juden seit dem 19. Jahrhundert Berufe im Handel und Bankwesen innehatten oder damals neu aufkommende freie ‚Intelligenzberufe' außerhalb der Zünfte und religiöser Diskriminierung bekleideten, wie z.B. Rechtsanwälte, Ärzte, Journalisten u.ä.

In politischen und wirtschaftlichen Krisensituationen wie nach 1879, 1914/18, 1929, als sich große Teile des Kleinbürgertums aufgrund der schwer regulierbaren neuen kapitalistischen Wirtschaftsordnung verschuldeten, trat dann zu den religiösen Vorurteilen noch das wirtschaftliche hinzu: ‚die' Juden als Intellektuelle, Kaufleute und Bankiers wurden mit dem neuen Wirtschaftssystem gleichgesetzt und für dessen Krise schuldig gesprochen. Neben dem religiösen und wirtschaftlichen Element verstärkte gegen Ende des 19. Jahrhunderts noch die Rassenlehre den Antisemitismus insofern, als man die Juden nun auch noch als rassisch minderwertig bezeichnete. Die Juden erfüllten dabei eine Sündenbockfunktion, und die wirtschaftlich begründeten antisemitischen Vorurteile haben rationalisierenden Charakter." (*Belardi* und *Hamm* 1980, S. 131)

4.1.4 Anpassung

Die bisherigen Überlegungen zur Entstehung und Absicherung von Vorurteilen ordneten sich dem bei, was wir im 2. Kapitel über Erfahrung, Routine und Wissen gesagt haben. In einem zweiten Anlauf wollen wir das Thema Vorurteil mit der Frage des 3. Kapitels, ob wir unser eigener Herr sind, verbinden. Da drängt sich natürlich das Stichwort „Außenlenkung" auf, und in der Tat spielt die Orientierung an den anderen eine ganz wichtige Rolle. Wir können auch so sagen: über den Mechanismus des Vorurteils wird das Individuum mit der Gesellschaft oder einer sozialen Gruppe so kurzgeschlossen, daß von einem Widerspruch — der ja in gewisser Weise Voraussetzung für Individualität ist — nicht mehr die Rede sein kann.

Eine Erklärung für die Entstehung von Vorurteilen liegt im Mechanismus der Anpassung. Kindern sehen wir manchmal nach, wenn sie „einfach alles nachplappern". Wenn wir aber etwas genauer hinsehen, stellen wir fest, daß Kinder dem etwas nachplappern, der für sie in irgendeiner Weise wichtig ist. Die Bedeutung, die die Eltern für die körperliche und emotionale Pflege ihrer Kinder haben, haben sie auch für die geistige Ausrüstung. Wenn Kinder ihre Eltern über Ausländer abfällig reden hören, werden sie dieses Urteil auch in ihre eigene Einstellung übernehmen. Wenn der bewunderte Klassenstar seine Meinung über Lehrer, Mode, Außenseiter zum Besten gibt, beeinflußt das auch die Meinung derer, die sich seine Zuneugung erhalten oder verdinen wollen. Handelt es sich bei der Eltern-Kind-Sintuation meist um eine treuherzige Übernahme der Urteile deren, die so unendlich vielm mehr wissen, so spielt in der Situation Klassenstar — Mitläufer vor allem der Wunsch eine Rolle, durch die Übernahme des fremden Urteils *sich selbst aufzuwerten*. Eine dritte Form der Anpassung findet sich in der Unterwerfung unter eine Autorität, sei es die eines einzelnen, sei es die einer Gruppe. In diesem Fall spielt die Angst eine Rolle, durch die Abweichung vom Urteil der anderen zum Außenseiter zu werden.

Dies wird im folgenden Experiment deutlich, das Sozialpsychologen in dieser oder ähnlicher Form immer wieder durchgeführt haben: Ein Lehrer gibt an, Schwefelwasserstoff, der bekanntlich stinkt, herzustellen, und läßt ein

Entstehung und Verbreitung von Vorurteilen durch Anpassung

Reagenzglas durch die Reihen gehen. Alle riechen daran und rümpfen die Nase. Dann eröffnet er ihnen, daß es sich um reines Wasser handele, und fragt, warum keiner gesagt habe, er habe nichts gerochen. Die meisten sagten, sie glaubten etwas zu riechen. (vgl. Sie dazu den Bericht in Kap. 3.2 über die Experimente von Asch u.a.).

Wenn Ihnen das Beispiel etwas unwahrscheinlich vorkommt, machen wir Ihnen folgenden Vorschlag: wenn Sie beim nächsten Mal Freunde zum Essen einladen, sagen Sie doch mal bei der zweiten Flasche Wein: ,,Ich glaube, der Wein ist schlecht geworden." Bleiben Sie bei Ihrer ,,Meinung" und warten sie mal ab, wie sich die Trinkwünsche weiterentwickeln.

4.1.5 Projektion

Wenden wir uns nun einem anderen Erklärungsansatz für die Entstehung von Vorurteilen zu. Er geht von der psychoanalytischen Grundannahme aus, daß der Mensch im Laufe seiner geistigen Entwicklung lernen muß, Triebe zu beherrschen und nur in einer solchen Form zur Wirkung kommen zu lassen, die gesellschaftlich akzeptabel ist. Dies ist in vielen Fällen mit Versagung und Frustration verbunden. Vorurteile sind gewissermaßen stellvertretende Lösungen solcher Versagungen.

Dem Zusammenhang zwischen Charakterstruktur und Vorurteil widmeten sich z.B. die klassischen Untersuchungen zum ,,Autoritären Charakter", die Theodor W. *Adorno* u.a. in den 40er Jahren in den Vereinigten Staaten durchgeführt haben.

Vorurteile als Strategie der Psyche

Mit Hilfe des Vorurteils kann bei anderen das gegeißelt werden, was man bei sich selbst am stärksten unterdrücken muß. Das erklärt, warum Urteile über politische Gegner, innere und äußere Feinde oder einfach Fremde oft durchzogen sind von sexuellen Verfehlungen, Charakterschwächen und Perversionen. Wünsche, die man insgeheim vielleicht doch einmal ausleben möchte — wenn auch nicht in dieser Form — projiziert man auf andere, steigert sie und verdammt sie. Eng verbunden mit dieser Projektion ist die Angst vor Neuem und Fremden. Denn auch das stellt eine Gefährdung für das dar, was man für richtig hält und was einem Gewißheit gibt.

4.1.6 Ausgrenzung

Wir wollen die Überlegungen abschließen mit einer Skizzierung der Konsequenzen die sich aus der Übernahme und Weitergabe von Vorurteilen für konkrete oder zukünftige Interaktionen ergeben. Diese Konsequenzen sind im Kern Konsequenzen, die sich gegen andere Menschen richten. Egal ob wir aus Gedankenlosigkeit Urteile nachplappern, uns in unserem Urteil anderen Meinungen anschließen oder unterdrückte Wünsche über Vorurteile projizieren: letztlich läuft diese Einstellung auf Abgrenzung und Ausgrenzung hinaus. Wir trennen zwischen uns, der Eigengruppe oder Wir-Gruppe, und den anderen, der Fremdgruppe.

Eigengruppe - Fremdgruppe

Als ,,Eigengruppe" werden die sozialen Formationen bezeichnet, denen der Akteur angehört, z.B. ,,seine" Familie, ,,sein" Freundeskreis, ,,seine" Schulklasse, ,,seine" Berufsgruppe, ,,sein" Volk. Je größer die emotionalen Bindungen und Abhängigkeit von einer Gruppe sind, desto unkritischer werden Ereignisse und Personen der Gruppe nach außen bewertet (z.B. ,,Es kann passieren was will, auf meine Familie lasse ich nichts kommen"). Das Gegenstück zur Eigengruppe ist die ,,Fremdgruppe". Eine andere Bezeichnung für diejenigen, denen wir uns verbunden fühlen, ist ,,Ingroup". Diejenigen, die nicht zu der eigenen bevorzugten sozialen Kategorie gehören, werden zur ,,Outgroup".

Wir sind überzeugt, daß das meiste Gute auf unserer Seite versammelt ist, während man bei ,,den anderen" nicht vorsichtig genug sein kann. In dem Maße, wie wir die anderen abwerten, werten wir uns auf.

Diese Einstellung, sich selbst zum Maßstab aller Dinge zu machen, wird auch als *Ethnozentrismus* bezeichnet. Dazu hat William G. *Sumner* einmal gesagt:

Begriff: ,,Ethnozentrismus"

,,Es handelt sich um eine Anschauung, nach der die eigene Gruppe Mittelpunkt allen Geschehens ist, alle anderen werden unter diesem Gesichtspunkt eingestuft. Jede Gruppe nährt den eigenen Stolz und die eigene Eitelkeit, rühmt sich der Überlegenheit, übertreibt die eigenen Vorzüge und sieht mit Verachtung auf Außenstehende herab." (1907) (zit. nach Newcomb, 1959, S. 295f)

Von einem besonders eindrucksvollem Beispiel für Ethnozentrismus wird bei *Hofstätter* berichtet:

Der Schöpfungsmythos der Irokesen

,,Der Indianerstamm der Irokesen besitzt den folgenden Schöpfungsmythos (Herskovits, 1949): Als Gott sein Werk mit der Schaffung des Menschen krönte, formte er drei Figuren aus Teig. Er stellte diese sodann in einen Backofen und ließ eine gewisse Zeit verstreichen. Etwas ungeduldig entnahm er dem Ofen die erste Figur; ihre Oberfläche war blaß und nicht sonderlich anziehend, das Innere noch nicht völlig durchgebacken. Nach einer Weile nahm er die zweite Figur aus dem Ofen; diese war höchst trefflich geraten, kräftig braun an der Oberfläche und gar im Inneren. In seiner Freude machte Gott diese Figur zum Stammvater der Indianer. Die dritte Figur aber war mittlerweile kläglich angebrannt; ganz schwarz war ihre Oberfläche. Die erste Figur wurde zum Stammvater der ,Weißen', von der dritten leiten sich die Neger her." (Hofstätter, 3. A., 1963, S. 381f)

Wir sollten uns hüten, diesen Mythos zu belächeln, denn immerhin sind Programme zur Tötung ganzer Völker aus ähnlichen Annahmen ,,ewiger Gesetze" entstanden! Nach *Hofstätter* ist dieser Mythos denn auch in vielfacher Weise für ein Gruppenvorurteil bezeichnend:

Eine Analyse von Gruppenvorurteilen

,,1. Die Wesensart der Typen geht auf den Beginn der Welt zurück; sie entspringt entweder einem Entschluß des Schöpfers oder dessen Versehen. Im ersten Fall entspricht eine schlechte Behandlung dieser Gruppe dem Willen des Schöpfers, im zweiten ist herabschauendes Mitleid die angebrachte Einstellung.

2. Die eigene Gruppe ist mit allen Vorzügen ausgestattet; sie lebt zur Freude des Schöpfers. Die Außengruppen schneiden weniger günstig ab. Das ,auserwählte Volk' ist stets die eigene Gruppe. Diese allein besitzt das gottgewollte Gleichmaß, während die anderen Gruppen vom harmonischen Kanon abweichen. Die eigene Gruppe rangiert auch in ästhetischer Hinsicht über jenen; ihre Angehörigen sind daher vor allem in der geschlechtlichen Partnerwahl zu bevorzugen.

3. Leicht feststellbare Merkmale (die Hautfarbe z.B.) differenzieren zwischen den einzelnen Gruppen. Diese sind um ihrer selbst willen nur von ästhetischer Bedeutung, sie dienen aber als ,untrügliche' Anzeichen für den inneren Zustand des Wesens und dessen Charakter.

4. Hält man sich an diese im Schöpfungsakt verankerten Unterschiede, dann bezeugt man die eigene Zugehörigkeit zum ,auserwählten Volk'. Man ist überdies ein strenger Realist und keineswegs das Opfer eines Vorurteils. Das Vorurteil ist eine kosmische Tatsache und nicht eine subjektive Täuschung; es gibt wirklich ein gewissen Gruppen von Anbeginn her vorgesprochenes Urteil." (Hofstätter, 3. A. 1963, S. 382).

Ethnozentrismus ist also nicht nur eine Aufwertung der eigenen Gruppe, sondern vielmehr eine Abwertung derer, die nicht in diese Gruppe gehören.

Bei der Abgrenzung kleben wir den anderen ein Etikett auf, das ein für allemal abstempelt. Wenn diese Etikettierung einmal erfolgt ist, ist der nächste Schritt rasch getan. Dann genügt es schon, wenn einige wenige auffällige Merkmale vorliegen, auf die gesamte Person zu schließen. Die Sozialpsychologie spricht in Der halo-Effekt: Ein
Merkmal steht für das
Ganze diesem Zusammenhang von einem *halo-Effekt:* wie der Heiligenschein (engl. halo) auf mittelalterlichen Bildern alles überstrahlt, so strahlt ein Merkmal und macht uns blind für das, was unserem Vorurteil widerspricht.

Abgrenzung, Etikettierung und Weigerung, dem Vorurteil widersprechende Fakten zur Kenntnis zu nehmen, können schließlich dazu führen, Menschen bewußt oder unbewußt in eine Situation zu treiben, in der alle Vorurteile bestätigt werden. Diesen Mechanismus hat *Merton* ,,self-fulfilling prophecy" genannt. Ein Beispiel dafür ist das Kind, dem der Lehrer immer wieder zu verstehen gibt, daß er keine großen Leistungen von ihm erwarte, und das diese Erwartung schließlich auch erfüllt. Damit erbringt es scheinbar den Beweis, daß der Lehrer mit seinem Urteil ,,recht" hatte. Die positive Variante wäre der Pygmalion-Effekt, der Ihnen über das Bühnenstück von *Shaw* bzw. das Musical ,,My fair lady" sicher bekannt ist.

Daß Vorurteile sich bis zur Bereitschaft zur physischen Vernichtung der anderen steigern, hat leider nicht nur die Literatur vorgestellt — denken Sie z.B. an Max Frisch ,,Andorra"! —, sondern die Geschichte bis heute bewiesen. Manchmal fängt es mit Gedankenlosigkeit an, meist passen wir uns den Urteilen anderer an, und nicht selten kommt jemand, der die vagen negativen Vermutungen zur ,,Gewißheit" werden läßt, indem er mit einleuchtenden Belegen und überraschenden ,,Eröffnungen" das Wissen zur ,,Wahrheit" führt.

Dazu verweisen wir auf die eindrucksvolle Studie über ,,Lügenpropheten" von Leo *Löwenthal* und Norbert *Gutermann,* die im Zusammenhang mit den bereits erwähnten Studien über den ,,Autoritären Charakter" durchgeführt wurde. Sie liegt in einer deutschen Ausgabe unter dem Titel ,,Agitation und Ohnmacht" (1966) vor.

4.1.7 Zusammenfassung

— Vorurteile haben eine ausgeprägt *affektive Dimension.* Man könnte sie auch als ,,Gefühlswissen" bezeichnen, um die Art von ,,Wissen" zu charakterisieren, das sich letztlich auf eine irrationale Ablehnung oder Zuwendung zu einem ,,Objekt" bezieht. Dieses ,,Wissen" repräsentiert sozusagen die emotionale Grundordnung der Lebenswelt.

— Vorurteile basieren typischerweise auf der *Generalisierung* von eigenen oder auch nur von anderen vermittelten *Einzelerfahrungen.* Erfahrungen mit dem Angehörigen *einer* sozialen Kategorie werden zu Aussagen über *alle* Merkmalsträger verallgemeinert (z.B. ,,die Handwerker").

— Vorurteile sind mit dem sogenannten *Halo- oder Ausstrahlungseffekt* verbunden. Das Vorurteil wird zur einzigen bzw. beherrschenden Dimension der Bewertung. Andere Aspekte des Vorurteilsgegenstandes werden ,,überstrahlt", so daß sie gar nicht oder nur verzerrt wahrgenommen werden.

— Vorurteile müssen keineswegs nur negativen Charakter haben. Sie können gleichermaßen positiv eingefärbt sein. Normalerweise ist die ,,Eigengruppe" Gegenstand *positiver Vorurteile*.

— Bestehende Vorurteile werden gegen Veränderung *immunisiert*. Wir verhalten uns so, daß wir Situationen vermeiden, die uns zur Auseinandersetzung mit unseren Vorurteilen zwingen könnten. Es wäre leichtfertig, die eigene Gewißheit der Welt vorsätzlich ,,aufs Spiel zu setzen" und zu gefährden.

— Aber es kommt nicht selten vor, daß wir ,,unversehens" in Situationen geraten, die uns mit einer anderen Version der Wirklichkeit konfrontieren. Doch selbst für diesen Fall verfügen wir über Mittel und Wege, unseren ,,Seelenfrieden" zu wahren und unsere Vorurteile vor einem möglichen ,,Eindringen der Vernunft" zu schützen. Dies geschieht auf dem Wege der *selektiven Wahrnehmung* oder der *Rationalisierung*.

— Vorurteile richten sich meist gegen andere Menschen. Sie grenzen Menschen aus.

4.2 Ideologie

Bei der Behandlung des Themas ,,Vorurteil" haben wir vermutet, daß wir Vorurteile in erster Linie bei den anderen wahrnehmen und davon ausgehen, daß Vorurteile nur bei bornierten Leuten vorkommen. Beim Phänomen ,,Ideologie" scheint es sich ganz ähnlich zu verhalten: wir stellen fest, daß Menschen eine bestimmte Blickrichtung haben, unter der sie alles betrachten, und daß sie sich nicht davon abbringen lassen. Sie scheinen wie vernagelt, lassen keinen Einwand gelten und vertreten ihre Argumente hart an der Grenze der Lüge. Aus dieser Perspektive erscheint Ideologie fast wie eine Art geistiger Charakterfehler.

Aus einer anderen Perspektive verbinden wir mit dem Wort Ideologie aber auch eine Art widerwilliger Bewunderung — denken Sie nur an den Titel ,,Chef-Ideologe" — und sogar Furcht — denken Sie z.B. an die ,,Ideologie der Gleichmacherei" oder die ,,Rassenideologie.".

Wir wollen Ihnen zeigen, daß Ideologien ein fester Bestandteil unseres Alltags sind. Sie sind geschlossene Denkmuster, mit denen wir unser Handeln organisieren. Sie markieren gewissermaßen die Orientierungen, zwischen denen wir unser Wissen über die Gesellschaft, die anderen und auch über uns selbst finden und erhalten. Wie wir es schon beim Problem der selektiven Wahrnehmung gesehen haben, neigt auch ideologisches Denken dazu, diese Denkmuster zu erhalten, indem es sie gegen widersprechende Erfahrungen versiegelt. So wird uns der Alltag nicht zum Problem.

Ideologien sind geschlossene Denkmuster

Das Wissen über den Alltag wird dadurch natürlich nicht ,,richtiger". Insofern sind Ideologien — von außen betrachtet — falsches Wissen, da sie hinter Erkenntnismöglichkeiten zurückbleiben — nicht aus Versehen, sondern aus Interesse. *Ideologien sind denn auch immer darauf aus, Interessen durchzusetzen.* Dies tun sie unter anderem durch Gesamterklärungen, mit denen anderes Wissen und andere Ziele diskreditiert werden.

Ideologien wollen Interessen durchsetzen

In anderer Hinsicht drückt Ideologie dagegen aus, daß unser Wissen immer Wissen von einem bestimmten gesellschaftlichen Standpunkt aus ist. Dies wollen wir Ihnen anhand der Überlegungen von Karl *Mannheim* (1893 - 1947) zeigen. Nach diesem Ansatz ist Ideologie die zwangsläufige Art zu denken,

Der Ansatz von Mannheim: Alles Denken ist standortgebunden und insoweit ,,ideologisch"

der kein Mensch ausweichen kann. Damit ist eine ganz andere Art der Bestimmung von Ideologie angesprochen. Ideologie ist danach je individuelles Produkt und zunächst frei von Machtinteresse nur darauf aus, von einem je bestimmten gesellschaftlichen Ort aus Welt zu interpretieren.

Überhaupt ist der Versuch, „Ideologie" zu definieren, heikel. Dies müssen auch *Berger* und *Luckmann*, deren Buch über „Die gesellschaftliche Konstruktion der Wirklichkeit" sich doch über weite Strecken mit diesem Thema befaßt, so empfunden haben, wenn sie in einer Anmerkung zu ihrem Definitionsversuch schreiben: „Das Wort ‚Ideologie' ist in so verschiedenem Sinne gebraucht worden, daß man schier an ihm verzweifeln könnte." (3. A. 1972, S. 132)

Wir haben diese Not nicht angedeutet, um Ihnen die strenge Auseinandersetzung mit dem Thema Ideologie auszureden, sondern um Ihnen zu zeigen, auf wie schwierigem Gelände sich die soziologische Diskussion gerade bei diesem Thema bewegt. Wir wollen uns dennoch auf dieses Gelände begeben.

Beschreibung des weiteren Vorgehens

Im ersten Abschnitt werden wir uns unter der Überschrift „Gesellschaftliche Rechtfertigungslehre" mit der Frage beschäftigen, wie Ideologien ein bestimmtes Wissen durchsetzen und es für politisch-kulturelle Ziele instrumentalisieren. Unter dieser Perspektive verstehen wir Ideologien als „Gesamterklärungen". Unter der Überschrift „Die Seinsgebundenheit des Denkens" wollen wir im zweiten Abschnitt die „wertfreie" Definition Karl *Mannheim*s behandeln. Mit dieser Definition überschreitet *Mannheim* die Grenze zwischen Ideologiekritik und Wissenssoziologie. Wir benutzen diesen Übergang, um zum Schlußkapitel des ersten Teils von „Gesellschaft lernen" überzuleiten, in dem wir die Frage, was „Soziologisches Denken" ist, behandeln.

4.2.1 „Gesellschaftliche Rechtfertigungslehre"

„Irren ist menschlich", und wenn es sich um einen ziemlich massiven Irrtum handelt, der sozusagen alles einschließt, was man denken könnte, dann meinen wir es mit einem Narren oder aber einem verbohrten Mitmenschen zu tun zu haben. Den einzelnen Irrtum halten wir für Zufall, hinter wiederholten Irrtümern vermuten wir einen systematischen Denkfehler. Wenn jemand von seinen „Irrtümern" nicht abläßt, obwohl ihm die „Wahrheit" wiederholt vor Augen gestellt wurde, unterstellen wir eine Strategie des Handelns. In diesem Fall können wir von Ideologie sprechen.

Ideologie als Handlungsstrategie

Der *Unterschied zwischen Irrtum und Ideologie* ist der, daß die Ideologie eine strategische, der Irrtum nur eine zufällige Funktion zur Durchsetzung einer bestimmten Auffassung der Wirklichkeit hat. Über den Zusammenhang zwischen diesen beiden Formen des „Wissens" und der gesellschaftlichen Wirklichkeit schreibt Werner *Hofmann*:

Unterschied Ideologie-Irrtum

> „Eine fehlerhafte Auffassung der Wirklichkeit, die aus der historischen Begrenzung des Objektes oder der Mittel der Einsicht entspringt, ist von der Art des Irrtums, noch nicht der Ideologie. (. . .) Ideologie hingegen bleibt allemal hinter der bereits möglich gewordenen (oder schon einmal erreichten) Einsicht zurück." (Hofmann 1972, S. 54)

Diesen Unterschied macht *Hofmann* an einem weltgeschichtlichen Ereignis deutlich:

,,Das Ptolemäische System war ein begreiflicher Irrtum, bis Galilei und Kopernikus es widerlegten. Nach deren Entdeckungen hörte es auf, den guten Glauben für sich zu haben: seine weitere Verteidigung machte es zur Ideologie." (Hofmann 1972, S. 54).

Eine Erklärung, warum an diesem Weltbild festgehalten wurde, hat der Kleine Mönch (vgl. Kap. 3.1.4) abgegeben, als er die mögliche Sinnkrise für seine alten Eltern in der Campagna beschwor. Eine Erklärung auf der Makroebene der Gesellschaft ist die Sicherung bestehender Herrschaftsverhältnisse, in denen der Mittelpunkt des Kosmos seine Entsprechung auf der Erde behalten sollte.

Dieses Festhalten an Überzeugungen trotz entgegenstehender Fakten kennzeichnet Ideologien wie Vorurteile. Mehr aber als das bei Vorurteilen der Fall ist, geht es bei Ideologien um Macht, in diesem Fall um die Erhaltung von Macht:

,,Ideologie soll verstanden werden als gesellschaftliche Rechtfertigungslehre. Ideologische Urteile wollen soziale Gegebenheiten absichern, legitimieren, aufwerten. Sie sind konservierender Natur." (Hofmann 1972, S. 54)

Dieser letzte Zusatz könnte leicht mißverstanden werden, indem man annimmt, Ideologien bezögen sich nur auf tatsächlich bestehende Verhältnisse. Ideologien können sich auch auf künftige Verhältnisse beziehen, für die sie jetzt schon ,,Begründungen" liefern. In diesem Fall äußert sich ihr konservierender Charakter darin, daß sie die Begründung gegen jeden Einwand abschirmen, das Denksystem also immunisieren.

Wenn wir von Ideologie sprechen, dann müssen wir zwei Aspekte berücksichtigen:

Zwei Aspekte von Ideologie:

Einmal den Aspekt der Rechtfertigung gesellschaftlicher Verhältnisse — bestehender oder zu schaffender — und konkreten Handelns. Unter dieser Perspektive ist Ideologie verwandt mit Erklärungen. Von diesen unterscheiden sie sich durch die Immunisierung gegenüber widersprechenden Tatsachen.

— Rechtfertigung gesellschaftlicher Verhältnisse

Zum anderen müssen wir berücksichtigen, daß Ideologien immer mit der Durchsetzung der Ziele zu tun haben, die gerechtfertigt werden. Unter dieser Perspektive sind sie verwandt mit Belehrung. Von dieser unterscheiden sie sich durch die Verschleierung der hinter den vorgetragenen Argumenten liegenden wirklichen Ziele.

— Durchsetzung von Zielen

Geht es im ersten Fall um ,,falsches Wissen", vergleichbar den Versuchen, Vorurteile zu rationalisieren, so geht es im zweiten Fall um Strategien zur Durchsetzung von Machtinteressen. Dies geschieht auf dem Wege der Herstellung ,,falschen Wissens". Beide Aspekte vermischen sich. Wir werden uns vor allem dem zweiten Fall zuwenden.

Auf der Ebene konkreter Interaktionen, besonders dann, wenn es um politische Diskussionen geht, stellen wir manchmal fest, wie sich Meinungen profilieren, sowohl bei den anderen wie bei uns. Im Nachhinein wundern wir uns manchmal, welche ,,überspitzten" Standpunkte im ,,Eifer des Gefechts" vertreten wurden. Genau diese Standpunkte stehen für etwas, nämlich für die besondere Art bestimmter Denkmuster. An ihnen wird deutlich, was unter anderen, entspannteren Umständen verschwiegen oder weniger entlarvend ausgedrückt wird.

Die alltäglichen Interaktionen spielen sich auf der Ebene eines geteilten Konsenses ab, der tunlichst nicht durch extreme Standpunkte gestört wird. Niemand nimmt dadurch Schaden, wenn nicht jeder alles sagt, was er denkt, solange der wechselseitige Austausch von Erwartungen und die wechselseitige Erfüllung von Erwartungen funktionieren. Erst wenn jemand versucht, Erwartungen durchzusetzen, die der Erfüllungsbereitschaft der Interaktionspartner nicht entsprechen, beginnt das schwierige Geschäft, diese Erwartungen in erfüllbare Wünsche zu packen. Die wahren Absichten werden verschwiegen, verschleiert oder auf dem Umweg der Nennung anderer Erwartungen geäußert. Die Ziele werden verfolgt, indem man den anderen glauben macht, seinen eigenen Wünschen werde entsprochen.

Ideologisches Wissen ist verschleierndes Wissen

Ideologisches Wissen könnte man auch als verschleierndes Wissen bezeichnen. Das heißt, Ideen und Begründungen in Zusammenhang mit menschlichem Handeln geben an, woran man glauben soll, wobei die ,,wahren" Interessen der Ideenverbreiter nicht offengelegt werden.

Manchmal werden diese Ideen zu durchsichtig vorgetragen, manchmal merken wir es, weil wir genau aufpassen. Dann wehren wir uns und fragen listig-stolz: ,,Ja glaubst Du denn, ich hätte nicht gemerkt, was Du wirklich vorhattest?" Dies schafft auf freundliche Weise im wahrsten Sinne des Wortes klare Verhältnisse. Auf der politisch-kulturellen Ebene ist es allerdings viel schwieriger, solche Bereinigungen vorzunehmen. Dies liegt daran, daß uns Ideologien nicht als solche, sondern in der Form des selbstverständlichen Wissens aller Gesellschaftsmitglieder oder wenigstens der für uns wichtigen Bezugspersonen begegnen, daß uns dieses Wissen schon von früh auf vermittelt wurde und daß es plausibel ist.

Nun könnte man einwenden, daß die Empfänglichkeit für Ideologien, zumal, wenn sie im Gewande des selbstverständlichen Wissens und Wollens auftreten, bei Kindern und Jugendlichen deshalb besonders hoch ist, weil ihnen alternatives Wissen nicht zur Verfügung steht oder weil sie sich leicht begeistern lassen. Dem ist gewiß so, aber auch Erwachsene sind nicht gefeit. Die Gründe sind die gleichen wie bei den Kindern und Jugendlichen: Wir übernehmen Meinungen, Ziele und Orientierungen, die uns als einleuchtend dargestellt werden oder in denen wir latente eigene Wünsche wiedererkennen. Dabei passiert es nicht selten, daß solche Wünsche erst von außen erzeugt werden und dann von uns zu eigen gemacht werden. Niemand, der einen anderen zu etwas bewegen will, wird mit der Tür ins Haus fallen. Ein kluger Verkäufer wird uns nicht gleich zu Anfang sagen, daß die teuerste Waschmaschine auch die beste sei. Er wird zunächst einmal herausfinden, wo er den Kunden packen kann. Und dann wird er alles daran setzen, uns just die teuerste zu verkaufen und uns einzureden, daß das genau unseren Wünschen entspreche.

Politisch-kulturelle Ziele sind zwar nicht mit dem Wunsch nach einer neuen Waschmaschine zu vergleichen, aber sie realisieren sich in unseren Köpfen auf viel raffiniertere Weise, als dies bei der Waschmaschine der Fall ist. Gegen die geschickten Argumente, daß es diese Waschmaschine und keine andere sein muß, wenn man das weißeste Weiß seines Lebens haben will, kann man noch einwenden, daß das Geld nicht reicht, da einem etwas anderes, vielleicht die Ferienreise, mindestens genau so wichtig ist. Politisch-kulturelle Ideologien umfassen auch dieses andere mit, sie liefern Gesamterklärungen. Sie geben für das, was man soll, eine plausible Begründung, und sie liefern eine ebenso plausible Begründung dafür, daß man das, was man eigentlich wollte, auf keinen Fall noch wollen darf. Ideologien sind Erklärungen ohne Rest.

Auf der politisch-kulturellen Ebene haben Ideologien die Funktion, Gesamterklärungen für bestehende oder herzustellende gesellschaftliche Verhältnisse zu liefern und den Glauben an die Legitimität dieser Verhältnisse zu erzeugen.

Funktion von Ideologie auf politisch-kultureller Ebene

Ein Ziel könnte z.B. sein, die ungleiche Verteilung von Macht zu begründen und den Beherrschten die Legitimität dieser Verhältnisse so plausibel zu machen, daß sie ihnen „natürlich" oder „gottgewollt" erscheinen. Das könnte z.B. über die Versicherung erfolgen, daß diesseitige Mühsal im Jenseits hundertfach vergolten werde oder daß es Allah gefällt, wenn man sich in einem „heiligen Krieg" bedingungslos opfert. Eine uns sicher mehr vertraute Ideologie würde die ungleiche Verteilung von politischem Einfluß wahrscheinlich so erklären, daß Erfolg und Macht nur von der Tüchtigkeit des einzelnen abhingen. In dem Maße, wie diese Vorstellung internalisiert wird, wird erreicht, daß auch Erfolglose nicht an der Legitimität eines politischen Systems zweifeln.

Beispiel: Legitimierung ungleicher Machtverteilung

Wenn man nun fragt, wie sich Ideologien durchsetzen, dann kann man eine bestimmte Erfolgslinie skizzieren: Die — hinter den vorgetragenen Argumenten liegenden tatsächlichen — Ziele werden umso wahrscheinlicher durchgesetzt, je plausibler die Argumente klingen und je enger sie an latente oder manifeste Wünsche der anderen Menschen anschließen.

Diese Strategie kann man sehr schön beobachten, wenn Menschen zur Durchsetzung ihrer Interessen an die Öffentlichkeit treten. Paradebeispiele sind die sogenannten „Interessenverbände" (Beamte, Gewerkschaften, Arbeitgeber, Heringsfänger, Studenten, Professoren usw. usw.). Sie bemühen sich um öffentliches Gehör, nutzen politische Kanäle — manchmal bis hin zur Drohung, ihren Mitgliedern eine bestimmte Partei nicht mehr zu empfehlen! — und dies alles mit dem Hinweis, daß ihre Interessen sowohl berechtigt als auch unabweisbar im allgemeinen gesellschaftlichen Interesse liegen.

Geht man diesen vorgeschobenen Zielen nach, dann stellt man fest, daß sie keineswegs dem allgemeinen Interesse dienen, sondern höchst partikularen Zielen zum Durchbruch verhelfen sollen.

Sieht man also genauer hin, dann fällt ein Grundmuster der Funktion und Wirkung von Ideologien auf: Es werden Ziele vorgeschoben, gegen die eigentlich niemand auf den ersten Blick etwas haben kann oder die jeder spontan bejaht. Oft werden auch Ziele angesprochen, die sich mit unbewußten Ängsten und Wünschen verbinden lassen und diesen plötzlich öffentlich Berechtigung bescheinigen. Die schon erwähnte Studie von *Löwenthal* und *Gutermann* über „Lügenpropheten" bringt dafür eindringliche Belege.

Ein Grundmuster der Funktion und Wirkung von Ideologien

Wo beides zusammenkommt — Versicherung, im allgemeinen Interesse zu handeln, und Anschein der logischen Begründung —, ist das Risiko der „Enttarnung" gering. Es ist auch deshalb gering, weil auf diese Weise ein neues Sinnsystem versprochen wird, das das Alltagswissen über neue Einsichten aufwertet. Insofern sind Ideologien vergleichbar mit der Rationalisierung von Vorurteilen! Bei denen, die über die neue Ideologie eine komplette Rechtfertigung ihrer offenen oder unbewußten Interessen erfahren, stellen sich kognitive Gewißheit und emotionale Zustimmung ein. Beides gibt die Sicherheit, die Alltagshandeln stützt.

Parallele zwischen Ideologien und Rationalisierung von Vorurteilen

Über politische Ideologien wird außerdem ein Versprechen über eine wünschenswerte Zukunft gemacht.

Das Thema „politische Ideologie" können wir nicht in einer Einführung behandeln. Deshalb nur einige Anmerkungen: Politische Ideologien auf der gesellschaftlichen Makroebene haben häufig den Charakter relativ geschlossener ideologischer Systeme. Sie verfolgen das Ziel, bestehende Verhältnisse zu sichern

Über politische Ideologien

oder neue Verhältnisse herzustellen. Im ersten Fall tun sie alles, um Zweifel an den Verhältnissen nicht aufkommen zu lassen. Im zweiten Fall tun sie alles, um Zweifel an den bestehenden Verhältnissen zu schüren. Dies ist der Grund dafür, warum unter politischen Aspekten den Sozialisationsagenten Familie und Schule eine solche Bedeutung beigemessen wird. Familie und Schule sind die wichtigsten Produzenten gesellschaftlichen Wissens. Über sie soll die Legitimität bestimmter Verhältnisse oder neuer Ziele hergestellt werden. Im Hinblick auf die Konservierung bestehender gesellschaftlicher Verhältnisse ist ihre Funktion, loyale Bürger zu reproduzieren, im Hinblick auf die Verwirklichung neuer Verhältnisse ist ihre Funktion, einen neuen Menschen zu erziehen.

An politischen Ideologien wird die relative Geschlossenheit jeder Art ideologischen Denkens besonders deutlich. Die ins Auge springende Verfolgung von Machtinteressen, abgesichert durch ein komplettes Rechtfertigungssystem, verstellt allerdings leicht den Blick auf das ganz alltägliche Denken. Dieses Denken ist immer Denken von einem gesellschaftlichen Ort aus, ihm verbunden, aus ihm begründet. Um die ganz alltägliche Ideologie geht es im nächsten Abschnitt unter dem Titel ,,,Die Seinsgebundenheit des Denkens'''.

4.2.2 Die ,,Seinsgebundenheit des Denkens"

Dem Aspekt, wonach Ideologie etwas über die Gebundenheit des Denkens an das Sein aussagt, hat sich vor allem Karl *Mannheim* (1893-1947) zugewandt. Das Problem der Ideologie behandelt er ausführlich in seinem Hauptwerk ,,Ideologie und Utopie" (1929), in dem zugleich der Übergang von der Ideologienlehre zur Wissenssoziologie vollzogen wird. *Mannheim* befaßt sich ausführlich mit der Entwicklung des Ideologiebegriffs und stellt fest, daß er fast durchweg zur Herabsetzung des Denkens eines Gegners benutzt wird. Anders als bei der Lüge, hinter der ein bewußter Wille vermutet wird, wird bei der Unterstellung der Ideologiehaftigkeit des Denkens angenommen, daß es das zwangsläufige Produkt einer bestimmten sozialen Lage ist:

> ,,Als Ideologien legt man gegnerische Ansichten erst aus, wenn man sie nicht einfach als erlogen erlebt, sondern in der ganzen Haltung eine Unwahrhaftigkeit wittert, die man als Funktion einer sozialen Lagerung deutet." (*Mannheim*, 6. A. 1978, S. 58)

Diese Unterstellung kann sich auf bestimmte Aussagen des Gegners oder auf sein gesamtes Denken beziehen. In dem einen Fall sprich *Mannheim* von einem partikularen, im zweiten Fall von einem totalen Ideologiebegriff:

,,Partikularer" Ideologiebegriff

> ,,Mit einem partikularen Ideologiebegriff haben wir es zu tun, wenn das Wort nur soviel besagen soll, daß man *bestimmten* ,Ideen' und ,Vorstellungen' des Gegners nicht glauben will." (a.a.O., S. 53)

,,Totaler" Ideologiebegriff

Der totale Ideologiebegriff stellt die ,,gesamte Weltanschauung des Gegners" in Frage:

> ,,Man kann von der Ideologie eines Zeitalters oder einer historisch-sozial konkret bestimmten Gruppe — einer Klasse etwa — in dem Sinne reden, daß man dabei die Eigenart und die Beschaffenheit der *totalen Bewußtseinsstruktur* dieses Zeitalters bzw. dieser Gruppen meint." (a.a.O., S. 54)

70

Was diese Seite des Ideologiebegriffs angeht, so stellt sich die Entwicklung des entsprechenden Denkens für *Mannheim* so dar:

> „Zunächst was den Ideologiebegriff betrifft, so war hier der unmittelbare Vorläufer das Erlebnis des Mißtrauens und des Verdachtes, den der Mensch auf jeder Stufe historischen Seins vermutlich stets dem Gegner gegenüber empfindet. Erst in dem Augenblick, wo dieses zunächst allgemein menschliche und wohl auf jeder historischen Stufe mehr oder minder vorhandene Mißtrauen *methodisch* wird, kann von einem Ideologieverdacht gesprochen werden." (a.a.O., S. 57)

Diese Ausführungen werden Sie wahrscheinlich an unsere Darstellung der Abgrenzung zwischen der Eigengruppe und der Fremdgruppe (vgl. Kap. 4.1.6) erinnern, wo ja auch die Unterstellung alles Bösen bei „den anderen" eine große Rolle spielt. Ideologie in diesem Zusammenhang ist etwas Negatives, das das Denken und die Absicht „der anderen" durchzieht.

Genau diesen Punkt überschreitet *Mannheim* mit der Einführung einer „allgemeinen Fassung des totalen Ideologiebegriffs" (a.a.O., S. 70). Zu ihm gelangt man,

> „wenn man den Mut hat, nicht nur die gegnerischen, sondern prinzipiell alle, also auch den *eigenen Standort,* als ideologisch zu sehen." (ebd.)

Welche Bedeutung *Mannheim* diesem Schritt beimißt, erhellt das folgende Zitat:

> „Mit dem Auftauchen der allgemeinen Fassung des totalen Ideologiebegriffs entsteht *aus der bloßen Ideologielehre die Wissenssoziologie.*" Ihr Thema ist die „Seinsgebundenheit eines jeden lebendigen Denkens." (a.a.O., S. 70f)

Von der „Ideologielehre" zur „Wissenssoziologie"

Mit dieser Wendung gibt *Mannheim* den enthüllenden Ideologiebegriff, der zum politischen Kampfbegriff geworden war, auf und entfaltet eine wertfreie Ideologieforschung. Es geht nicht mehr darum, ob Ideen richtig oder falsch sind, sondern darum, „Beziehungen zwischen jeweiligen Bewußtseinsstrukturen und Seinslagen aufzuweisen." (a.a.O., S. 72)

> „Ideologiehaftigkeit des menschlichen Denkens wird also auf dieser Stufe der Überlegungen nichts mehr mit unwahr, verlogen usw. zu tun haben, sondern, wie erwähnt, nur die jeweilige *Seinsgebundenheit des Denkens* bedeuten: das menschliche Denken konstituiert sich nicht freischwebend im sozial freien Raum, sondern ist im Gegenteil stets an einem bestimmten Ort in diesem verwurzelt." (a.a.O., S. 72 f)

„Seinsgebundenheit des Denkens"

Dieser Satz erinnert natürlich an den berühmten Satz von *Marx,* wonach das gesellschaftliche Sein das Bewußtsein der Menschen bestimmt:

> „Die Produktionsweise des materiellen Lebens bedingt den sozialen, politischen und geistigen Lebensprozeß überhaupt. Es ist nicht das Bewußtsein der Menschen, das ihr Sein, sondern umgekehrt ihr gesellschaftliches Sein, das ihr Bewußtsein bestimmt." (Marx (1859), MEW 13, S. 8 f)

*Marx*: Das Sein bestimmt das Bewußtsein

Mannheim hatte gewiß andere Vorstellungen als *Marx* darüber, wie das gesellschaftliche Sein sich tatsächlich konstituiert. Diese Differenz kann in einer Einführung nicht ausgeleuchtet werden. Für unseren Zusammenhang ist lediglich festzuhalten, daß für beide das Denken immer Denken von einem bestimmten gesellschaftlichen Punkt aus ist.

> Diesem Gedanken sind wir schon in den voraufgegangenen Kapiteln gefolgt, und wir werden ihn in den nächsten Kapiteln unter der allgemeinen Fragestellung „Sozialisation" und unter der speziellen Perspektive „Sozialisation als Aneignung von Umwelt" weiter verfolgen.

Ideologie — so könnte man den Gedanken *Mannheims* allgemeiner fassen — ist die Form des Denkens, das dem Menschen durch seine gesellschaftliche Situation nahegelegt worden ist. Diese gesellschaftliche Situation hat ihm ein bestimmtes Wissen zur Verfügung gestellt. Da — zumindest in den ersten Jahren seines Lebens — kein anderes zur Verfügung stand, mußte es ihm als das Wissen schlechthin erscheinen. Es wurde internalisiert, da dieses Wissen offensichtlich auch das Wissen aller anderen war und somit sowohl plausibel als auch funktional notwendig schien. Auf diese Weise entstand eine spezifische Weltsicht.

Dieser Gedanke, den wir später noch vertiefen werden, könnte insofern mutlos machen, als die Chancen gering scheinen, daß sich der Mensch über die völlige Prägung durch seine gesellschaftliche Situation erhebt. Dem ist nicht so, nur bedarf es einer neuen Art zu denken — ein Gedanke, dem wir uns im anschließenden Kapitel unter dem Begriff „soziologisches Denken" zuwenden.

Soziologisches Denken soll „Partikularsichten" überwinden

Es kommt darauf an, den Blick auf die vielen Facetten der „Situation" zu wenden — *Mannheim* spricht von Partikularsichten — und die einzelnen Teile zu einem Ganzen zu führen. Wir führen diesen Gedanken weiter und sagen: dieser Versuch, die einzelnen Teile zu einem Ganzen zu führen, darf sich nicht mit einer raschen Lösung zufrieden geben und sein Ziel kann es nicht sein, eine „endgültige" Lösung zu einem Ganzen zu erreichen.

> Diese „Situationsanalyse, als Methode der Weltorientierung einmal erfaßt, treibt ihn (d.i. der Mensch, d.V.) als eine neue, bewegende Intention sicher über den engen Lebenskreis ... hinaus.". (Mannheim, a.a.O., S. 93)

Dies klingt wie eine Beschwörung, und sie ist wohl auch eine, aber es ist die einzige — nichtrevolutionäre — Form der Bewußtwerdung. Im Grunde ist es das Programm der Aufklärung, das in vielen Hinführungen zum soziologischen Denken eine Rolle spielt. Vor allem aber muß vermieden werden, daß diese Aufklärung auf halbem Wege stecken bleibt, weil die auf diesem Wege unvermeidlich einsetzende Krise des Denkens ängstlich und unsicher macht. Wo wir eine Krise des Denkens — beim anderen, vor allem aber bei uns selbst — sehen, kann man nicht von einer „Verarmung" der Sicherheit sprechen, sondern muß es als eine „unendliche Bereicherung" im Hinblick auf neue Gewißheit betrachten:

> „Nicht ein Bankrott des Denkens ist es, wenn die Vernunft immer tiefer in ihre eigene Struktur schaut, nicht Unfähigkeit, wenn eine ungeheure Blickerweiterung eine Revision der Grundlagen erheischt. Denken ist ein von Realkräften getragener, stets sich selbst in Frage stellender und zur Selbstkorrektur drängender Prozeß. Das Verhängnisvollste wäre deshalb, das bereits sichtbar Gewordene aus Ängstlichkeit zu verbauen. Liegt doch das Fruchtbarste des Augenblicks darin, daß man sich nichts mehr als Partikularität begegnen lassen will, sondern Partikulareinsichten von einem immer umfassender werdenden Zusammenhang her verstehen und auslegen lernt." (Mannheim, a.a.O., S. 92)

Und später heißt es im Hinblick auf die Tatsache, daß der Mensch ein Wesen ist, „das seiner Geschichte immer wieder von neuem gewachsen sein muß":

> „Nicht durch übereiltes, gereiztes Abtun der neu auftauchenden Probleme kann man eine Krise lösen, auch nicht dadurch, daß man sich in vergangenen Sekuritäten vergräbt, sondern durch ein allmähliches Ausweiten und Vertiefen der gewonnenen neuen Sicht und durch allmähliche Vorstöße in der Richtung der Bewältigung." (a.a.O., S. 94)

In Fortführung dieses Gedankens wollen wir noch ergänzen:

Ideologien kommt man nicht durch die strikte Entgegensetzung einer anderen Ideologie auf die Spur. Erst die Vielfalt der Perspektiven und die konsequente Frage nach den gesellschaftlichen Bedingungen einer konkreten Ideologie bieten die Gewähr für die Veränderung ,,falschen Wissens".

Nun liegt es nahe, nachdem wir uns über mehrere Kapitel darum bemüht haben, Sie als künftige Soziologen vor der scheinbaren Gewißheit unseres Alltags zu warnen, Ihre Aufmerksamkeit auf eben diese Aufgabe zu richten. Es gibt ja auch Leute, die Soziologen als professionelle Ideologiebeobachter bezeichnen. Wir glauben in der Tat, daß jeder Soziologe sich dieser Aufgabe stellen muß.

5. Soziologisches Denken I

In den ersten Kapiteln dieser Einführung in die Soziologie haben wir - festgemacht und variiert am Grundthema „Wissen" - die soziologische Sichtweise illustriert und vorgeführt. Zentrales Element dieser Sichtweise ist die kritische Distanz zu der umgebenden „kleinen" und „großen Umwelt". Was darunter zu verstehen ist, wollen wir nun mit einigen repräsentativen Aussagen darlegen. Wir nennen dieses Kapitel „Soziologisches Denken I", weil wir uns diesem Thema ganz am Ende des Buches noch einmal zuwenden wollen.

Dreitzel: „Soziologische Perspektive"

Was also ist „Soziologisches Denken"? Eine Antwort gibt Hans Peter *Dreitzel*:

> „Die Gemeinsamkeit dessen, was Soziologen tun, beruht zunächst nur auf einer bestimmten Sichtweise, auf einer spezifisch soziologischen Perspektive. Der Soziologe versucht immer, hinter die Fassade der sozialen Beziehungen zu schauen, die Mechanismen des menschlichen Verhaltens zu ergründen, die Funktion der sozialen Erscheinungen zu erkennen. Seine Perspektive ist die des Zweiflers und Skeptikers, der hinter den alltäglichen Selbstverständlichkeiten im Umgang der Menschen miteinander verborgene Motive und Wirkungszusammenhänge vermutet. Das soziologische Denken erfordert eine ‚Kunst des Mißtrauens' gegenüber der Selbstverständlichkeit, mit der wir unsere soziale Umwelt als Realität hinnehmen. Es ist für den Soziologen nicht leicht, diese entlarvende Tendenz des soziologischen Denkens durchzuhalten. Denn der Gegenstand des soziologischen Fragens ist nicht etwas Fremdes, nur selten unser Leben berührendes, sondern gerade unser alltägliches Zusammensein mit Menschen im Beruf, in der Familie oder wo immer sonst wir mit anderen direkt oder indirekt zu tun haben". (Dreitzel, 4.A. 1966, S. 222)

Soziologie soll also helfen, einen neuen Blick für das zu bekommen, was um uns herum tatsächlich passiert, Erstaunliches und Ungewöhnliches in einem neuen Licht zu sehen. Für diese Art, neu zu denken, hat *C.W. Mills* das Prädikat „soziologisch" reserviert:

Mills: „Soziologisches Denkvermögen"

> „Das soziologische Denkvermögen besteht ja zu einem großen Teil in der Fähigkeit, den Blickpunkt zu wechseln und eine ausreichende Übersicht über die gesamte Gesellschaft und ihre Teile zu erlangen. Darin unterscheidet sich der Sozialwissenschaftler vom reinen Spezialisten. Es sind die spielerische Intuition und die ernste Frage nach dem tieferen Sinn, die dem Spezialisten gewöhnlich mangeln. Wahrscheinlich ist auch er geschult, aber zu gut geschult. Da man aber nur in dem geschult werden kann, das bereits bekannt ist, bleiben oft neue Wege verschlossen, und es geht im alten Trott weiter. Dagegen sollte man sich um neue Vorstellungen und Begriffe bemühen, so vage sie anfangs auch sein mögen, und sie weiter ausarbeiten. Denn nur so kann etwas Eigenes geschaffen werden."(1963, S. 266 f.)

Ein solches Denken hat *Mills* soziologische Phantasie genannt:

,,Menschen, deren Geist bisher nur in begrenzten Bahnen schweifte, bekommen plötzlich das Gefühl, in einem Haus aufzuwachen, von dem sie bis dahin angenommen hatten, daß es ihnen vertraut sei." (1959, S. 7)

Die gewohnte Erfahrung, das selbstverständliche Denkschema wird fraglich:

,,Entscheidungen, die früher vernünftig schienen, werden jetzt als das Ergebnis eines merkwürdig beschränkten Geistes empfunden. Ihre Fähigkeit zu staunen wird wieder zum Leben erweckt. Sie finden einen neuen Weg des Denkens und erfahren eine Umwertung ihrer Wertungen." (Mills 1959, S. 7)

Soziologische Perspektive, soziologisches Denken, soziologische Phantasie: Soziologe zu sein, bedeutet offenbar mehr, als sich ,,nur" mit dem Gegenstand dieser Wissenschaftsdisziplin, der Gesellschaft und den menschlichen Beziehungen, zu beschäftigen. Diese Beschäftigung an sich ist ja eben kein Privileg der Soziologie. Psychologie, Ökonomie, Politologie, Geschichte sind ebenfalls Diziplinen, die sich in je spezifischer Weise mit dem menschlichen Zusammenleben in einer Gesellschaft befassen. Während sich diese Disziplinen in gewisser Weise jedoch auf ,,ihren" Aspekt von Gesellschaft beschränken (was nicht Engstirnigkeit und das Tragen von Scheuklappen vor den Ergebnissen benachbarter Disziplinen bedeutet), sollte eine ausgebildete soziologische Perspektive im Sinne von *Mills* einen übergreifenden Charakter haben. Diese Perspektive läßt sich nicht von vornherein auf einen Standort (den ,,soziologischen") festlegen, sondern zeichnet sich gerade durch eine besondere Fähigkeit des Standortwechsels mit dem Ziel, neue Sichtweisen zu erschließen, Zusammenhänge zu erkennen und komplexe Prozesse zu verstehen, aus. Man könnte auch sagen, soziologisches Denken ist das dauerhafte Bemühen, der ,,Realität" noch ein Stück näher zu kommen, indem man sich nicht vorschnell mit ,,sicheren" (z.B. ,,wissenschaftlichen") Ergebnissen über gesellschaftliche Sachverhalte zufriedengibt.

,,Soziologie" als übergreifende Perspektive

In der Integration vielfältiger ,,Standortebenen" (von der Ökonomie bis zur Psychologie, von den Strukturen des Alltäglichen bis zu Entwicklungen im System der ,,Gesellschaft") konkretisieren sich Möglichkeiten zur Entdeckung von Zusammenhängen, von ,,Unvorhergesehenem". Insofern soziologische Perspektive und soziologisches Denken nicht an einen bestimmten, relativ eng begrenzten soziologischen Gegenstand gebunden sind, läßt sich sagen, daß *soziologisches Denken eben kein Privileg von Soziologen* ist. Wer das Fach studiert und abgeschlossen hat, muß nicht zwangsläufig soziologische Phantasie entwickelt haben. Trotz seines Diploms und vermutlich großer Fachkenntnis hinsichtlich einiger soziologischer Gegenstandsbereiche mag ihm die besondere Kreativität soziologischen Denkens nach wie vor fremd sein. Umgekehrt entwickelt sich solches Denken zum Teil auch in anderen Disziplinen in der kontinuiertlichen Auseinandersetzung mit den vielfältigen Aspekten gesellschaftlicher Realitäten.

Soziologisches Denken ist kein Privileg der Soziologen

Letztendlich ist es notwendig, ein *soziologisches Bewußtsein* zu entwickeln, um die Umwelt ,,routinemäßig" soziologisch wahrzunehmen. Um diese Begriffe anzuwenden, die wir oben aufgeführt und erläutert haben: Man könnte sagen, daß es darum geht, eine soziologische Alltagsroutine aufzubauen, d.h. ,,gewohnheitsmäßig" und ,,automatisch" die ,,Dinge der Gesellschaft" kritisch, distanziert und analytisch zu betrachten und damit Kritik und Analyse zu den Kriterien der eigenen Wahrnehmungsselektivität zu machen. Daß ein sol-

Entwicklung einer ,,soziologischen Alltagsroutine"

ches soziologisches Bewußtsein nicht von heute auf morgen entsteht, sondern sich nur in einem langen (und vielleicht auch schmerzhaften) Prozeß herausbildet, ist einleuchtend.

Dreitzel: ,,Soziologisches Bewußtsein''

,,Nichts braucht mehr Zeit und intellektuelle Anstrengung als die allmähliche Entwicklung eines ständig wachen soziologischen Bewußtseins. Denn es geht um eine vollständige Veränderung der gewohnten Perspektive, mit der wir uns in der Alltagswelt orientieren. Der Anfänger im Studium der Soziologie wird denn auch seine Fortschritte zunächst an einer wachsenden und u.U. sehr tief gehenden Desorientierung gegenüber seinen eigenen Lebensverhältnissen erfahren, die nur durch die Faszination an dieser entfremdenden und relativierenden Erfahrung kompensiert werden kann. Nicht, daß das Studium der soziologischen Literatur sogleich zu umstürzenden Entdeckungen führen würde; im Gegenteil: Der Soziologe bewegt sich in der alltäglichen Welt der Menschen, seine Kategorien sind zumeist nur Verfeinerungen der Begriffe, in denen die Gesellschaft sich selbst versteht — Bürokratie, Betrieb, Klasse, Schicht, Rolle. Daher erscheinen auch die Ergebnisse der soziologischen Forschung so oft als Banalität — man liest die Untersuchungen, findet die Ergebnisse selbstverständlich und fragt sich, wozu der große Aufwand nötig ist. Aber plötzlich entdeckt man eine Sicht der vertrauten Szenerie, die radikal das Bild der Dinge in Frage stellt, an dem man sich bisher orientiert hat. Mit diesem Wechsel der Perspektive beginnt die Faszination an der soziologischen Verfremdung unserer sonst so vertrauten sozialen Umgebung. Wer diese verfremdende Wirkung des soziologischen Bewußtseins scheut, wer es vorzieht, die Gesellschaft und ihre Spielregeln für das zu nehmen, als was sie erscheinen und sich ausgeben, wird sich nicht ernsthaft mit der Soziologie abgeben können. Die Lektüre soziologischer Überlegungen und Untersuchungen wird ihn eher verwirren als orientieren, und ihre aufklärende Wirkung wird sein stereotypes Denken nicht erreichen. Soziologie darf nicht verwechselt werden mit praktischer Lebenshilfe: sie bekommt erst dann eine Orientierungsfunktion, wenn ihre relativierende Wirkung bewußt akzeptiert und in den Dienst einer Auflockerung erstarrter Denk- und Verhaltensweisen genommen wird. Dann freilich kann sie zur individuellen wie zur gesellschaftlichen Selbsterkenntnis einen wesentlichen Beitrag leisten.

Soziologie ist keine ,,praktische Lebenshilfe''

Das Erkenntnisinteresse der Soziologie ist auf Emanzipation gerichtet; sie will die Möglichkeiten menschlicher Selbstgestaltung im sozialen Verband durch die Analyse der gesellschaftlichen Funktionsverflechtungen und des Zwangscharaktes der sozialen Institutionen erst freilegen.'' (Dreitzel, 4. A. 1966, S. 233 f.)

Will man die Frage, was denn eigentlich die Aufgabe der Soziologie ist, in einem Satz zusammenfassen, dann kann man sagen: Soziologie will dazu beitragen, Vorurteile und Ideologien abzubauen.

Diese Formulierung der Aufgabe der Soziologie macht Ihnen vielleicht noch einmal den von uns gewählten Zugang zu unserer Einführung ,,Gesellschaft lernen'' verständlicher. Vorurteile und Ideologien abbauen bedeutet, ,,falsches'' Wissen durch die Konfrontation mit Tatsachen, durch die Aufdeckung von Zusammenhängen und Hintergründen erkennbar zu machen, und erfordert von dem Betreiber und dem Studenten der Soziologie, sich selbst und das eigene Wissen aus dem Prozeß der Aufklärung nicht herauszuhalten. Für unser Verständnis von Soziologie war deshalb das notwendige Einstiegsthema das vermeintliche Wissen der Gesellschaftsmitglieder: Wir meinen Bescheid zu wissen und bewegen uns dabei doch stets auf einem schwankenden Boden aus Alltagsroutine, Abhängigkeit von den Mitmenschen, Vorurteilen und Ideologien. Mit der Aufklärung über vermeintliches Wissen ist die Zielebene der gesamten Einführung angesprochen. Das heißt, auch wenn wir uns mit anderen Inhalten beschäftigen, geht es um ,,soziologische Aufklärung" und mithin um weitere kleine Schritte, Ihnen die soziologische Sicht- und Denkweise näherzubringen.

Sozialisation und Interaktion:
,,Wie wir werden, was wir sind"

Einleitung

Manchmal stellen wir uns die Frage: „Wie ist es eigentlich gekommen, daß wir so sind, wie wir sind?" Gelegentlich verfallen wir auf Tiefsinniges, um sie zu beantworten. Je nach Bedürfnis, uns zu rechtfertigen oder darzustellen, lauten die Antworten: „die Verhältnisse", „der Kapitalismus", „die Nachkriegsgeneration", „der Glaube an den Menschen" oder „die eiserne Disziplin". Solche Begründungen lassen sich beliebig erweitern. Seit einigen Jahren dient manchen auch der Begriff „Sozialisation" als Begründung. Da er einen wissenschaftlichen Klang mitbringt, scheint diese Antwort vielen als ausreichend umfassend und richtig.

Daß „Sozialisation" in der Tat inzwischen Eingang in die Alltagssprache gefunden hat und bereits gewissermaßen „auf den Hund" gekommen ist, illustriert die folgende Anzeige:[1]

> **Sehr schöne graue und schwarz-gelbe Schäferhundwelpen mit Papieren aus liebev. Hobbyzucht, kräftig, gesund und gepflegt, bestens sozialisiert.** ☎ 02330/
> (Westfälische Rundschau, 13.10.1982)

(Wir können nur hoffen, daß die Schäferhunde ihr instinktgebundenes Verhaltensprogramm mit der ihnen von Menschen zugedachten „Rolle" in Einklang bringen können und daß die wechselseitige Rollenübernahme im Interesse der Hundebesitzer doch ihre Grenzen findet. Wir haben insbesondere unsere Zweifel, ob es den Schäferhunden möglich sein wird, eventuell auftretende „Identitätskrisen" konstruktiv und „bißfrei" zu verarbeiten.)

Unterstellt man, daß die Verwendung dieses Begriffes kein Imponiergehabe ist, dann verweist die neue Bezeichnung von längst Vertrautem in der Tat auf etwas, das hinter diesem Vertrauten liegt, ohne daß wir genau wissen, was das ist.

Die Übernahme eines Wissenschaftbegriffs ist also weniger eine intelligentere Bezeichnung für einen bekannten Sachverhalt, sondern Ergebnis einer veränderten Wahrnehmung. Zusammenhänge, die bisher anders oder gar nicht „definiert" (d.h. abgegrenzt) wurden, erhalten einen neuen Stellenwert.

Dieser Einbruch in vertraute Vorstellungen ist mit der Übernahme wissenschaftlicher Begriffe stets gegeben. *Habermas* setzt sich in seinem Aufsatz über „Umgangssprache, Wissenschaftssprache, Bildungssprache" mit diesem Phänomen auseinander und kommt zu dem Ergebnis: „Sobald ein solcher Begriff über die Bildungssprache in das Alltagsbewußtsein von sozialwissenschaftlichen Laien eindringt, kann er zu einer Umorientierung in der Wahrnehmung und der Interpretation eines wichtigen Ausschnittes ihrer Lebenswelt führen. Es kann zu einem *Kippeffekt* kommen . . . Indem wir einen Ausdruck, der auf

---

1 Den Hinweis auf diese Anzeige haben wir von Edith Winkelmann erhalten.

theoretische Zusammenhänge verweist, auf bisher naiv verstandene Lebensver-
hältnisse anwenden, gewöhnen wir uns daran, diesen Teil unserer Umwelt anders zu interpretieren, mit anderen Augen zu sehen." (1978, S. 333)

Wir haben bisher schon versucht — und wollen dies auch nachfolgend versuchen — solche ,,Kippeffekte" bei Ihnen systematisch zu fördern und zu begleiten. ,,Sozialisation" hat dabei den Stellenwert eines Oberbegriffs, der analytisch viele Vorgänge zusammenfaßt, die uns zu dem werden lassen, was wir
sind. Den Sozialwissenschaftler interessiert nun in erster Linie nicht, warum
einzelne Individuen so sind, wie sie sind, sondern er ist an den allgemeinen, für
viele Menschen wirksamen und prägenden Einflüssen sowie deren Beziehung
zueinander interessiert.

Darum geht es in den folgenden Kapiteln.

6. Sozialisation — ein Thema im Schnittpunkt sozialwissenschaftlicher Interessen

„Sozialisation" ist nicht nur ein Modewort gehobener Alltagssprache, sondern auch ein Thema, dem sich viele Wissenschaften zuwenden. Insbesondere Soziologie, Psychologie und Pädagogik beschäftigen sich damit „wie wir werden, was wir sind".'

Die unterschiedlichen Interessen der genannten Disziplinen am Thema „Sozialisation" lassen sich kurzgefaßt folgendermaßen darstellen.

Das Interesse am Thema „Sozialisation" von

— Das *soziologische Interesse* konzentriert sich vor allem auf gesellschaftlich organisierte *Prozesse* der Sozialisation. Damit ist die Untersuchung der Möglichkeiten gemeint, die sich eine Gesellschaft „geschaffen" hat, um Individuen in einem ganz allgemeinen Sinne, aber auch hinsichtlich spezialisierter Teilbereiche einer Gesellschaft überhaupt „gesellschaftsfähig" zu machen. Dieses Interesse läßt sich etwa in Fragen nach den Grundlagen und Voraussetzungen sozialen Handelns oder nach Inhalt und Vermittlung der für soziales Handeln notwendigen Kompetenzen konkretisieren.

— Soziologie

— Die *psychologische Perspektive* rückt dagegen die *Sozialisiertheit der Individuen* in den Mittelpunkt. Es geht um die psychische Strukturierung und Genese von „Persönlichkeit" durch gesellschaftliche Einflüsse.

— Psychologie

— Für die *Pädagogik* ist Sozialisation als Vorgang, der die Möglichkeiten und Grenzen pädagogischer Einflußnahme festlegt, von großer Bedeutung. Erziehung und (Aus-)Bildung als Gegenstand pädagogischer Arbeit ist stets Bestandteil der übergreifenden Prozesse der Vergesellschaftung. Erziehung ist also ein gezielter und geplanter Gestaltungsversuch im Rahmen der psychosozialen Entwicklung der Gesellschaftsmitglieder.

— Pädagogik

Ein weiteres wichtiges Stichwort im Zusammenhang eines gemeinsamen Interesses der drei Disziplinen ist „Identität". Es ist eben nicht nur von Bedeutung, welche Einflüsse und Zwänge die Gesellschaft auf ihre Mitglieder ausübt, sondern auch, wie die Menschen mit diesen Einflüssen umgehen. In der Auseinandersetzung mit gesellschaftlichen Einflüssen und Zwängen bilden sich *Individualität* und *Identität*. Individualität wird hier verstanden als die personspezifische Kombination von physischen, psychischen und sozialen Merkmalen und Eigenschaften, die ein Individuum von allen anderen unterscheidet. *Individualität ist stets Bestandteil der Identität*, die zum Teil auf dem *Bewußtsein von Individualität* gründet, sehr viel weitergehend jedoch durch die jeweilige Lebensgeschichte und die damit verbundenen Möglichkeiten zur Entwicklung sozialer und reflexiver Kompetenzen geprägt ist. Die Entwicklung von Identität ergibt sich nicht „selbstverständlich", sondern ist grundsätzlich sehr problematisch. Die Bedingungen der Identitätsbildung sind deshalb ein wichtiger Gegenstand im Rahmen der Beschäftigung mit Sozialisation.

Bei der Beschäftigung mit „Sozialisation" ist „Identität" ein wichtiges Stichwort

Unterschied: Individualität — Identität

Wenn wir hier lediglich das Interesse von Soziologie, Psychologie und Pädagogik an Prozessen der Vergesellschaftung angedeutet haben, bedeutet das nicht, daß ,,Sozialisation'' in anderen sozialwissenschaftlichen Disziplinen, z.B. Politikwissenschaft oder Kulturanthropologie, nicht thematisiert würde. Für die genannten Fächer ist Sozialisation allerdings ein ,,Kernthema'', und dies ist wohl der Grund, daß sich *Theoriebildung* zum Thema Sozialisation fast ausschließlich in Forschungszusammenhängen dieser Disziplinen vollzieht.

Diese letzte Aussage müssen wir einerseits erweitern und andererseits modifizieren: allen theoretischen Diskussionen vorgelagert ist die Frage, wieso der Mensch überhaupt in der Lage ist, sich auf das Zusammenleben mit anderen Menschen einzulassen, und warum er das muß. Diese Frage beschäftigt die Anthropologie. Modifizieren müssen wir unsere Aussage insofern, als eine theoretische Diskussion innerhalb der psychologischen Theorien eine herausragende Stellung einnimmt. Wir meinen die Psychoanalyse. Auf beide Diskussionen werden wir in der gebotenen Kürze eingehen. Im Anschluß daran werden wir unsere soziologische Perspektive entwickeln.

6.1   Ein anthropologischer Aspekt: Weltoffenheit und Entlastung

In anthropologischer Sicht resultiert die *Notwendigkeit der Sozialisation* aus der biologischen Grundbeschaffenheit des Menschen. Um diese Grundbeschaffenheit geht es im Werk des Anthropologen Arnold *Gehlen* (1904-1976), auf den wir bereits in Kapitel 3 zu sprechen gekommen sind. *Gehlen* will aufzeigen, daß das, was der Mensch ,,von Natur aus'' mitbringt, nämlich Instinktarmut einerseits und formbare Energie andererseits, seine Vergesellschaftung sowohl nötig als auch möglich macht.

Der Mensch als ,,Män-
gelwesen''

Charakteristikum der biologischen Ausstattung des Menschen im Unterschied zum Tier ist die sehr viel geringere Lebens- und Überlebensfähigkeit ohne Hilfe seiner Artgenossen. Der Anthropologe *Portmann* hat den Menschen als Frühgeburt bezeichnet, die sich in den ersten Lebensmonaten überhaupt nicht am Leben halten kann. Biologisch gesehen ist der Mensch ein ,,Mängelwesen'', ein Gedanke, den *Gehlen* von *Herder* übernommen hat. Bestimmte Tiere können viel schneller laufen, andere können fliegen, wieder andere verfügen über große Körperkräfte, allen gemeinsam ist, daß sie auf ihre Lebensbedingungen mit optimalen Instinkten reagieren. Den je spezifischen Fähigkeiten einzelner Tiere ist der Mensch in jedem Fall unterlegen.

,,Weltoffenheit'' als Be-
lastung

Das geringe Maß an Ausstattung mit lebenssichernden und -steuernden Instinkten bedeutet zunächst einmal eine *Belastung*. Das Tier ist zwar auf ,,das nicht auswechselbare Milieu'' seiner *Umwelt* festgelegt, aber es bringt vom Instinkt bis zur Organausstattung alles mit, in dieser seiner Umwelt zu überleben. Der Mensch dagegen hat *Welt*, ,,er *entbehrt* der tierischen Einpassung in ein Ausschnitt-Milieu'' (Gehlen, 9. A. 1971, S. 35). Die ,,Weltoffenheit'' des Menschen ist zunächst einmal kein Vorzug, denn ihm fehlt die instinktive Reaktion auf die Reize seiner Welt. ,,Offenheit'' bedeutet also erst einmal Schutzlosigkeit gegenüber einer Vielfalt von Reizen. Während die Instinktsteuerung des Tieres ,,automatisch'' die ,,richtige'' (d.h. überlebensnotwendige) Auswahl bzw.

Wahrnehmung von Signalen und Reizen sicherstellt, ist die menschliche Wahrnehmung erst einmal nicht in der Lage, Wichtiges von Unwichtigem zu unterscheiden. Dem Tier wird die „Bedeutung" von Reizen und Signalen genetisch mitgegeben, der Mensch muß sich Bedeutungen erst in langen Lernprozessen aneignen, muß sich ein „Auswahlprogramm" für die Reizüberflutung seines Wahrnehmungsapparates erst „erarbeiten". Gefahr der Reizüberflutung

Alle Aggregatformen menschlicher Existenz (Individuum, Gruppe, Gesellschaft) zeichnen sich in dieser Perspektive dadurch aus, daß jeweils angemessene Strategien und Mechanismen „erarbeitet" werden, um der potentiellen Reizüberflutung zu entgehen. Ziel dieser Mechanismen ist — wie angedeutet — die sinnvolle Selektion (Auswahl) von Reizen. Maßgebende Kriterien der Sinnhaftigkeit sind Existenzsicherung auf der einen, Beibehaltung bzw. Erweiterung von Handlungs- und Gestaltungsspielräumen auf der anderen Seite. Es geht also ganz zentral um Entlastung von den „Gefahren" der „Weltoffenheit", ohne deren positive Entwicklungschancen auszuschließen. „Entlastung" im anthropologischen Sinne bedeutet mithin, daß dem Individuum „der Rücken freigehalten wird", von der lähmenden Handlungsunfähigkeit einer potentiellen Reizüberflutung. Sinnvolle Selektion von Reizen „Entlastung"

Der Gedanke der Weltoffenheit bietet denn auch den positiven Aspekt, daß der Mensch im Unterschied zum Tier kein „Gefangener" seiner Instinkte ist, sondern durch die relative Unbestimmtheit seiner instinktbezogenen Ausstattung in der Lage ist, variabel auf unterschiedliche und wechselnde Bedingungen seiner Existenz zu reagieren: Der Mensch lebt nicht, unterscheidet *Gehlen* sehr genau, er „führt" sein Leben. (a.a.O., S. 17) Ähnlich heißt es schon bei *Plessner*: „Der Mensch lebt also nur, wenn er sein Leben führt." (3.A. 1975, S. 316) Das Tier: „Gefangener" seiner Instinkte Der Mensch „führt" sein Leben

Der Mensch arbeitet die natürlichen Gegebenheiten um und verwandelt sie in „Mittel zur Daseinserhaltung und Lebensfristung", der Mensch „bricht den Bannkreis der *Unmittelbarkeit,* in dem das Tier mit seinen unmittelbaren Sinnessuggestionen und Sofortreaktionen gefangen bleibt". (Gehlen, a.a.O., S. 47 und 46)

Aufgrund gesammelter Erfahrungen über eigenes Können muß eine Handlung nicht mehr direkt vollzogen werden, da Gewißheit herrscht, auch unter neuen Bedingungen handlungsfähig zu sein: Sammlung von Erfahrungen

> „Wenn so die elementaren Bedürfnisse nicht an feste Auslöser angepaßt sind, sondern ihr Verhältnis zu den Erfüllungsobjekten in der beschriebenen Weise gelockert ist, so versteht sich eben daraus die Notwendigkeit, sie an der Erfahrung zu *orientieren,* sie in ihrer zunächst gestaltlosen Offenheit zu ‚prägen' oder *mit Bildern zu besetzen.*" (Gehlen a.a.O., S. 55) Die Besetzung der Erfahrungen mit Bildern

Die äußeren Bedingungen verlieren den Druck der Unmittelbarkeit, sie sind — anders als beim Tier — keine Signale mehr, sondern erhalten *Symbolcharakter.* Symbole

Geulen sieht im Gedanken der *Entlastung* den Kern einer Sozialisationstheorie angelegt. Unter dieser Perspektive referiert er den Gedanken *Gehlens* wie folgt: „Bei seiner tätigen Auseinandersetzung mit der Dingwelt sieht sich der Mensch zunächst einem unendlichen Überraschungsfeld gegenüber, das für ihn weder in kognitiver noch in motorischer Hinsicht eindeutig festgelegt ist. Durch sein Handeln nun macht er Erfahrungen, die dieses Feld bald einengen. Dadurch können einmal die Bewegungen habitualisiert werden, wodurch eine Entlastung vom Aufwand für ihre Motivation, Kontrolle und Korrektur erreicht wird, und „Entlastung" als Kern einer Sozialisationstheorie

zum zweiten heben sich im kognitiven Feld wenige bestimmte, als relevant erkannte Aspekte von den übrigen heraus und werden so zu jeweils ausreichend stellvertretenden ‚Symbolen' des ganzen Phänomens, was einer Reduktion der Reizfülle gleichkommt und ebenfalls eine Entlastung ist." (Geulen 1977, S. 46 f)

Prozesse der Entlastung: Habitualisierung und Institutionenbildung

Die Prozesse der Habitualisierung von Verhaltens- und Handlungsmustern auf der Ebene des Individuums führen zur Herausbildung von *Institutionen* auf der gesellschaftlichen Ebene (vgl. unsere Ausführungen in Kapitel 3). Institutionen schaffen die psychisch notwendige Entlastung, indem Handlungsmuster routinisiert und Entscheidungen bzw. ganze Entscheidungsketten vorstrukturiert werden.

An die Stelle der biologischen Handlungsprogramme durch Instinkte tritt beim Menschen die gesellschaftlich geschaffene Handlungssteuerung durch Institutionen, die die prinzipielle ,,Weltoffenheit" so weit einschränken, daß individuelle Handlungsfähigkeit erst möglich wird. Institutionen entlasten ,,von dauernden Improvisationen" (Gehlen 3.A. 1975, S. 43). Es soll auch noch einmal ausdrücklich betont werden, daß ,,Weltoffenheit" nicht nur eine Belastung ist, sondern auch eine besondere Chance bedeutet. Die geringe instinktbezogene Festlegung läßt Entwicklungen zu, die anderen Lebewesen unmöglich sind. Menschliches Leben bzw. menschliche Entwicklung ist von Beginn an gekennzeichnet durch die Dialektik von Zwang und Chance in der Beziehung des Menschen zur ,,Welt".

In anthropologischer Sicht sind Prozesse der Vergesellschaftung eine funktionelle Notwendigkeit zum Ausgleich der biologisch mangelhaften Ausstattung mit Instinkten.

6.2 Ein Beitrag der Psychoanalyse: Über-Ich und Internalisierung

Die mangelhafte Ausstattung des Menschen mit Instinkten bedeutet nicht, daß es ihm auch an vitaler Energie mangelt. Im Gegenteil: Die Entwicklungsleistung, die jeder Mensch vollbringen muß, um als selbständiges Lebewesen existieren zu können, ist sehr hoch. Der ,,Weltoffenheit" des Menschen entsprechend ist auch sein Energiepotential ,,offen", daß heißt in hohem Maße verformbar. Die Art und Weise der Formung wird bestimmt durch die Tatsache der unaufhebbar sozialen Existenz des Menschen, d.h. seiner Abhängigkeit von ,,Gesellschaft" schlechthin. Das Energiepotential wird also so strukturiert, daß dem Individuum gesellschaftliche Teilhabe möglich wird, daß es aktiver Teilnehmer seines Sozialisationsprozesses werden kann.

Wesentliche Einsichten in die Prozesse der ,,Energieumwandlung" und der Ausbildung der psychischen Grundstruktur verdanken wir den psychoanalytischen Arbeiten von Sigmund *Freud* (1856-1939).*Freud*s Erkenntnisinteresse richtet sich allerdings nicht auf Vorgänge der Sozialisation, sondern auf die Erklärung von bestimmten Krankheitssymptomen. Aufgrund seiner Beschäftigung mit neurotischen Symptomen kam er zur Entwicklung eines Strukturmodells der Persönlichkeit, das durch drei Instanzen bestimmt ist: das *Es*, das *Ich* und das *Über-Ich*.

*Freud*s Erkenntnisinteresse

Das Strukturmodell der Persönlichkeit

Vereinfacht läßt sich sagen, daß das *Es* die biologisch angelegten Triebe repräsentiert, daß das *Ich* für den realitätszugewandten und vernunftsbezogenen Aspekt der psychischen Struktur steht und daß im *Über-Ich* die angehäuften Erwartungen der sozialen Umwelt versammelt sind. Für *Freud* waren die drei Instanzen Bestandteile des ,,psychischen Apparates", der das ,,Seelenleben" des Individuums organisiert.

Das *Es*

Freud hat sich ,,nach langem Zögern und Schwanken" entschlossen, ,,nur zwei Grundtriebe anzunehmen, den Eros und den Destruktionstrieb." (1953, S. 12)

> Dieser zweite ,,Grundtrieb" ist von vielen Psychoanalytikern bestritten worden. Diese Diskussion würde uns zu weitab führen. Für unseren Zusammenhang ist entscheidend, was *Freud* zum ersten Grundtrieb sagt.

Das Ziel des ersten Grundtriebs, dessen Energie *Freud* ,,*Libido*" nennt, ist, ,,immer größere Einheiten herzustellen und so zu erhalten, also Bindung" (1953, S. 11).Diese Bindung, die affektiv gefärbt ist, wird für die weitere Entwicklung des Kindes von ganz entscheidender Bedeutung. Wichtig ist nun, daß einerseits das *Es* durch das Lustprinzip geprägt ist, d.h. alle Triebwünsche drängen auf unmittelbare Befriedigung. Andererseits setzt gerade die unauflöslich soziale Existenz des Menschen sowohl dem Lustprinzip als auch den ursprünglichen Ausdrucksformen der Triebbefriedigung mehr oder weniger enge Grenzen (das ,,mehr oder weniger"der Begrenzung bezieht sich auf die Tatsache, daß es entwicklungsgeschichtlich, historisch und interkulturell eine erhebliche Bandbreite der Verregelung von Befriedigungsformen und —intensitäten gegeben hat bzw. gibt). Eine Konsequenz aus dem Gegensatz von individuellen Triebbedürfnissen und sozialen Erfordernissen ist die gesellschaftlich bedingte Repression (Unterdrückung) von Trieben. Nur für einen kleinen Teil der Triebe gibt es im normativ-kulturellen System der Gesellschaft zugelassene Befriedigungsmöglichkeiten (z.B. im Rahmen der heterosexuellen, monogamen Beziehung). Der größte Teil der ursprünglichen Triebenergien kann nicht unmittelbar befriedigt werden. Aufgrund der oben geschilderten anthropologischen Voraussetzungen sind die ,,überschüssigen" Triebenergien jedoch den gesellschaftlichen Erfordernissen entsprechend formbar. Die Instanz, die dies im psychischen Apparat leistet, nennt Freud das *Ich*.

Eros als zentraler Grundtrieb
Libido als Energie des Grundtriebs

Individuelle Triebbedürfnisse

Gesellschaftliche Repression

Nach der Ansicht *Freud*s hat sich die zweite Instanz, das *Ich*, dadurch herausgebildet, daß ein Teil des *Es* eine besondere Entwicklung erfahren hat. Als Reizschutz zwischen *Es* und Außenwelt

Das *Ich*

> ,,hat sich eine besondere Organisation hergestellt, die von nun an zwischen *Es* und Außenwelt vermittelt. Diesem Bezirk unseres Seelenlebens lassen wir den Namen des *Ich*s." (1953, S. 10)

Mit der im zweiten Lebensjahr einsetzenden Fähigkeit des Kindes, seine Umwelt differenziert wahrzunehmen, erhalten die Reize der Umwelt auch eine wachsende Bedeutung. Gleichzeitig streben die aus ihm selbst kommenden Wünsche des *Es* nach Verwirklichung. Diese doppelte Reizspannung muß in erträglicher Weise geregelt werden. Dies ist die wichtigste Funktion des *Ich*. Dazu schreibt *Freud*:

> ,,Infolge der vorgebildeten Beziehung zwischen Sinneswahrnehmung und Muskelaktion hat das *Ich* die Verfügung über die willkürlichen Bewegungen. Es hat die Aufgabe der Selbstbehauptung, erfüllt sie, indem es nach außen die Reize kennenlernt, Erfahrungen über sie aufspeichert (im Gedächtnis), überstarke Reize vermeidet (durch Flucht), mäßigen Reizen begegnet (durch Anpassung) und end-

lich lernt, die Außenwelt in zweckmäßiger Weise zu seinem Vorteil zu verändern (Aktivität); nach innen gegen das *Es*, indem es die Herrschaft über die Triebansprüche gewinnt, entscheidet, ob sie zur Befriedigung zugelassen werden sollen, diese Befriedigung auf die in der Außenwelt günstigen Zeiten und Umstände verschiebt oder ihre Erregungen überhaupt unterdrückt. In seiner Tätigkeit wird es durch die Beachtungen der in ihm vorhandenen oder in dasselbe eingetragenen Reizspannungen geleitet. Deren Erhöhung wird allgemein als *Unlust*, deren Herabsetzung als *Lust* empfunden." (1953, S. 10)

Lust-Unlust

Und an anderer Stelle sagt *Freud*: Das *Ich* hat die Aufgabe, ,,die günstigste und gefahrloseste Art der Befriedigung mit Rücksicht auf die Außenwelt herauszufinden." (1953, S. 11)

Die Spannung zwischen dem *Es* und dem *Ich* faßt *Freud* so zusammen:

,,Das *Es* gehorcht dem unerbittlichen Lustprinzip. Aber nicht nur das *Es* allein. Es scheint, daß auch die Tätigkeit der anderen psychischen Instanzen das Lustprinzip nur zu modifizieren, aber nicht aufzuheben mag (...) Seine psychologische Leistung besteht darin, daß es die Abläufe im *Es* auf ein höheres dynamisches Niveau hebt (etwa frei bewegliche Energie in gebundene verwandelt, wie sie dem vorbewußten Zustand entspricht); seine konstruktive, daß es zwischen Triebanspruch und Befriedigung die Denktätigkeit einschaltet, die nach Orientierung in der Gegenwart und Verwertung früherer Erfahrungen durch Probehandlungen den Erfolg der beabsichtigten Unternehmungen zu erraten sucht. Das *Ich* trifft auf diese Weise die Entscheidung, ob der Versuch zur Befriedigung ausgeführt oder verschoben werden soll oder ob der Anspruch des Triebes nicht überhaupt als gefährlich unterdrückt werden muß (Realitätsprinzip). Wie das *Es* ausschließlich auf Lustgewinn ausgeht, so ist das *Ich* von der Rücksicht auf Sicherheit beherrscht." (1953, S. 54)

Realitätsprinzip

Der Ausgleich zwischen *Es* und Außenwelt durch das *Ich* ist nicht ausschließlich intern gesteuert, sondern wird auch von den Einflüssen der Eltern geprägt. Vor allem in den allerersten Lebensjahren ist das Kind auf die Pflege konstanter Bezugspersonen angewiesen. Diese Aufgaben übernehmen die Eltern, und sie tun noch etwas Entscheidendes mehr: sie strukturieren die Welt des Kindes und sie sind die entscheidenden Identifikationsobjekte für das Kind. Das Kind lernt durch den unausweichlichen, befriedigenden oder versagenden, Umgang mit den Eltern, zunächst natürlich mit der Mutter, was ,,richtig" und ,,falsch" ist, was woraus folgt und wie es sich selbst betrachten soll. Die Instanz, in der all dies zusammenkommt, nennt *Freud* das *Über-Ich*

Die Einflüsse der Eltern

Das *Über-Ich*

,,Als Niederschlag der langen Kindheitsperiode, während der der werdende Mensch in Abhängigkeit von seinen Eltern lebt, bildet sich in seinem *Ich* eine besondere Instanz heraus, in der sich dieser elterliche Einfluß fortsetzt. Sie hat den Namen des *Über-Ichs* erhalten. Insoweit dieses *Über-Ich* sich vom *Ich* sondert und sich ihm entgegenstellt, ist es eine dritte Macht, der das *Ich* Rechnung tragen muß." (ebd.)

Der Ausdruck ,,dritte Macht" wird nicht von ungefähr eingeführt, denn in der Tat kommt es zu Auseinandersetzungen zwischen den drei Instanzen. Der Ausgleich zwischen den Ansprüchen des *Es*, des *Ich* — selbst wieder vermittelnd zur Außenwelt und zum *Es* — und des *Über-Ich* muß immer wieder hergestellt werden. Ein einseitiges Nachgeben würde zu Belastungen des psychischen Apparates bzw. zu unangemessenem Verhalten in der gesellschaftlichen Realität führen. Ersteres ist die Ursache für neurotische Krankheit, letzteres für auffälliges Verhalten.

„Eine Handlung des *Ich*s ist dann korrekt, wenn sie gleichzeitig den Anforderungen des *Es*, des *Über-Ichs* und der Realität genügt, also deren Ansprüche miteinander zu versöhnen weiß." (ebd.)

Die Kernannahmen über den Aufbau und die Funktion des psychischen Apparates faßt *Freud* nun so zusammen:

„Die Einzelheiten der Beziehung zwischen *Ich* und *Über-Ich* werden durchweg aus der Zurückführung auf das Verhältnis des Kindes zu seinen Eltern verständlich. Im Elterneinfluß wirkt natürlich nicht nur das persönliche Wesen der Eltern, sondern auch der durch sie fortgepflanzte Einfluß von Familien-, Rassen- und Volkstradition sowie die von ihnen vertretenen Anforderungen des jeweiligen soziales Milieus. Ebenso nimmt das *Über-Ich* im Laufe der individuellen Entwicklung Beiträge von seiten späterer Fortsetzer und Ersatzpersonen der Eltern auf, wie Erzieher, öffentlicher Vorbilder, in der Gesellschaft verehrter Ideale. Man sieht, daß *Es* und *Über-Ich* bei all ihrer fundamentalen Verschiedenheit die Übereinstimmung zeigen, daß sie die Einflüsse der Vergangenheit repräsentieren, das *Es* den der ererbten, das *Über-Ich* im wesentlichen den der von anderen übernommenen, während das *Ich* hauptsächlich durch das selbst Erlebte, also Akzidentelle und Aktuelle bestimmt wird." (1953, S. 10 f.)

Nachdem wir uns mit dem psychischen Apparat befaßt haben, können wir uns nun der Phasenlehre zuwenden.

Aus seiner Arbeit mit hysterischen Patienten war *Freud* zu dem Schluß gekommen, daß Handeln und Erleben nicht nur von dem abhängen, was bewußt ist, sondern daß unbewußte Erfahrungen eine große Rolle spielen. Über freie Assoziationen, in denen die Patienten alle spontanen Einfälle zum Ausdruck bringen sollten, und ihre Träume stieß *Freud* auf frühkindliche Wünsche und Erfahrungen, die alle in irgendeiner Weise mit sexuellen Erregungen zusammenhängen. Die Annahme einer infantilen Sexualität hat *Freud* in systematischer Form in den „Drei Abhandlungen zur Sexualtheorie" (1905) dargelegt.

Der Gedanke, daß sich sexuelle Erregungen schon bei Kindern nachweisen lassen, ja daß sie normal und überlebenswichtig sind, war in einer Zeit, die das Bild des „unschuldigen Kindes" hegte, schockierend und ist es für viele, die Sexualität mit genitaler Sexualität gleichsetzen, bis heute noch. *Freud* allerdings faßt die Sexualität viel weiter als jegliche Erfahrung von Lust, somit auch als die Befriedigung physiologischer Bedürfnisse. Der so bestimmte Sexualtrieb richtet sich auf bestimmte lusterzeugende Körperzonen, und er entwickelt sich nach einem bestimmten Phasenmodell.

Die ersten sexuellen Erregungen des Säuglings sind an die Nahrungsaufnahme gebunden. Deshalb nennt *Freud* diese Phase auch die „orale Phase"; sie erstreckt sich bis in das zweite Lebensjahr hinein. Der Mund ist die Zone des Lustgewinns, denn durch ihn erfährt der hilflose Säugling die Befriedigung eines körperlichen Bedürfnisses, des Hungers. Die Hilflosigkeit wird ausgeglichen durch die regelmäßige Nahrungszufuhr von außen. Daß es aber nicht nur die Nahrungszufuhr ist, die den Säugling befriedigt, ersehen wir daran, daß er saugt und schmatzt, auch wenn er nicht an der Mutterbrust liegt oder sein Fläschchen bekommt, und daß er, sobald er dazu in der Lage ist, alles in den Mund steckt. Über den Mund nimmt das Kind den ersten Kontakt zu seiner Welt auf, über ihn erfährt es die erste Zuwendung eines anderen Menschen zu sich. Das ist auch der Grund dafür, daß die Mutter-Kind-Beziehung die entscheidende Grundlage für die Entwicklung des Kindes und für seine Beziehung zur Welt bildet. Aus der Erfahrung, sich auf die regelmäßige Befriedigung körperlicher Bedürfnisse durch einen anderen Menschen verlassen zu können, erwächst das von

Erikson so bezeichnete „Urvertrauen". Die affektive Bindung des Kindes, die durch den intensiven Körperkontakt zwischen Mutter und Kind gestärkt wird, bildet die Basis für künftige Interaktionen mit anderen Menschen. Das Kind lernt, daß die Handlungen der Mutter bestimmte Bedeutungen haben, auf ihre Aktionen reagiert es, was wiederum Reaktion bei der Mutter hervorruft. In der Abwesenheit der Mutter, anfangs schmerzlich empfunden, ahmt es ihre Laute und Verhaltensweisen nach. So beginnt eine erste Identifikation, die einhergeht mit einer Grundbereitschaft zur Übernahme von Verhaltensweisen dieser wichtigsten Bezugsperson. Die orale Phase steht ganz im Zeichen der Herrschaft des *Es*.

Anale Phase

Die zweite Phase hat *Freud* die „anale" genannt. Vom 2. Lebensjahr an - alle Phasen überschneiden sich, typische Erfahrungen einer früheren Phase finden sich auch immer noch in späteren Phasen! — richtet sich der Sexualtrieb mehr und mehr auf die Entleerung von Darm und Blase. *Freud* sah die wichtigste Erfahrung dieser Phase darin, „daß der Säugling Lustempfindungen bei der Entleerung von Harn und Darminhalt hat und daß er sich bald bemüht, diese Aktionen so einzurichten, daß sie ihm durch entsprechende Erregungen der erogenen Schleimhautzonen einen möglichst großen Lustgewinn bringen." (Freud 1982, Bd. I, S. 311)

Der Ausdruck „bemüht" weist darauf hin, daß sich ein geistiger Reifungsprozeß vollzieht, nach dem das Kind seinen Körper differenziert wahrnimmt und ihn willentlich zum Instrument des Lustgewinns zu machen lernt. Gleichzeitig nimmt es seine Umwelt genauer wahr, unterscheidet zwischen sich und dem, was außerhalb seines Körpers passiert. Dies ist die Phase, in der sich das *Ich* herausbildet: aus der Konfrontation der Triebbedürfnisse mit den Bedingungen der Realität erwächst diese psychische Instanz als Regulation zwischen Lustprinzip und Realitätsprinzip. War die Welt bis dahin nur Quelle der Lust, die durch die enge Symbiose mit der Mutter nie versiegte, merkt das Kind nun, daß es die Aufmerksamkeit der Mutter mit anderen — Vater, Geschwister — teilen muß. Dies ist zunächst einmal die belastende Seite der Realität. Die positive Seite besteht darin, daß neue Aspekte der Realität mit ihren Möglichkeiten Gegenstand der Wahrnehmung werden. Die Welt steht zur ersten „Verfügung", und die wachsenden Willenskräfte bieten ihm die Möglichkeit, diese Welt erstmalig zu strukturieren. Neue Figuren, mit denen sich das Kind auseinandersetzen und identifizieren kann, treten ins Blickfeld. Die anale Phase, die ungefähr bis zum Ende des 3. Lebensjahres dauert, ist auch die Phase der libidinösen Bindung an den Vater und der Identifikation mit ihm. Die früher ausschließlich auf die Mutter gerichtete affektive Bindung lockert sich und wird teilweise auf den Vater übertragen.

Lockerung der affektiven Bindung an die Mutter

Da er von außen in die Mutter-Kind-Beziehung getreten ist, bleibt er auch nach der affektiven Wandlung ein Repräsentant dieses „draußen".

Phallische Phase

Vom 3. Lebensjahr an beginnt eine andere erogene Zone zum Zentrum der Lust zu werden: die äußeren Geschlechtsorgane. *Freud*, dessen medizinische Neugier sich vor allem auf die sexuelle Entwicklung des Jungen richtete, spricht von einer „phallischen" Phase. In dieser Phase stellen sich „auch die Anfänge jener Tätigkeit ein, die man dem Wiß- oder Forschertrieb zuschreibt." (Freud 1982, Bd. V, S. 100). Die Beziehung zwischen sexueller Entwicklung und Wißtrieb ist eine bedeutsame, denn Erfahrungen aus der Psychonanalyse haben gezeigt, „daß der Wißtrieb unvermutet früh und in unerwartet intensiver Weise von sexuellen Problemen angezogen, ja vielleicht durch sie geweckt wird." (ebd.)

Das Wissenwollen geht einher mit einem lustvollen Herumspielen an den Genitalien und vor allem mit sexuellen Phantasien. Diese Phantasien, das hat die psychoanalytische Arbeit gezeigt, richten sich auf die Eltern. Da die Mutter für die erste befriedigende Beziehung steht und ihre Zuneigung nicht aufgegeben werden soll, muß es in dem Augenblick zu einer dramatischen Entwicklung kommen, wenn dem Anspruch auf sexuelle Bemächtigung dieser Bezugsperson ein Rivale — der Vater — entgegensteht.

Diese Erfahrung der Konkurrenz leitet die für die psychische Entwicklung des Kindes entscheidende ,,ödipale" Beziehung ein. Dramatisch ist diese Entwicklung nicht nur wegen der Erfahrung der Rivalität, die zu Todeswünschen gegen den Vater führt, sondern auch wegen der gleichzeitigen Identifikation mit einem starken Repräsentanten der Welt draußen. Ihn bewundert das Kind, doch es fürchtet auch seine Rache, wenn der Vater ,,merkt", welcher Rivale ihm um die Gunst seiner Frau heranwächst. Da sich dies alles in der Phantasie des Kindes — nur in Bruchstücken bewußt, als unterbewußte Angst stets präsent — abspielt, sind den daraus erwachsenden Ängsten kaum Grenzen gesetzt: Da der Vater einerseits positives Identifikationsobjekt ist, stellen sich beim Kind Schuldgefühle ein, da zu ihm libidinöse Bindungen bestehen, entsteht Furcht vor Liebesentzug, da er mächtig ist, entwickelt sich Angst vor Strafe und Vergeltung.

Diese bedrückende psychische Situation kann auf die Dauer nicht ausgehalten werden. Entweder zerbricht das Kind unter der phantasierten oder tatsächlich erlebten Übermacht des Vaters, oder das Kind findet eine erträgliche Lösung des Ödipuskonfliktes. Die ,,erträgliche" Lösung ist die Herausbildung des *Über-Ich*, ein Arrangement mit dem Vater.

> Wir können an dieser Stelle nicht auf die Erklärungen für die Lösung des Ödipuskonfliktes eingehen. In aller Kürze können wir nur andeuten, daß *Freud* für den Jungen als Erklärung die Kastrationsangst, für das Mädchen verschiedene Erklärungen anbietet.

Die Lösung des Ödipuskonfliktes führt dazu, daß sich das Kind mit dem Vater identifiziert, das, was er zu sein scheint, in sich hineinnimmt. Die psychische Energie wird also ein weiteres Mal — nach der Abspaltung des *Ich* vom *Es* — umverteilt: dieses Mal spaltet sich vom *Ich* eine Vermittlungsinstanz gegenüber dem mächtigen Vater ab. Im *Über-Ich* werden die Gebote und Verbote des Vaters aufgerichtet, auf diese Weise zu eigenen gemacht und dadurch erträglich. Die Internalisierung externer Normen führt zu einer generellen Orientierung, die Auskunft darüber gibt, wie sich das Kind selbst zu sehen hat.

Im Grunde ist der Untergang des Ödipuskomplexes die Unterwerfung des *Ich* unter eine Übermacht. Diese Unterwerfung besteht in dem Abzug der libidinösen Bestrebungen von den Eltern:

> ,,Die Objektbesetzungen werden aufgegeben und durch Identifikation ersetzt. Die ins *Ich* introjizierte Vater- oder Elternautorität bildet dort den Kern des *Über-Ich*s, welches vom Vater die Strenge entlehnt, sein Inzestgebot perpetuiert und so das Ich gegen die Wiederkehr der libidinösen Objektbesetzung versichert. Die dem Ödipuskomplex zugehörigen libidinösen Strebungen werden zum Teil desexualisiert und sublimiert, was wahrscheinlich bei jeder Umbesetzung in Identifizierung geschieht, zum Teil zielgehemmt und in zärtliche Regungen verwandelt." (Freud 1982, Bd.V, S. 248)

An anderer Stelle bezeichnet *Freud* ,,die Katastrophe des Ödipuskomplexes — die Abwendung vom Inzest, die Einsetzung von Gewissen und Moral — als einen

Die Erfahrung des Vaters als Konkurrenz

Die ödipale Beziehung

Die Lösung des Ödipuskonfliktes

,,Einsetzung von Gewissen und Moral"

Sieg der Generation über das Individuum." (1982, Bd. V, S. 265) Diese martialische Formulierung beschreibt ziemlich genau das, worum es im Sozialisationsprozeß geht — zumindest aus der Sicht der Gesellschaft und ihrer erwachsenen Repräsentanten. In dem gleichen Sinne ist eine spätere Äußerung *Freuds* zu verstehen, daß die Umbildung des Ödipuskomplexes „die Schaffung des *Über-Ichs* herbeiführt und so all die Vorgänge einleitet, die auf die Einreihung des Einzelwesens in die Kulturgemeinschaft abzielen." (1982 Bd. V, S. 278)

Mit der Internalisierung der elterlichen Werte im *Über-Ich* wird dieses „zum Träger der Tradition, all der zeitbeständigen Wertungen, die sich auf diesem Wege über Generationen fortgepflanzt haben." (Freud, 1982 Bd. I, S. 505)

Internalisierung oder Verinnerlichung — das sagt schon das Wort — bedeutet nicht die äußerliche Orientierung an gewünschtem Verhalten, also z.B. „Gehorsam" gegenüber Anweisungen der Eltern, sondern vorher äußerliche Verhaltensforderungen, -muster und -maßstäbe werden nach „innen" genommen und zum authentischen Bestandteil eigener Persönlichkeit. Die Strukturen des *Über-Ich* bleiben weitgehend bzw. über eine lange Zeit unbewußt, sie sind eine „selbstverständliche" Quelle von Bewertungen und Orientierungen: Das Kind „weiß", was gut oder schlecht, richtig oder falsch ist, was man darf und was man nicht darf. Die Entstehung des *Über-Ich* kann in diesem Sinne als die Herausbildung des Gewissens bezeichnet werden, das das Kind „aus sich heraus" zu sozial akzeptiertem Verhalten führt. Mit der Entstehung des *Über-Ich* verändern sich gewissermaßen die Gründe dafür, daß sich ein Kind „richtig" verhält. An die Stelle der Angst vor Bestrafung durch die Eltern tritt die Fähigkeit des Kindes, sich selbst zu bestrafen (in Form von Schuldgefühlen).

Mit der Herausbildung des *Über-Ich* wachsen dem *Ich* andererseits auch neue Entwicklungsmöglichkeiten zu: Das *Ich* als Instanz aktueller Auseinandersetzung mit der Umwelt wird hinsichtlich der Triebkontrolle funktional durch das *Über-Ich* entlastet. Dies ist hier insofern von Bedeutung, als Triebkontrolle eine zwar notwendige, aber nicht hinreichende Bedingung unserer gesellschaftlichen Existenz ist.

Auf dieses Thema wollen wir noch kurz eingehen, da *Freud* unmißverständlich betont, daß Triebverzicht die Voraussetzung für Kultur überhaupt ist. (Geulen 1977, S. 91) Triebe, das haben wir oben bei der Behandlung des psychischen Apparates gesehen, verlangen nach einer Befriedigung. Diese ist manchmal möglich, manchmal stehen ihr aber auch reale Bedingungen (Realitätsprinzip) oder die Zensur des *Über-Ich* entgegen. In diesen versagenden Fällen kommt es zu einer Triebabkehr, die zu seelischen Erkrankungen führen kann, oder zu

„Sublimierungen", d.h. Triebe werden gewissermaßen umgelenkt auf gesellschaftlich akzeptierte Verhaltensformen. Die soziale Funktion dieser Sublimierung ursprünglicher Triebe ist eine doppelte: sie garantiert, daß der Mensch — von Natur nicht zur Arbeit geneigt — arbeitet und durch Arbeit sein Überleben sichert, und sie bewirkt, daß der Mensch mit anderen Menschen zusammenlebt.

Vor allem dieser Aspekt ist für den Zusammenhang von Sozialisation und Interaktion interessant. Das *Über-Ich* ist die Instanz, die spontane vitale Aggressionen unterdrückt und die ursprünglichen libidinösen Strebungen, die sich zunächst mit maßlosem Anspruch auf die Eltern richteten, in freundliche Beziehungen zu anderen Menschen sublimiert. Das Individuum arrangiert sich mit der Gesellschaft, um selbst ein gewisses Maß an Sicherheit vor aggressiven Bestrebungen der anderen Menschen zu erreichen. Diese Sicherheit garantiert ihm somit — wenn auch in begrenztem Maße — die Befriedigung eigener Triebe.

Die Theorie der Internalisierung der Werte der Eltern — als Repräsentanten der Gesellschaft — und der dauerhaften Aufrichtung dieser Werte im *Über-Ich* hat die Sozialisationsforschung nachhaltig beeinflußt. In einem Überblick über die Theorieentwicklung spricht *Geulen* denn auch der Psychoanalyse das ,,ungeschmälerte Verdienst" zu, ,,daß sie die psychogenetische Theorie lieferte, die (…) im wesentlichen die moderne empirische Sozialisationsforschung begründete" (1980, S. 36). Vor allem der Zusammenhang zwischen gesellschaftlichen Bedingungen und bestimmten Charakterstrukturen oder die Abhängigkeit der Persönlichkeitsmerkmale von bestimmten Erziehungspraktiken sind in zahlreichen empirischen Forschungen untersucht worden.

Eine Studie, die den ersten Zusammenhang aufdeckt, ist die schon erwähnte Untersuchung von Theodor W. *Adorno* u.a. über den ,,Autoritären Charakter". Erfahrungen aus der psychoanalytischen Praxis über den Zusammenhang von Erziehung und Persönlichkeitsentwicklung schildert anschaulich Horst E. *Richter* in vielen Büchern. Zwei wollen wir herausheben: ,,Eltern, Kind und Neurose" (1969) und ,,Patient Familie" (1972).

Wir wollen die Bedeutung der psychoanalytischen Theorie für die Sozialisationsforschung mit dem abschließenden Urteil *Geulen*s zusammenfassen:

Zusammenfassung

,,Wir verdanken der Psychoanalyse vor allem die Einsichten, (1) daß die innerpsychische Verarbeitung von Erfahrungen sehr komplex und unbewußt sein kann, (2) daß die dabei entstehenden Persönlichkeitsformationen die Art der Handlungsfähigkeit des Individuums bestimmen, insbesondere die Chancen zu autonomem Handeln, (3) daß die affektiven Beziehungen zu anderen Personen eine wichtige Bedingung sind und (4) daß die entscheidenden Formationen schon in der frühen Kindheit entstehen. Aus den beiden letztgenannten Annahmen folgt unter anderem, daß die Familie als Sozialisationsinstanz von hervorragender Bedeutung ist." (1980, S. 36)

Wie in diesem Zitat schon angedeutet, hat die Psychoanalyse auch die Diskussion über die Handlungsfähigkeit des Individuums beeinflußt. Vor allem über die Theorie des *Über-Ich* wurden neue Aspekte in die Diskussion über den Zusammenhang von Interaktion und Identität eingeführt. Dies erfolgt nicht zuletzt über die kritische Rollentheorie und den symbolischen Interaktionismus. Darauf werden wir nach einem kurzen Blick auf eine — unsere — soziologische Perspektive des Sozialisationsprozesses eingehen.

Bevor wir uns nun mit unserer soziologischen Perspektive von Sozialisation beschäftigen, fassen wir die dafür wichtigen anthropologischen und psychoanalytischen Voraussetzungen der Sozialisation zusammen:

1. Instinktarmut und geringer körperlicher Reifegrad des Menschen bei der Geburt machen eine lange Lernphase notwendig. Diese biologischen Bedingungen bedeuten auch eine geringe Festlegung der Verhaltens- und Handlungsmöglichkeiten. Um handlungsfähig zu werden, braucht das Individuum jedoch Orientierungs- und Entscheidungshilfen für sein Verhalten. Diese Hilfen werden gesellschaftlich, z.B. in Form von Institutionen, vermittelt.

2. Ein anderer Aspekt der Instinktarmut ist die Verformbarkeit der menschlichen Triebenergie. Die vitalen Energien des Sexualtriebes werden zum einen für den Aufbau und die Differenzierung des psychischen Apparates mit der Entwicklung von *Ich* und *Über-Ich* benötigt, zum anderen werden über das lebenslang wirksame Muster der ,,Energieumverteilung" die psychischen

Voraussetzungen für den Aufbau differenzierter Beziehungen zu anderen Menschen und die Teilnahme am System gesellschaftlicher Arbeitsteilung geschaffen.

6.3 Eine soziologische Perspektive: Sozialisation als Aneignung von Umwelt

Instinktarmut, Weltoffenheit und Formbarkeit der Triebenergie auf seiten des Individuums sowie die gewachsenen und tradierten Institutionen, Routinen und Strukturen auf der Seite der Gesellschaft kennzeichnen — wie aufgezeigt — die Grundkonstellation einer soziologischen Sozialisationsperspektive.

Sozialisation als Arrangement zwischen Individuum und Gesellschaft

Zunächst ist daher festzustellen, daß für den Soziologen Sozialisation ein Arrangement zwischen Individuum und Gesellschaft ist. Wenn zwei Parteien „sich arrangieren", deutet dies im alltäglichen Sprachgebrauch in der Regel einen Kompromiß an, eine Vereinbarung also, bei der jede Partei zum Zwecke der Einigung auf einen Teil eigener Interessendurchsetzung verzichtet. Dieses Bild läßt sich auf die soziologische Sichtweise von Sozialisation übertragen: Sozialisation als Kompromiß bedeutet, daß das Individuum mehr oder weniger stark die Bedingungen, die in einer Gesellschaft für die grundlegende Organisation des Zusammenlebens wirksam sind, akzeptieren muß. Auf der anderen Seite des Kompromisses „verzichtet" die Gesellschaft auf einen Teil ihrer Kontroll- und Sanktionsmöglichkeiten.

Es ist offenkundig, daß die Verhandlungschancen im Kompromißverfahren zwischen Individuum und Gesellschaft von Beginn an sehr ungleich verteilt sind. So sind bereits die Regeln, nach denen „verhandelt" wird, aufgrund derer also die Auseinandersetzung zwischen beiden Parteien erfolgt, durch die Gesellschaft vorgegeben. In der Auseinandersetzung mit dem Individuum läßt sich die Gesellschaft jeweils durch Agenten (z.B. Eltern, Erzieher, Lehrer, Ausbilder) und Agenturen (z.B. Familie, Kindergarten, Schule, Betrieb) vertreten, die fast immer für einen Spezialbereich zuständig sind. Nicht selten sind sie für ihre Aufgaben sogar eigens ausgebildet (z.B. Kindergärtner, Lehrer). Bemerkenswert ist, daß gerade die grundlegende „Bearbeitung" des Individuums weitgehend durch unbezahlte Agenten (Eltern) erledigt wird, deren Qualifikationen sehr unterschiedlich sind, die im großen und ganzen jedoch recht zuverlässig die Interessen ihres Auftraggebers vertreten. Man kann es auch so sagen: ihr Einfluß ist ziemlich flächendeckend.

Das Wissen der Agenten — die Abhängigkeit des Kindes

In jedem Fall haben die Agenten der Gesellschaft bei dem gerade geborenen Gesellschaftsmitglied „leichtes Spiel". Die Agenten wissen, worauf es ankommt, wie ihre Aufgabe lautet und welche Mittel ihnen zur Verfügung stehen. Das Kind dagegen hat in diesem Sinne überhaupt noch kein „Wissen"; es ist körperlich, geistig und emotional völlig abhängig von den für es zuständigen Agenten, die es deshalb mühelos auf die Regeln festlegen können, die für die „eigentliche" Auseinandersetzung zwischen Individuum und Gesellschaft Gültigkeit haben. *Die Entwicklung einer „unabhängigen Persönlichkeit" setzt also das weitgehend vergesellschaftete Subjekt bereits voraus.*

Wenn wir bildhaft Sozialisation als Kompromiß zwischen Individuum und Gesellschaft beschreiben, müssen wir betonen, daß Verhandlungs- und Auseinandersetzungsfähigkeit des Individuums bereits ein gesellschaftliches Produkt ist und nicht von vornherein als anthropologische bzw. biologische Voraussetzung eingebracht werden kann. Sozialisation als Entfaltungschance für Individualität und Persönlichkeit setzt unabdingbar die Verinnerlichung gesellschaftlicher Grundmuster voraus.

Wie läßt sich nun begründen, daß wir trotz der offenkundig extrem ungleichen Einflußmöglichkeiten von ,,Individuum" und ,,Gesellschaft" Sozialisation nicht als einseitigen Prägevorgang verstehen, sondern als ,,Aneignung von Umwelt" beschreiben? Wäre Sozialisation nur und ausschließlich eine Bestimmung und Festlegung des Individuums durch gesellschaftliche Strukturen, so wären wir kaum mehr als soziale Roboter, deren Verhalten programmgemäß abläuft und vorhersehbar ist und die die alltägliche Qual (oder Freude) des Entscheidens, Wählens und Erfindens von Handlungsmöglichkeiten nicht kennen. Tatsächlich aber werden wir nicht nur von der Umwelt benutzt, sondern umgekehrt benutzen wir auch unsere Umwelt, um individuelle Interessen und Bedürfnisse zu befriedigen. Das führt uns zu der Formel von Sozialisation als ,,Aneignung von Umwelt". *[Aneignung von Umwelt]* *[Der wechselseitige Einfluß]*

> Der Gedanke der Aneigung findet sich auch in anderen sozialisationstheoretischen Ansätzen, beschreibt allerdings eine andere Perspektive als die von uns entwickelte.
>
> Wir werden unsere soziologische Perspektive an dieser Stelle in relativ dichter Form darstellen. Alle nachfolgenden Kapitel sind inhaltliche Konkretisierungen wichtiger Aspekte dieses Grundverständnisses. Wenn Ihnen also einzelne Gedanken aufgrund der Dichte auf Anhieb nicht ganz verständlich sind, sollte Sie das nicht beunruhigen. In den anderen Kapiteln zum Thema werden wir Gedanken und Argumente ausführlicher entwickeln. Vielleicht lesen Sie nach Durcharbeitung dieses Teils mit ,,geschärftem Blick" noch einmal die Darstellung von ,,Sozialisation als Aneignung der Umwelt". Die verdichtete Form sollte Ihnen dann eine Hilfe für die Ordnung und Strukturierung der vielen Einzelinformationen über ,,Sozialisation" sein.

Im Vorgang der Umweltaneignung sind uns mehrere Aspekte wichtig. Zum einen bedeutet Aneignung, daß das Individuum über die Fähigkeiten verfügt, gestalterisch auf die eigenen Beziehungen zur Umwelt (bzw. zu Teilen der Umwelt) einzuwirken. Das heißt, Aneignung geht über ein bloßes ,,Zu-eigen-Machen" im Sinne der Identifikation mit der gegebenen Umwelt hinaus. Um gestalterisch auf Umweltbeziehungen einwirken zu können, reicht es nicht aus, als Teilnehmer ein Stück Umwelt ,,in Besitz" zu nehmen. Aneignung erfordert mehr als Teilnahme, Besitz und Identifikation, nämlich *reflexive Distanz* gegenüber den Objekten der Umweltaneignung. Erst reflexive Distanz ermöglicht den Sprung vom Beherrscht-Werden durch die Regeln der Umwelt zum Beherrschen der Umwelt durch kreativen, interessengeleiteten Umgang mit ihren Regeln. *[Aneignung als Gestaltung von Umweltbeziehungen]* *[Aneignung durch reflexive Distanz]*

Aus unserer Perspektive können Gegenstand, Mittel und Ziel von Aneignungsprozessen folgendermaßen beschrieben werden: *[Aspekte der Aneignung:]*

Gegenstand sozialisatorischer Umweltaneignung sind die sozialen Positionen und Rollen einer Gesellschaft. *[— Gegenstand]*

Mittel der Aneignung sind *[— Mittel]*

— Fähigkeiten (z.B. Sprache bzw. Ausdrucksvermögen)
— Fertigkeiten (z.B. ,,Kulturtechniken", manuelle Grundfertigkeiten)
— Kompetenzen (z.B. soziale Kompetenzen, Empathie, Beherrschung der Basisregeln)

— Wissen (technisch-instrumentelles Wissen in Form von ,,Kenntnissen''
sowie strukturelles Wissen, z.B. als nichtreflexives Wissen um die Bedeutung von Dingen und Situationen, das in der Form ,,abgelagerter''
Handlungs- und Interaktionserfahrungen wirksam bleibt, vgl. dazu Kap.
10.1)
— materielle Ressourcen (z.B. Geld, Besitz)
— Rechte und Berechtigungen (z.B. aktives und/oder passives Wahlrecht,
Führerschein, Hochschulzugangsberechtigung)

— Ziele *Ziele* von Aneignungsprozessen sind:

— die Herstellung positiver Identität als gelungene Vermittlung von Individuum und Gesellschaft,
— die ,,optimale'' Befriedigung psychosozialer Bedürfnisse in allen Lebensbereichen bzw. sozialen Zusammenhängen sowie
— aus der Sicht ,,der'' Gesellschaft Funktionserfüllung als Beitrag zur Stabilität und Innovation als Beitrag zur Weiterentwicklung.

Es soll ausdrücklich betont werden, daß diese Ziele keine pädagogischen Vorgaben sind. Das heißt, diese Ziele werden von niemandem aufgestellt oder zur
,,Norm'' bzw. ,,Idealvorstellung'' von Sozialisation erhoben. Vielmehr sind
diese Ziele der Logik von Aneignungsprozessen immanent, es sind analytische
Entwicklungstendenzen bzw. -möglichkeiten, die ,,automatisch'' in jenen Prozessen enthalten sind, die wir als sozialisatorische Umweltaneignung gekennzeichnet haben. Sozialisation als Aneignung von Umwelt ist ein lebenslanger
und lebenslang konfliktreicher Prozeß, weil ,,gesellschaftliche'' Interessen
(Funktionalität) und ,,individuelle'' Interessen (Bedürfnisbefriedigung, Identität) keineswegs von vornherein oder gar ,,natürlich'' übereinstimmen. Indem
wir Aneignungsprozesse als Vorgänge des Interessenausgleichs von Individuum
und Gesellschaft beschreiben, haben wir zu unserem eingangs gewählten Bild
,,Sozialisation als Kompromiß'' zurückgefunden. Dieses Bild kann nun allerdings mit schärferen Konturen versehen werden, die die Doppelwertigkeit von
Sozialisation deutlich hervortreten lassen: Die sozialen Rollen und Positionen
einer Gesellschaft als Gegenstände sozialisatorischer Umweltaneignung verpflichten die Gesellschaftsmitglieder keineswegs nur auf eine funktionsorien-
tierte Besitznahme, sondern lassen auch grundsätzlich die Möglichkeit der Beherrschung (Aneignung) zu. Beherrschung im Sinne von Aneignung ist der Bereich aller sozialen Existenz, der Spielräume schafft für Neues, für
Modifikationen des Alten, für Veränderungen. Die Weiterentwicklung der
Strukturen und Beziehungen in einer Gesellschaft kann sich dort vollziehen, wo
sich Gesellschaftsmitglieder Umwelt angeeignet haben. Funktionalität und
Konflikt, Stabilität und Veränderungen sind mithin keine sich ausschließenden
Widersprüche, sondern es sind die notwendigen Kontrapunkte gesellschaftli-
cher Entwicklung.

Diskrepanz zwischen in-
dividuellen und gesell-
schaftlichen Interessen

Sozialisation heißt auch
,,Reproduktion einer Ge-
sellschaft''

,,Sozialisation'' ist also nicht nur die *Einführung des Individuums in die Gesellschaft*, seine Ausstattung mit Fähigkeiten zum ,,Mitmachen''. ,,Sozialisation'' ist
auch die *Reproduktion einer Gesellschaft von Individuen*.

,,Die'' Gesellschaft ist zu ,,ihrer'' Reproduktion auf die Individuen mit deren
anthropologischen und psychischen Bedingtheiten, mit deren Flexibilität, Offenheit und Kreativität ,,angewiesen''. Gesellschaftliche Reproduktion kann
aufgrund dieser Variabilität ihrer Produzenten trotz aller Vorgaben kein origi-

nalgetreues Kopieren sein. Vielmehr können die Gesellschaftsmitglieder die Kontinuität von Gesellschaft nur durch deren Weiterentwicklung sichern (was nicht in jedem Fall auch einen Fortschritt bedeuten muß). Es liegt also gewissermaßen im Interesse der Gesellschaft, ihre Mitglieder nicht ausschließlich auf Bestehendes zu verpflichten, sondern ihnen darüber hinaus sozialisatorische Freiräume zuzugestehen, in denen Tradiertes variiert, Geltendes in Frage gestellt und die Gegenwart mit Bezug auf die Vergangenheit verändert werden kann.

Ein weiterer ganz wesentlicher Aspekt in unserer soziologischen Auffassung von Sozialisation als Aneignung von Umwelt ist die Tatsache, daß Prozesse, Zustände und Chancen der Aneignung extreme qualitative Unterschiede aufweisen. Dies gilt z.B. in *biographischer Hinsicht:* Es ist leicht nachvollziehbar, daß im Laufe des Lebens mit wachsenden Erfahrungen auch Fähigkeiten, Kompetenzen, Wissen und häufig auch materielle Ressourcen und Berechtigungen zunehmen bzw. ,,angehäuft" werden. Je mehr Fähigkeiten erlernt und entwickelt werden (oder allgemeiner: je mehr Mittel der Umweltaneignung dem Individuum als Potential verfügbar sind), um so größer ist tendenziell auch die relative Autonomie eines Individuums gegenüber seiner materiellen und sozialen Umwelt. Während materielle Ressourcen, Rechte und Berechtigungen erst in späteren Lebensabschnitten Bedeutung für Aneignungsprozesse erlangen, geht es für das Kind darum, grundlegende Fähigkeiten und Fertigkeiten der Sprache, des Denkens, der Körperkontrolle, der sozialen Wahrnehmung und des sozialen Handelns zu entwickeln.

Qualitative Unterschiede von Aneignungsprozessen

Biographische Bedingungen unterschiedlicher Entwicklung

Beispielsweise vollzieht sich in einem bestimmten Abschnitt der Kindheit Aneignung wesentlich auch durch wachsende Körperkontrolle. Indem das Kind lernt, Dinge zielgerichtet zu greifen und festzuhalten, oder zu laufen lernt, erweitert es jeweils sehr konkret seinen Erfahrungsraum und seine Handlungsmöglichkeiten. Indem es seine Umwelt vergrößert, erwirbt es ein Stück Freiheit in dieser Umwelt und gegenüber der Umwelt.

Die zentralen Aneignungsprozesse der Kindheit vollziehen sich durch das Erlernen der Grundstrukturen (bzw. -regeln) der Sprache, des Denkens und der Interaktion. In diesen Lernvorgängen wird Umwelt in zweifacher Hinsicht angeeignet: einmal indem die Voraussetzungen erworben werden, sich überhaupt als gesellschaftliches Wesen bewegen und Rollen übernehmen zu können; zum anderen dadurch, daß das Kind ein Stück Umwelt ,,in sich hineinnimmt". Erst wenn Umwelt sprachlich/gedanklich für das Kind verfügbar ist, kann es diese Umwelt zum Gegenstand eigenen Handelns machen und — im günstigsten Fall — zur Befriedigung seiner Bedürfnisse benutzen.

Mit diesen Grundlagen sozialisatorischer Umweltaneignung werden wir uns in dem nachfolgenden Kapitel 7 ausführlich beschäftigen.

Hinsichtlich der qualitativen Differenzierung von Aneignungsprozessen in einer biographischen Perspektive können wir festhalten, *daß im Lebensablauf tendenziell die Möglichkeiten zur Aneignung von Umwelt wachsen* (auf die besondere Problematik alter Menschen, die zum Teil einschränkende Sozialisationserfahrungen machen, gehen wir hier nicht ein).

Eine unterschiedliche Qualität von Aneignung ist stets auch in *entwicklungslogischer* Hinsicht gegeben. Als Prozeß der Aneignung kann eben nicht nur der *Zustand* der Beherrschung (Aneignung) verstanden werden, sondern müssen auch die diesem Zustand logisch vorgelagerten Entwicklungsphasen berücksichtigt werden. Wir können grob drei Phasen unterscheiden:

Entwicklungslogische Phasen der Aneignung

1. *Die Phase des Lernens.* Das Individuum erschließt einen neuen Lebensbereich, der sich in einer bestimmten sozialen Position mit verschiedenen Rollenbeziehungen konkretisiert. ,,Fehler" im Rollenspiel werden durch Umweltreaktion immer wieder erkennbar, so daß sich mit zunehmender Häufigkeit der Interaktion die Struktur der mit einer Rolle verbundenen Verhaltenserwartungen herauskristallisiert.

2. *Die Phase der Identifikation.* Das Individuum hat sich die Erwartungen und Normen einer Rolle ,,zu eigen gemacht". Es kennt alle wichtigen Regeln und weiß, die Regeln ,,richtig" anzuwenden, so daß es von seiner sozialen Umwelt als kompetenter Rollenspieler identifiziert und bestätigt wird. Die Bestätigung als kompetenter Rollenspieler durch die soziale Umwelt bewirkt, daß sich das Individuum schließlich der Umwelt gegenüber selbst als Träger dieser Rolle identifiziert, d.h. mit einem bestimmten Handeln und Verhalten auftritt, das es als Interpreten einer bestimmten Rolle ausweist. ,,Identifikation" im hier verstandenen Sinne bedeutet also nicht ,,positive Bejahung", ,,Dahinterstehen", sondern ist ein vorbewußter, nichtreflexiver Vorgang, der unabhängig davon ist, ob das Individuum sich in seiner Rolle ,,wohlfühlt" oder nicht.

3. *Die Phase der Aneignung.* Das Individuum kann Regeln nicht nur den jeweiligen Handlungssituationen entsprechend rollenkonform anwenden, sondern es kann sie reflexiv anwenden. Es kennt nicht nur die Regeln, sondern auch deren Zweck, Veränderbarkeit und Reichweite. Das Individuum steckt nun nicht mehr ,,mitten drin", es ,,geht nicht" mehr in den Erwartungen ,,auf", es steht ein Stück ,,über den Dingen", so daß es gewissermaßen zum Beobachter des eigenen Rollenhandelns werden kann. Diesen Sachverhalt hat *Plessner* als ,,exzentrische Positionalität" bezeichnet. (3. A. 1975, S. 325 f) Es kann Interessen, die nichts mit der Rolle zu tun haben, ein Stück weit einbringen und zum Maßstab seines Rollenhandelns machen und erkennt vielleicht, daß seine Rollenpartner dies ebenfalls tun. Das Einbringen ,,rollenfremder" Interessen bedeutet, die Spielräume in der sozialen Umwelt auszuloten und zu benutzen. Rollenkonformität ist nicht mehr Selbstverständlichkeit und Selbstzweck wie in der Phase der Identifikation, sondern wird Gegenstand spielerischer und gestalterischer Auseinandersetzung.

Diese Phasen kennzeichnen unterschiedliche Qualitäten des Aneignungsprozesses und beschreiben die Auseinandersetzung des Individuums mit jeder Rolle bzw. mit jedem neuen Rollenaspekt. Wir können jedoch annehmen, daß mit zunehmenden Erfahrungen in der Übernahme von Rollen und der Aneignung von Umwelt die Phasen schneller durchlaufen werden bzw. einander stärker überlagern.

Die Auseinandersetzung mit den Rollen sowie die Voraussetzung und Konsequenzen reflexiver Rollendistanz werden uns eingehend in Kapitel 8 beschäftigen.

Nicht nur in zeitlich vetikaler, also: biographischer Hinsicht unterscheiden sich die Qualitäten von Aneignungszuständen, -prozessen und -möglichkeiten, sondern auch in der horizontalen Perspektive einer differenzierten Alltagswelt gibt es erhebliche Unterschiede. Damit ist gemeint, daß sich in der Alltagswelt jedes Individuums verschiedene Lebensbereiche unterscheiden lassen, die man

auch als Bestandteile der spezifischen Umwelt des Individuums kennzeichnen kann. In den jeweiligen Teilumwelten eines Lebens kann nun zum gleichen Zeitpunkt ein ganz unterschiedliches Maß bzw. eine unterschiedliche Qualität der Aneignung gegeben sein.

Als grob vereinfachendes Beispiel können wir den Bandarbeiter nennen, dessen Berufsrolle schon strukturell ganz begrenzte Aneignungsmöglichkeiten bietet. Reflexive Distanz zu dieser Rolle ist ihm bestenfalls außerhalb der Rolle, aber nicht in der Rolle möglich, wenn er unter den Betriebsbedingungen einsatzfähig (funktionsbereit) bleiben will. Als begeisterter Hobbysportler hat er sich jedoch in seiner Freizeit im Sportverein engagiert und ist auf der letzten Mitgliederversammlung zum zweiten Vorsitzenden gewählt worden. Die Rollenbeziehungen in diesem Teilbereich seiner Alltagswelt befriedigen mehr und intensiver psychosoziale Bedürfnisse als das für seine beruflichen Rollenbeziehungen gilt. Im Verein kann er vielfältige ,,persönliche" Interessen ausleben und mithin auch gestalterisch auf seine Umweltbeziehungen einwirken.

Aus einer etwas anderen Perspektive können wir sagen, daß die Positionen und Rollen der alltagsweltlichen Lebensbereiche sich danach unterscheiden, welche Möglichkeiten und Intensitäten der Aneignung sie zulassen bzw. welche *Mittel* für den Aneignungsprozeß Bedeutung haben.

Anschließend an unser Beispiel ließe sich etwa feststellen, daß dieselbe Person als Sportler und Vereinsvorstand Kenntnisse, soziale Kompetenzen, soziales Wissen, Fertigkeiten, Rechte und vielleicht auch Berechtigungen (z.B. eine Lizenz vom zuständigen Sportverband) benötigt, die für die Berufsrollenbezüge weitgehend irrelevant sind. Wollte der Bandarbeiter seine sozialen Kompetenzen und sein soziales Wissen in seine Berufsrolle einbringen, um hier ein größeres Maß an Aneignung zu erreichen, wäre er auf Rollenbezüge verwiesen, die ganz unmittelbar mit seiner Tätigkeit am Band nichts zu tun haben, sondern auf die umgebenden größeren sozialen Zusammenhänge (Betrieb, Gewerkschaft) verweisen (z.B. Mitarbeit im Betrieb).

Damit haben wir den *sozialstrukturellen Aspekt* qualitativer Differenzierung von Aneignungsphänomenen angesprochen. Aneignung von Umwelt beinhaltet nicht nur den Aspekt, daß wir in Rollen unserer Alltagswelt mehr oder weniger gut zurechtkommen, Identität entwickeln und Freiräume erarbeiten, sondern bezieht sich auch auf die Tatsache, daß die Positionen und Rollen einer Gesellschaft keineswegs beliebig zugänglich sind. Sie unterscheiden sich ganz erheblich danach, welche Chancen der Aneignung sie überhaupt beinhalten und welche Mittel für den Zugang, als Teilaspekt von Aneignung, vorausgesetzt werden.

Sozialstrukturelle Differenzierung von Aneignungsqualitäten

Es gibt allerdings Rollen, die man nicht erwirbt, sondern die einem zugewiesen werden, z.B. Geschlechtsrolle, Altersrolle — auf eine Differenzierung der Rollentypen werden wir hier verzichten.

Dabei gilt, daß wir nur in Grenzen versuchen können, Positionen zu besetzen und Zugang zu Rollen zu erhalten, von denen wir annehmen, daß sie für die Verwirklichung eigener Interessen besonders geeignet sind. Die gesellschaftlichen Mechanismen der Rollenzuweisungen, der Selektion und der Sanktionierung sorgen dafür, daß wir alle auch mehr oder weniger, dauerhaft oder kurzfristig in Rollen handeln, in denen wir uns unwohl fühlen, unsicher sind, Zwang und Druck empfinden, weniger oder keine Bedürfnisse psychischer oder sozialer Art befriedigen können und in denen uns unsere Identität problematisch wird. Dies ist gewissermaßen der noch ,,sichtbare" andere Teil der Wechselbeziehung zwischen Individuum und Gesellschaft, nämlich die *Aneignung der Individuen durch gesellschaftliche Strukturen*. In diesen Rollenbezie-

Die Aneignung der Individuen durch gesellschaftliche Strukturen

hungen werden wir durch die Umwelt benutzt; wir funktionieren, wie „alle Welt" es von uns erwartet, und sind uns dabei selbst weitgehend entfremdet.

Entfremdung als Gegenstück zu Aneignung

„Entfremdung" ist das psychosoziale Gegenstück zur „Aneignung", ein Zustand, in dem das Individuum kaum Chancen hat, eigene Interessen gegenüber den gesellschaftlichen Interessen an seinem „reibungslosen Funktionieren" durchzusetzen. „Entfremdung" und „Aneignung" sind komplementär: In dem Maße, in dem sich ein Individuum einen Teil seiner sozialen Umwelt aneignet, sinkt das Maß der Entfremdung (und umgekehrt). Wie „Aneignung" ist auch „Entfremdung" eine Qualität einzelner Sozialbeziehungen. Gründen solche Beziehungen auf Freiwilligkeit (z.B. Partnerschaft, Vereinszugehörigkeit), werden sie üblicherweise aufgegeben. Die Freiwilligkeit findet allerdings ihre Grenzen in der Notwendigkeit physischer, sozialer und psychischer Existenzsicherung, mithin letztlich in der Tatsache, daß wir nicht als autonome Einzelwesen existieren können, sondern auf unsere Teilnahmemöglichkeit am „Unternehmen Gesellschaft" angewiesen sind. „Angewiesen sein" bedeutet immer

Angewiesenheit auf Gesellschaft

ein Stück weit Bedingungen „der" Gesellschaft akzeptieren zu müssen. Diese Bedingungen folgen dem gesellschaftlichen Interesse am Funktionieren des „Ganzen" und nehmen im Zweifelsfall wenig Rücksicht auf individuelle Interessen, sie nehmen die Entfremdung gewissermaßen „in Kauf".

Als Akt der „Fürsorge" produziert „die" Gesellschaft allerdings auch Ideologien, Legitimationen und Deutungsmuster, die Entfremdungen begründen, verschleiern oder rechtfertigen, damit sie besser ertragen werden können.

„Aneignung" und „Entfremdung" sind extreme, „idealtypische" Zustände. In jeder konkreten Existenz mischen sich beide Zustände, ihre Kombination gibt den personspezifischen Stand der Auseinandersetzung zwischen Individuum und Gesellschaft an.

Unterschiedliche Chancen der Aneignung

Wir können nun allerdings nicht so tun, als begännen alle Kinder ihre Auseinandersetzung um eine positive Bilanz zwischen Aneignung und Entfremdung mit gleichen Chancen. Wenn wir noch einmal an die Mittel der Aneignung denken, leuchtet schnell ein, daß diese Mittel zu einem wesentlichen Teil direkt oder indirekt, materiell oder sozial „vererbt" werden. Das heißt, das „Startkapital" für die Aneignung von Umwelt ist zwischen den Kindern einer Gesellschaft stets sehr ungleich verteilt. Das, was die Umwelt (zunächst in der Regel die Familie) Kindern als Sozialisationsbedingungen „anbietet" (sprachliches Ausdrucksniveau, Formen des Umgangs miteinander, Formen des Umgangs mit der außerfamiliären Welt, Vorleben „selbstverständlicher" Werthaltungen u.v.a.), prägt — nicht immer entscheidend, aber stets nachhaltig — die Alltagswelt des Kindes, die Denk- und Handlungsmuster, die ihm selbstverständlich werden. Die Mittel der Aneignung sind daher — in der Konkretisierung strukturell unterschiedlicher Sozialisationsbedingungen — „von Geburt an" unterschiedlich verteilt.

Die unterschiedlichen Chancen, jene Fähigkeiten, Kompetenzen und Formen des Wissens zu erwerben, die es letztlich ermöglichen, gestalterisch auf die Beziehungen zur Umwelt einzuwirken (also Umwelt anzueignen), haben im weiteren Lebensablauf dann auch Konsequenzen für den Erwerb formaler Berechtigungen. Prägnantes Beispiel ist der Zusammenhang zwischen Sozialisationsbedingungen und schulischem bzw. beruflichem Qualifikationsniveau.

Die Beschäftigung mit Sozialisation bedeutet also nicht nur die Überlegung „wie wir werden, was wir sind", sondern beinhaltet auch die Wahrnehmung der Tatsache ungleich verteilter Chancen zwischen den Individuen, die in der Auseinandersetzungen mit der Gesellscchaft versuchen, Entfremdungen zu verringern und Aneignungen von Umwelt zu vergrößern. Die ungleiche Verteilung von Mitteln der Aneignung auf der Seite der Individuen sowie die Tatsache, daß auf Seiten der Gesellschaft vor Positionen mit besseren Aneignungschancen Barrieren errichtet werden, deren Überwindung bereits in hohem Maß die Verfügung über aneignungsrelevante Mittel voraussetzt, schafft relative Kontinuität der Gesellschaft auch in der Perspektive sozialer Ungleichheit. Mit Zusammenhängen zwischen Sozialisationsbedingungen und Chancenverteilung beschäftigen wir uns ausführlich in Kapitel 10.

Zum Abschluß können wir nunmehr unser Verständnis von ,,Sozialisation'' definitionsartig folgendermaßen zusammenfassen:

Unsere Definition von ,,Sozialisation''

> Unter Sozialisation verstehen wir einerseits jene Prozesse, in denen eine Person soziale Handlungsfähigkeit und Identität erwirbt und sichert. Insofern ist Sozialisation ein lebenslanger Prozeß der individuellen Aneignung der gesellschaftlichen Umwelt.
>
> Andererseits verstehen wir unter Sozialisation auch jene Prozesse, vermittels derer eine Gesellschaft ihre Mitglieder dazu bringt, ihre Normen und Werte anzuerkennen sowie ihren Funktionsansprüchen zu genügen. Insofern beinhaltet Sozialisation auch alle Vorgänge der Aneignung der Individuen durch die Gesellschaft.

7. Zwischen Bestimmtheit und Selbstbestimmung: Interaktion und Rollenübernahme

Nachdem wir Ihnen unsere soziologische Perspektive von *Sozialisation als Aneignung* von Umwelt in ,,geballter" Form präsentiert haben, wollen wir nun aus dieser Perspektive den Sozialisationsprozeß von seinen ersten Abschnitten nach der Geburt eines Kindes bis zur Herstellung von Identität verfolgen. In diesem Prozeß scheinen uns die Bedingungen, Möglichkeiten und Konsequenzen menschlicher *Interaktion* von besonderer Bedeutung und von hohem Erklärungswert zu sein. Eine interaktionistische Perspektive ist deshalb der zweite ,,rote Faden", den wir in unsere Darstellung ,,einweben". Wir beginnen mit der vorsprachlichen Interaktion.

7.1 Vorsprachliche Interaktion

Die Ausgangsfrage ist, wie sich die ersten Aneignungsprozesse von ,,Gesellschaft" im Leben des ,,unfertigen" Kindes vollziehen. Bereits der Säugling erlernt auf einer sehr einfachen Ebene einen wichtigen Aspekt von Interaktion: Die Wahrnehmung von Erwartungen des Anderen. Dieser ,,Andere" ist bei den in unserer Gesellschaft nach wie vor üblichen Betreuungsformen in der Regel die Mutter. Aus diesem Grunde nehmen wir im folgenden vereinfachend an, daß die Mutter zentraler Partner für das Kleinkind im Aufbau interaktiver Beziehungen zur Umwelt ist.

Ein wichtiger Aspekt der Interaktion: Die Wahrnehmung von Erwartungen

Die Wahrnehmung von Erwartungen des Anderen (Mutter) wird erlernt durch die unterschiedlichen Reaktionen auf das eigene (d.h. des Säuglings) Verhalten. Dieses Verhalten ist — sozusagen in seiner ,,Urform" — erst einmal von grundlegenden körperlichen und emotionalen Bedürfnissen gesteuert. Die Mutter reagiert aber nicht gleichförmig (,,automatisch") auf Bedürfnisäußerungen und Verhaltensweisen des Kindes, sondern reagiert auf gleiche Verhaltensäußerungen unterschiedlich — je nach der Bedeutung der Dinge bzw. der Situation in der Erwachsenenwelt. Beispielsweise lernt das Kind allmählich zu unterscheiden, daß es etwas anderes ist, ob es sich an den Ohranhängern der Mutter festhält und daran zieht, oder ob es gleiches mit seiner Schlafdecke tut. Das Kind lernt also aufgrund der Reaktion der Mutter, den gleichen motorischen Impuls (festhalten und ziehen) mit differenzierten Bedeutungen zu verbinden. Die schimpfende oder besorgte Stimme oder auch die unterbrechende Handbewegung der Mutter wirkt im Beispiel dem Handlungsimpuls des Kindes entgegen und vermittelt sowohl die Erfahrung von sich unterscheidenden Objekten als auch die Erfahrung von unterschiedlicher Tauglichkeit von Objekten für die Bedürfnisbefriedigung.

Verknüpfung von Verhalten mit unterschiedlichen Bedeutungen

In diesen Lernprozessen wird nicht nur die unterschiedliche Bedeutung von Objekten der Umwelt vermittelt, vielmehr macht das Kind gleichzeitig die Erfahrung regelhaft wiederholter unterschiedlicher Erwartungen an das eigene Verhalten. Das heißt, das Kind lernt nicht nur zwischen den *Bedeutungen von Dingen* zu differenzieren, sondern es lernt auch, daß es sich im Umgang mit diesen Dingen *unterschiedlich verhalten soll*.

Differenzierung von Bedeutungen und Verhaltenserwartungen

Mit zunehmender körperlicher Entwicklung des Kindes vergrößern sich seine motorischen Fähigkeiten: Es lernt zu greifen, Dinge in den Mund zu nehmen, zu laufen usw. Es lernt also, Muskelbewegungen zu kontrollieren und zu koordinieren, und erwirbt damit eine Grundvoraussetzung zielorientierten Handelns. Die Kontrolle des Bewegungsapparates führt dazu, daß sich eigenständige, intentionale Beziehungen zu den Objekten der Umwelt aufbauen können. Damit vergrößert sich der Aktionsradius des Kindes und parallel dazu auch der Bereich kontrollierender Eingriffe und Reaktionen der Mutter. Da das Kind erst einmal nichts oder sehr wenig darüber weiß, daß die Welt, in der es sich zu bewegen beginnt, zahlreiche Gefahren bereithält, nutzt es ,,naiv" die gerade erworbenen Handlungsmöglichkeiten. Es weiß nicht, daß Regeln existieren, die den Umgang mit Sachen und Menschen eingrenzen. Hier tritt die Mutter als Repräsentantin gesellschaftlicher Regeln bzw. als ,,Agentin" der Gesellschaft mit ,,Erziehungsauftrag" auf und macht dem Kind durch ihre Reaktionen die unterschiedliche Bedeutung von Dingen und Objekten sinnfällig klar. Man könnte auch sagen, sie bemüht sich, eine ,,erste Ordnung" in die ständig wachsende Welt des Kindes zu bringen.

Verbesserung der motorischen Fähigkeiten erweitert den Handlungs- und Erfahrungsraum

Die Mutter als ,,Agentin" von Gesellschaft

In der Interaktion mit der Mutter werden Erwartungen vermittelt darüber, was das Kind soll, was es darf und was es nicht darf. Im Wege der Identifikation mit der Mutter (die ja Quelle der Befriedigung aller wesentlichen Bedürfnisse ist) lernt das Kind nicht nur, Erwartungen zu erkennen und Situationen zu unterscheiden, die mit bestimmten Erwartungen verbunden sind, sondern es lernt allmählich auch, sich in die Mutter hineinzuversetzen, die Dinge mit den Augen der Mutter zu sehen. Die Mutter wird einerseits zum Modell, dem das Kind das ,,richtige" Verhalten abguckt, und andererseits zu einer Art Ideal, dem man das richtige Verhalten zutraut. Die Verbindung Vorbild — Vertrauen ist gerade in der frühkindlichen Sozialisation eine sehr enge.

Übrigens läßt sich hier bereits darauf hinweisen, daß man Sozialisation nicht als einseitigen Prägevorgang verstehen darf. Auch das Kleinkind versucht schon, eigene Interessen gegenüber den Ansprüchen der Mutter durchzusetzen. Also auch Interaktionsprozesse im Rahmen der frühkindlichen Sozialisation sind durch eine spezifische Komplementarität gekennzeichnet: Die Mutter erkennt die auf sie bezogenen Bedürfnisse des Kindes als soziale Erwartungen hinsichtlich ihres eigenen Verhaltens gegenüber dem Kind. Indem sie sich an diesen Erwartungen im eigenen Handeln orientiert, wird Sozialisation zu einem doppelseitigen Geschehen. Auf der einen Seite wird das Kind grundlegend mit den Mustern sozialen Verhaltens vertraut gemacht. Auf der anderen Seite ist aber auch die Mutter in einen Sozialisationsprozeß eingebunden. Wie sie ihre Mutterrolle erlernt und ,,spielt", wird wesentlich durch die Interaktion mit dem Kind beeinflußt. Bei all seiner Abhängigkeit ist das Kleinkind doch von Anfang an in seinen sozialen Beziehungen ziemlich einflußreich — obgleich es recht lange dauert, bis für diese Tatsache ein Bewußtsein entsteht. Die natürliche Reaktion, Unbehagen durch Weinen zum Ausdruck zu bringen, wird erst allmählich re-

Auch primäre Sozialisation ist keine einseitige Prägung

flektiert. Sie kann eine instrumentelle Funktion erhalten, wenn das Kind lernt, daß die Mutter auf Weinen in einer bestimmten, angenehmen Weise reagiert.

Allerdings unterscheiden sich die wechselseitigen Einflüsse in ihrem jeweiligen Gewicht: Während die Mutter für das Kind anfangs einen besonders hohen, nahezu durch Ausschließlichkeit charakterisierten Stellenwert besitzt, orientiert sich die Mutter in ihrem Verhalten auch an den sozialen Erwartungen anderer — konkreten oder vorgestellten — Menschen. In das Verhalten als ,,Mutter" fließen nicht nur die wahrnehmbaren Erwartungen des Kindes ein, sondern auch die Erinnerung an die Art und Weise, wie ihre Eltern mit ihr umgegangen sind; selbstverständlich ist sie beeinflußt von den Vorstellungen ihres Ehepartners, aber auch die gutgemeinten Ratschläge oder abschreckenden Beispiele von Verwandten, Freunden und Nachbarn wirken auf sie ein. Und schließlich sind die impliziten oder expliziten perfekten Idealbilder, die Fernsehsendungen, Zeitschriftenartikel und Bücher vermitteln, von nicht geringer Bedeutung.

Einflußquellen mütterlichen Verhaltens

Der Sozialisationsprozeß ist in dieser allerersten Lebensphase im wesentlichen durch die unmittelbare Interaktion zwischen Mutter und Kind gekennzeichnet. Die Mutter befriedigt körperliche und emotionale Bedürfnisse des Kleinkindes. Gleichzeitig repräsentiert sie das, was um diese Dyade Mutter — Kind herum existiert. Sie ist die erste Vermittlerin zwischen Kind und Gesellschaft. Diese Beziehung ist exklusiv und von hoher affektiver Qualität. Das erklärt die überragende Orientierungsfunktion dieser allerersten Interaktionserfahrungen.

7.2 Sprache und Denken: Symbolische Aneignung

Die Wahrnehmung von Erwartungen in der Abfolge von Aktion-Reaktion-Gegenreaktion usw. ist keine sehr effiziente Kommunikationsform: Die Grenzen der Sinnherstellung in solchen Interaktionsketten sind schnell erreicht und haben deshalb nur in frühen Lebensphasen ein besonderes Gewicht. Das Gewicht verringert sich in dem Maße, in dem das Kind lernt, Sprache zu gebrauchen und als Medium von Kommunikation und Interaktion einzusetzen.

Wir verstehen *Interaktion* als einen Prozeß des wechselseitigen sinnhaft aufeinander bezogenen Handelns, in dem *Kommunikation* den Teilprozeß tatsächlicher Verständigung über den je gemeinten Sinn repräsentiert. Interaktion ist also auch ohne Verständigung über *gemeinten* Sinn möglich, aber sie ist unserem Verständnis nach stets ein Verständigungsversuch, mithin ein Kommunikationsangebot.

Unterschied:
Interaktion
— Kommunikation

Sprache ist Voraussetzung für den Aufbau komplexer Sozialstrukturen. Man kann das Lernen von Sprache auch als Lernen von Bedeutungen kennzeichnen. Die Sprache eröffnet der durch die primäre Mutter-Kind-Interaktion (Lernen von Objektdifferenzierungen) und die Erweiterung des Bewegungsraumes (Körperkontrolle) eingeleiteten Entwicklung eine neue Qualität. Einen Begriff von einem (psychischen oder sozialen) Objekt zu haben ermöglicht, sich auch in Gedanken mit diesem Objekt auseinandersetzen zu können. Damit befreit das sprachliche Symbol von der Bindung an die physische Präsenz eines Objekts. Das Kind lernt, mit einem Objekt umzugehen, sein Handeln darauf zu beziehen, auch wenn das Objekt sich nicht im Bereich seiner unmittelbaren sinnlichen Erfahrungsmöglichkeiten befindet.

,,Sprache" als Voraussetzung für Verständnis komplexer Bedeutungen

In dem Maße, in dem das Kind Sprache erlernt, wird die konkrete Erfahrung von Umwelt abstrahiert: Das, was ,,real" ist, hat nunmehr eine andere ,,Konsistenz" als zuvor, denn die Symbolik der Sprache bringt die zuvor rein äußerliche ,,Welt" ins ,,Innere" des Kindes. ,,Realität" erhält eine andere Erfahrungsqualität: ,,Wirklich" sind nicht mehr nur die Dinge, die man sehen, hören, fühlen, schmecken oder riechen kann, ,,wirklich" werden mit der Sprache auch die Dinge, die im Geist, Verstand, genauer: im Denken verankert sind.

,,Sprache" abstrahiert Erfahrung und erschließt andere Ebenen der Realität

Tatsächlich sind die Entwicklung der Sprache und die Entwicklung des Denkens (kognitive Entwicklung) sehr eng miteinander verbunden. Die Entwicklung des Denkvermögens ermöglicht dem Individuum, Erfahrungen ,,im Kopf" zu machen, indem die äußerlichen Dinge der Umwelt durch ihre ,,innere" Repräsentation in Form sprachlicher Symbole ,,im Kopf" bewegt werden können. Die jederzeitige Verfügbarkeit von Welt durch Sprachsymbole ermöglicht es erst, Objekte zueinander in Beziehung zu setzen und ,,zusammenzubringen", die physisch vielleicht gar nicht zusammengebracht werden können und auf der Ebene direkter und sinnlicher Erfahrung nur getrennt und einzeln erlebbar sind.

Zusammenhang Sprache — Denken

Das In-Beziehung-Setzen von Objekten ist weiterhin Voraussetzung für die Erkenntnis von Zusammenhängen und Strukturen und für die Einsicht in Existenzbedingungen und Funktionsprinzipien von ,,Welt", die allesamt nur zu einem ganz geringen Teil unmittelbarer sinnlicher Erfahrung zugänglich sind. Erst die gedankliche Repräsentanz von materiellen und sozialen Objekten, Handlungsabläufen, sozialen und nichtsozialen Ereignissen, von Gefühlen und Stimmungen macht ,,denkbare" Verbindungen zwischen allem, was ,,begriffen" ist, möglich. Dieses grundlegende Erkenntnisprinzip wird das ganze Leben lang ,,trainiert" und dadurch allmählich so erweitert und verbessert, daß immer komplexere Zusammenhänge durchschaut werden können. Diese Zusammenhänge bilden die Struktur solcher Ebenen der Wirklichkeit, die eben mit sinnlicher Erfahrung sehr wenig oder gar nichts mehr zu tun haben.

Die Sprache — das haben wir bei der Darstellung der anthropologischen Perspektive von Sozialisation schon angedeutet — entlastet den Menschen von direkter Auseinandersetzung mit konkreten Gegenständen und sozialen Anlässen. Die Sprache schafft insofern Raum für Planung, ermöglicht die Betrachtung unter verschiedenen Perspektiven, ohne daß dies gleich ernsthafte Folgen nach sich zieht. Daß diese Entlastung auf der anderen Seite auch einen ,,Zuwachs an Last", nämlich die ,,Gefahr ständiger Mißdeutung", wie *Plessner* (3. A. 1975, S. XVIf) es nennt, beinhaltet, wollen wir hier nur andeuten. Beim Thema ,,Soziales Handeln" wird dieser Gedanke eine Rolle spielen.

Entlastungsfunktion von Sprache

7.3   Symbolische Aneignung und Interaktion

Das Gegenstück zum sinnlichen ,,Begreifen" ist für das Denken der ,,Begriff". In beiden Fällen geht es — auf unterschiedlichen Ebenen — um die Verfügung (den ,,Zugriff") über Erfahrungsmöglichkeiten. Nur die Dinge, von denen ich einen ,,Begriff", eine Vorstellung habe, sind gedanklich ,,handhabbar". Symbolisiert werden Begriffe durch Worte, die bisweilen nicht nur eine einfache Abstraktion darstellen, sondern für ganze Gedankenketten stehen. So steht z.B.

Zur Bedeutung von ,,Begriff"

Worte als Symbolisierung von Begriffen

das Wort „Essen" nicht nur für den Vorgang der Nahrungsaufnahme, sondern vielleicht für die Erfahrung, daß alle Familienmitglieder gemeinsam um den Tisch sitzen und auch über das sprechen, was sie am Tag erlebt haben. Oder nehmen Sie das Wort „Bildungssystem", das für manche zur Abkürzung wahrhaft lebenslänglicher Aufregung steht.

Die Worte sind gewissermaßen die „Elementarteilchen" im Symbolsystem der Sprache. Mit „Sprache" meinen wir im übrigen nicht ausschließlich die gesprochene (besser die ausgesprochene) Sprache, sondern gleichermaßen die geschriebene Sprache. Wichtig ist, daß Symbole sinnlich wahrnehmbar sind. Beispielsweise ist die Entwicklung des Denkens bei gehörlosen Kindern grundsätzlich nicht beeinträchtigt, weil das sprachliche Symbolsystem auch visuell vermittelbar ist.

Sie kennen Situationen, in denen einem „die Worte fehlen": Man möchte Gefühle erklären, eine neue Erfahrung beschreiben oder soll in einem Weiterbildungskurs das gerade Durchgenommene wiedergeben. Die „Sprachlosigkeit" kann überwunden werden, wenn wir die Gelegenheit haben, das Erlebte gedanklich zu verarbeiten, d.h. durch Denken Erfahrungen zu ordnen, mit Bekanntem zu vergleichen, um Bezüge herzustellen und auf diese Weise sich einen „Begriff von der Sache" zu machen. Denken Sie daran, was wir gerade über die Entlastungsfunktion der Sprache gesagt haben, die Raum schafft für Planung und Perspektivenwechsel. Durch Denken organisieren wir vorab — d.h. vor dem konkreten Handeln — Erfahrungen. *Mead* spricht von einer „zeitweiligen Verzögerung der Handlung, die das Denken ausmacht." (1973, S. 131) Nur was verarbeitet ist, was also „verstanden" wurde, ist mitteilbar.

Alles, wovon wir einen „Begriff haben", ist sprachlich symbolisiert oder kann sprachlich symbolisiert werden. Alles, was symbolisiert werden kann, ist in Interaktionen auch mitteilbar (vorausgesetzt, die Partner sprechen „die gleiche Sprache", d.h. sie verfügen über das gleiche Symbolsystem). Nur was mitteilbar ist, kann auch Realitätscharakter gewinnen. Realität ist keine „freischwebende" Eigenschaft, sondern sie wird immer wieder neu in den Interaktionen zwischen Menschen „hergestellt". **„soziale Realität" wird in und durch Interaktionen konstruiert**

Denken Sie beispielsweise daran, wie sich das Bild von einem Menschen, wie sich dessen „Realität" für Sie verändern kann in dem Maße, in dem Sie mehr von ihm erfahren. So wird aus dem mürrischen unhöflichen Nachbarn, der selten grüßt, vielleicht ein sorgengeplagter, gedankenversunkener Mensch, dem die Schulden über den Kopf wachsen, seit er die Arbeitsstelle verloren hat. Er wäre natürlich auch sorgengeplagt und gedankenversunken, wenn er Ihnen nicht zufällig in der Kneipe von seinen Problemen erzählt hätte. Aber dadurch, daß er Ihnen seine Realität vermitteln kann, wird es eine *gemeinsame*, eine geteilte, eine intersubjektive Realität.

Daß wir unser Handeln an der Realität orientieren, genauer gesagt an dem, was wir für real halten, ist für unser Verhalten gegenüber dem Interaktionspartner entscheidend. Unser Bild von der Realität wird wiederum dadurch bestimmt und verändert, welches Wissen er in Interaktionen über sich vermittelt (grundsätzlich können wir Wissen über ihn natürlich auch in Interaktionen mit Dritten erlangen).

Der Erwerb der Sprachfähigkeit bedeutet den Schritt von der an konkrete Gegenstände und Personen gebundenen zur *symbolischen Interaktion*. So benutzt die Mutter — parallel zur körpersprachlichen Symbolisierung von Erwartungen **„Symbolische Interaktion"** bzw. Bedeutungen (z.B. Tonfall der Stimme, Gesichtsausdruck, Geschwindigkeit von Bewegungen usw.) — verbale Äußerungen, deren Sinn (Bedeutung) der *körpersprachlichen* Symbolisierung entspricht.

Übrigens muß der Sinngehalt von Körper- und Sprechsprache nicht zwangsläufig übereinstimmen. Aus der Schizophrenie-Forschung stammt die sogenannte double-bind-These, die psychische Fehlentwicklungen aus einer gestörten Mutter-Kind-Interaktion ableitet. Die Störung resultiert aus dauerhaft widersprüchlichen Signalen im Kommunikationsverhalten der Mutter, die auf einer Ebene (z.B. verbal) positive Gefühle dem Kind vermittelt, nichtverbal aber Ablehnung signalisiert. So mag die gesprochene Botschaft lauten: ,,Du bis mein liebstes Kind'', während die körperliche Botschaft z.B. bei der Fütterung, bei der die Mutter peinlich Abstand hält, ganz anders lautet. Wo dies zu einem *Muster* der Interaktion wird, ist das Kind in einer ,,Beziehungsfalle'' gefangen und weiß nicht mehr, was ,,wirklich'' gemeint ist.

Unterstützt durch die Imitationslust des Kindes, die begünstigt wird durch wachsende Muskel- und Körperkontrolle, gelingt allmählich die Verknüpfung von konkretem Objekt und sprachlichem Symbol: Das Kind lernt sprechen.

Mit dem Schritt in die ,,Welt der Sprache'' sind die Erwartungen anderer Menschen an das eigene Verhalten sehr viel besser und präziser verstehbar. Ebenso ist es sehr viel leichter, eigene Erwartungen und Bedürfnisse auszudrücken. Aber die Benutzung von Sprachsymbolen garantiert keineswegs ,,automatisches'' Verstehen. Ähnlich wie sich bei der vorsprachlichen Interaktion durch Handlungssequenzen von Aktion-Reaktion-Gegenreaktion allmählich die Grobstruktur gemeinsamer Bedeutung herausbildet, ist auch symbolische (sprachliche) Interaktion ein *Verständigungsprozeß*.

Interaktion als Interpretationsprozeß

Interaktion kann deshalb auch als Interpretationsprozeß beschrieben werden, weil Verständigung letztlich eine fortdauernde Interpretationsleistung beider Interaktionspartner voraussetzt. Sie dient dazu, deutlich zu machen, was wir wollen, und herauszukriegen, was der andere will. Immer geht es um die Anmeldung von Ansprüchen und die Vermeidung von Mißverständnissen.

Diese Interpretationsleistung ist uns im Alltag normalerweise nicht bewußt, weil wir dies von Anfang an gelernt haben und es für uns deshalb ein ,,natürlicher'', selbstverständlicher Bestandteil unserer Alltagsroutine ist. Wir haben ja im ersten Teil ausführlich dargestellt, daß Routine auch eine notwendige

Alltägliche Interaktion erfordert routinisierte Interpretationsleistungen

,,Krücke'' der Lebensbewältigung ist. Da Interpretation und Definition von Realität dem Handeln stets vorangehen, setzt Handlungsfähigkeit gerade im Bereich interaktioneller Interpretationsleistung eine weitgehende Routinisierung voraus. Alltagssituationen besitzen ausgeprägte Merkmale von Standardisierung. Das bedeutet, daß es im Alltag viele ,,Standardsituationen'' gibt, deren Bedeutung gewissermaßen in der Situation selbst liegt bzw. deren Bedeutung sich ,,verselbständigt'' hat, so daß sich Interaktionspartner im Rahmen einer solchen Situation fraglos auf die ,,eingebaute'' Bedeutung beziehen können.

,,Einkaufen'' als Beispiel standardisierter Interaktion

Denken Sie zum Beispiel an die Situation des Einkaufens: Mit dem Betreten des Ladens erhält die Handlung ,,Einkaufen'' für jeden Beteiligten und Beobachter einen bestimmten, schon vorab festgelegten und routinisierten Sinn. Niemand würde das Entnehmen der Ware aus dem Regal als Diebstahl oder die stumme Erwartung der Kassiererin als Vorstufe für einen Raubüberfall halten. Die Standardisierung von Interaktion und Interpretation ist in dieser Situation so groß, daß sie erfolgreich auch ohne Benutzung von Sprache ablaufen könnte.

Der ,,Schritt in die Welt der Sprache'' ist ein Schritt in die Welt der symbolischen Interaktion. Unter dieser Perspektive ist Sozialisation ein Prozeß der wechselseitigen Verständigung über das, was man will und was gelten soll.

7.4 Rollenübernahme und die wachsende Welt: von ,,signifikanten" und ,,generalisierten Anderen"

Sehr viel deutlicher wird der grundlegende Charakter von Interaktion als Interpretationsprozeß in ,,offenen" Situationen. Denken Sie zum Beispiel an die Situation, daß Sie mit jemandem ,, ins Gespräch kommen". Der Mann mit der grünen Badehose aus der Sandburg nebenan steht neben Ihnen und schaut den Kindern im Priel zu. Vorausgesetzt, das Gespräch geht über den Austausch von Stellungnahmen zum Wetter hinaus, werden Sie wahrscheinlich um ein Gefühl der Neugier nicht herumkommen. Sie versuchen Hinweise und Anhaltspunkte zu finden, wer der andere ist, der jeden Morgen mit seiner Tochter und einer Zeitung unter dem Arm auftaucht. Nach Ihrem Kommentar zum lustigen Treiben der Kinder und der tiefschürfenden Bemerkung, daß die Kinder heutzutage ,,doch viel freier" aufwachsen, werden Sie vermutlich herausfinden wollen, ob er Sie verstanden hat, welchen Eindruck Sie ihm vermitteln, wie er das Gespräch bewertet usw. Diese Unsicherheiten sind Zeichen eines aktuellen, wenig routinisierten Interpretationsvorgangs, in dem sich die Partner gewissermaßen an eine gemeinsame Bedeutung von Realität ,,herantasten".

Natürlich sind die Regeln, nach denen sie dieses tun, auch Bestandteil der Alltagsroutine, weil ja die Grundstruktur von Interaktion, Bedeutungszuschreibung und Sinnherstellung stets gleich ist — unabhängig vom Grad der Offenheit bzw. Standardisierung einer Situation.

Die Regeln der Interpretation und Sinnerschließung werden ebenfalls routinisiert

Bleiben wir noch einen Moment bei der Situation des Ins-Gespräch-Kommens. Die Schilderung der Suche nach Hinweisen und Anhaltspunkten, um das Gemeinte ,,richtig" zu verstehen, verweist auf ein zentrales Element von Interaktion und Sozialisation. Um eine Vorstellung davon zu erhalten, was der andere von mir will, wie er mich sieht usw., muß ich versuchen, mich in ihn ,,hineinzuversetzen", seine Perspektive zu übernehmen, mich mit ,,seinen Augen" zu sehen. Und weil jede Interaktion nach bestimmten Spielregeln verläuft und jeder Teilnehmer des ,,Spiels" eine durch soziale Erwartungen umrissene ,,Rolle spielt", wird der Vorgang des Sich-Hineinversetzens im Rahmen einer Interaktion als ,,Rollenübernahme" bezeichnet. Diese Fähigkeit zu erlernen, ist ein entscheidender Schritt in der Sozialisation des Kindes.

,,Hineinversetzen in den Anderen": Perspektiven- und Rollenübernahme

Das Kind erlernt die Rollenübernahme beispielhaft durch Interaktion und Identifikation in der engen Beziehung zur Mutter. In der Identifikation mit der Mutter *erlebt* das Kind sprachlich und nichtsprachlich vermittelte Erwartungen an das eigene Verhalten. Es lernt, sich und sein Verhalten ,,mit den Augen der Mutter" zu sehen, und nimmt gleichzeitig den von ihr vermittelten Sinn, ihre Bewertung und die gemeinte Bedeutung auf. Auf diese Weise wird die Fähigkeit erworben, eigenes Verhalten aufgrund der Reaktion anderer zu beurteilen und sich darüber hinaus einen ,,Begriff" vom Standpunkt des anderen zu machen.

Perspektivenübernahme vermittelt ,,Sinn" und ,,Bedeutung"

Dies wird ganz besonders in den Rollenspielen deutlich, die Kinder in einem bestimmten Alter spielen. Für die Entwicklung der Aneignung der Umwelt und der Fähigkeit, sich in die Rolle wichtiger Bezugspersonen hineinzuversetzen, ist dies eine ganz entscheidende Sozialisationsphase.

Die auf sprachlich-symbolischer Grundlage erworbene Vorstellung vom Standpunkt des Anderen (der Mutter) dem kindlichen Selbst gegenüber schafft die Präsenz dieses Standpunktes im Denken des Kindes. Unabhängig von der Anwesenheit der Mutter kann es nun deren Verhaltenswünsche „sich selbst mitteilen" und eigenes Handeln auf diese Erwartungen beziehen. Rollenübernahme im Rahmen der Primärsozialisation bedeutet also nicht nur, sich in einer andauernden Interaktion in den anderen hineinzuversetzen, sondern die Perspektive der wichtigen anderen Menschen „nach innen zu nehmen", zu internalisieren.

Diese „wichtigen anderen Menschen" werden in der Sozialisationsforschung „Bezugspersonen" oder in Anlehnung an den Sozialpsychologen George Herbert *Mead* (1863-1931) „*signifikante Andere*" genannt. Wir verwenden diesen Begriff, um dadurch die enge Verbindung von Sozialisation und Interaktion anzudeuten.

Auf *Mead* beziehen sich Sozialisationstheorien, die die Interaktion in den Mittelpunkt rücken. Nach diesen Theorien ist der Sozialisationsprozeß eine ständige Auseinandersetzung des Menschen mit signifikanten Anderen. Die signifikanten Anderen sind jene Menschen, zu denen wir eine so enge Beziehung bzw. Bindung haben, daß sie für unser Denken, Handeln und Verhalten wichtige Bezugspunkte sind. Für das Kind ist der Kreis der signifikanten Anderen erst einmal auf die Familie (Eltern, Geschwister) beschränkt, anfangs konzentriert sich die Orientierung sogar ganz auf die Mutter (s.o.). Für den „Fortgeschrittenen" im Sozialisationsprozeß (Jugendlicher, Erwachsener) ist charakteristisch, daß er gelernt hat, auch zu Menschen außerhalb seiner Herkunftsfamilie eine enge Beziehung herzustellen und sie damit zu signifikanten Anderen zu machen.

Der Prozeß der Internalisierung jener Perspektiven der signifikanten Anderen, die dem Kind durch die Rollenübernahme zugänglich werden, ist ein wichtiger Schritt für die Entwicklung dessen, was üblicherweise *Gewissen* genannt wird. Durch die Verinnerlichung hat sich der Standpunkt z.B. der Mutter im Denken des Kindes verselbständigt. Dieser Standpunkt ist zu einem nicht unwesentlichen Teil ein Bündel von Verhaltenserwartungen, so daß diese Erwartungen für das Kind auch dann „lebendig" sind, wenn die Mutter keine unmittelbare Kontrolle ausübt oder gar nicht anwesend ist. So wie die Verhaltenserwartungen nach innen genommen werden, so werden auch die Sanktionen für bewußtes (im Sinne von *gewußt*, nicht unbedingt willentliches) „Fehlverhalten" Gegenstand innerer Prozesse: Das Gegenstück zum Schimpfen der Mutter sind die Schuldgefühle.

> Diesen Prozeß haben wir im 6. Kapitel aus der Sicht der Psychoanalyse als Bildung des *Über-Ich* bezeichnet. Er ist gekennzeichnet durch die Hereinnahme der elterlichen Autorität in das Denken des Kindes. In diesem Zusammenhang sind auch die Aussagen über den Typus des innengeleiteten Menschen noch einmal zu bedenken.

Diese erste Entwicklungsstufe des Gewissens ist an die signifikanten Anderen gebunden. Das ist eine zwangsläufige Bindung, denn „die Welt" besteht für das Kind aus jenen signifikanten Menschen. Sie füllen die Kinderwelt aus, sie „sind" diese Welt. Andere Menschen außerhalb dieser Welt kennt es zunächst nicht oder sie sind beiläufige Randfiguren. Die interaktionelle Rollenübernahme bleibt auf die jeweilige Situation beschränkt, ohne Spuren der Internali-

Begriff: „signifikante Andere"

Internalisierung von Perspektiven als Bestandteil der „Gewissensbildung"

sierung zu hinterlassen. Genau genommen vertritt das Kind anfangs in der Interaktion mit Fremden die Standpunkte seiner signifikanten Anderen, es tritt dem Fremden als Produkt der familialen Welt gegenüber.

Im Verlaufe seiner Entwicklung wird das Kind allerdings merken, daß die „Welt" doch größer ist, als es dachte. Es erkennt, daß die „fremden Randfiguren" seiner Welt auch Wesen ähnlicher Qualität wie die signifikanten Anderen sind und daß sehr vieles, was erst nur Verhaltenserwartungen der „Signifikanten" waren, auch Grundlage des Umgangs mit „Nicht-Signifikanten" ist. Hier beginnt der lange und notwendige Prozeß der Loslösung von der Familie: Der Bezugspunkt eigenen Verhaltens und Handelns verlagert sich langsam von der Familie in die „Gesellschaft". Im inneren Dialog des Kindes in der Auseinandersetzung mit Erlaubtem und Nichterlaubtem wird die „internalisierte Mutter" allmählich durch ein allgemeines „man" abgelöst. Nicht nur die Mutter putzt sich abends die Zähne und erwartet gleiches vom Kind, sondern „alle" putzen sich abends die Zähne, und da sie das schon immer taten und immer wieder tun werden, ist es ein generelles Verhalten: „man" putzt sich abends die Zähne.

Die Erweiterung der „Welt": Veränderung der Wahrnehmung der „Nicht-Signifikanten"

Dieses „man" repräsentiert die Gesellschaft oder — wie *Mead* es ausdrückt — den „*generalisierten Anderen*". Das Gewissen erhält so gewissermaßen seine gesellschaftliche Dimension. Der generalisierte Andere ist der nach innen genommene Standpunkt der Gesellschaft. *Mead* erläutert diesen Übergang am Unterschied zwischen dem Spiel des Kindes (play) und einem Wettkampf (game):

Begriff: der „generalisierte Andere"

„Der grundlegende Unterschied zwischen dem Spiel und dem Wettkampf liegt darin, daß in letzterem das Kind die Haltung aller Beteiligten in sich haben muß. Die vom Teilnehmer angenommenen Haltungen der Mitspieler organisieren sich zu einer gewissen Einheit, und diese Organisation kontrolliert wieder die Reaktion des Einzelnen. Wir brachten das Beispiel des Baseballspielers. Jede seiner eigenen Haltungen wird von den Annahmen über die voraussichtlichen Handlungen der anderen Spieler bestimmt. Sein Tun und Lassen wird durch den Umstand kontrolliert, daß er gleichzeitig auch jedes andere Mitglied der Mannschaft ist, zumindest insoweit, als diese Haltungen seine eigenen spezifischen Haltungen beeinflussen. Wir stoßen somit auf ein ‚anderes', das eine Organisation der Haltungen all jener Personen ist, die in den gleichen Prozeß eingeschaltet sind.

Die organisierte Gemeinschaft oder gesellschaftliche Gruppe, die dem Einzelnen seine einheitliche Identität gibt, kann ‚der (das) verallgemeinerte Andere' genannt werden. Die Haltung dieses verallgemeinerten Anderen ist die der ganzen Gemeinschaft. So ist zum Beispiel bei einer gesellschaftlichen Gruppe wie einer Spielmannschaft eben dieses Team der verallgemeinerte Andere, insoweit es — als organisierter Prozeß oder gesellschaftliche Tätigkeit — in die Erfahrung jedes einzelnen Mitgliedes eintritt." (1973, S. 196 f)

Der generalisierte Andere ist somit das „für alle Handelnden gültige Ziel" (Joas 1980, S. 149):

„Die Verhaltenserwartungen dieses generalisierten Anderen sind im Fall des Gruppenspiels die Spielregeln, im allgemeinen die Normen und Werte, und zwar jeweils in einer auf die spezifische Funktion des einzelnen Handelnden spezifizierten Weise." (ebd.)

Die Hereinnahme eines allgemeinen Standpunktes in das Denken sichert dem Kind den Anschluß an die Regeln, die in Interaktionsprozessen gelten. Der Erwerb der Generalisierungsfähigkeit ist denn auch nach Interaktions- und Sprach-

Generalisierungsfähigkeit als Voraussetzung für die Aneignung von Gesellschaft

fähigkeit eine weitere grundlegende Voraussetzung gelungener Sozialisation und der Aneignung von Gesellschaft.

Nun könnte man befürchten, durch die Hereinnahme des ,,man" komme das Individuum — wie beim Konzept der Außenleitung — zu kurz. Diese Gefahr wird durch das Modell der ,,Rollenübernahme" auf den ersten Blick noch realistischer. Dennoch wollen wir schon anhand dieses Modells die Aussicht auf die Möglichkeiten der Entwicklung und Darstellung von Identität eröffnen.

7.5   Rollenübernahme, Perspektivenwechsel und Identität

Das Konzept des ,,generalisierten Anderen" hat zweierlei deutlich gemacht: die Hereinnahme der Erwartungen anderer in das eigene Denken ist Voraussetzung für die Teilnahme an Interaktionsprozessen, die Erwartung, daß die anderen Menschen ein gleiches tun, bietet leidliche Gewißheit, daß diese Interaktionen für beide Seiten befriedigend verlaufen. Eine Kernannahme dieses Modells, die wir bisher noch nicht ausdrücklich genannt haben, ist die, daß der Mensch nicht darum herumkommt, sich auf die Erwartungen der anderen einzulassen. Diese Annahme bezieht sich einmal auf das gemeinsame Handeln, zum anderen aber auch auf das Bild, das der Mensch von sich selbst hat. Denn soviel ist sicher: wie wir uns sehen, ist nicht zuletzt von dem bestimmt, was die anderen von uns denken — oder wovon wir annehmen, daß die anderen über uns denken. Ego und Alter sind in ihren Handlungen verbunden durch ihre wechselseitigen Einstellungen. Im Konzept der *Rollenübernahme* spielen diese Überlegungen eine zentrale Rolle.

Die Kernannahme der Vorstellung vom generalisierten Anderen

Der Begriff ,,Rollenübernahme" ist eine Übersetzung des *Mead*schen Begriffs ,,taking the role of the other". So wird er meistens auch benutzt, um zu zeigen, daß sich das Individuum in Interaktionen in die Rolle des Interaktionspartners hineinversetzt. Dieses Sichhineinversetzen in die Rolle eines anderen eröffnet die Möglichkeit, dessen Handeln genauer zu verstehen. Gleichzeitig — und damit stellt sich die Verbindung dieses Modells zur Entwicklung von Identität — *Mead* spricht von ,Self' — her — lernt das Individuum sich in neuem Licht, nämlich mit den Augen des Interaktionspartners zu sehen. Das Individuum verläßt also seinen gewohnten Standpunkt und nimmt eine reflexive Position zu sich und seinem Handeln ein. Um diesen für das *Mead*sche Konzept zentralen Gedanken zum Ausdruck zu bringen, spricht *Geulen* (1980, S. 40) von ,,Perspektivwechsel". Wir verwenden beide Begriffe.

Rollenübernahme und Perspektivenwechsel

Wir — die Autoren — standen vor dem Problem, einen Gedankengang — Sozialisation als Aneignung von Umwelt — logisch weiterzuentwickeln und nicht zuviel vorwegzunehmen, was unter dem daraus sich entwickelnden Aspekt der Identitätsdarstellung in Interaktionsprozessen zu behandeln sein wird (Kap. 8 und 9). Vor diesem Problem stehen auch andere Kollegen, die eine Verbindung zwischen Sozialisation und Interaktion herstellen. Hans *Joas* hat dieses Problem in uns überzeugender Weise und vor allem knapp gelöst. Auf seinen Beitrag zu ,,Rollen- und Interaktionstheorien in der Sozialisationsforschung" greifen wir zurück.

Joas weist darauf hin, daß *Mead* die Begriffe ,Rolle' und ,Rollenübernahme' ,,im Rahmen einer anthropologischen Theorie spezifisch menschlicher Kommunikationsweise" eingeführt hat:

112

,,Menschliche Kommunikation ist tierischen Formen nach *Mead* grundsätzlich dadurch überlegen, daß sie mit dem Mittel ,signifikanter Symbole' arbeitet. Damit ist gemeint, daß der Mensch imstande ist, auf die von ihm selbst hervorgebrachten Gebärden und Äußerungen selbst zu reagieren, und zwar in einer antizipatorischen und damit das mögliche Antwortverhalten des Handlungspartners innerlich repräsentierenden Weise. Damit aber wird das eigene Verhalten an potentiellen Reaktionen von Partnern ausrichtbar. Da der Partner prinzipiell über dieselbe Fähigkeit verfügt, wird ein gemeinsames, kollektives Handeln möglich, das an einem gemeinsam verbindlichen Muster wechselseitiger Verhaltenserwartungen orientiert ist. (. . .)
Der Rollenbegriff wird von *Mead* also ursprünglich in einem Modell praktischer Verständigung und kollektiver Selbstbestimmung eingeführt. Er bezeichnet zunächst die Verhaltenserwartung an den Interaktionspartner; Rollenübernahme, ,taking the role of the other, ist die Antizipation des situationsspezifischen Verhaltens des Anderen. Die Möglichkeit einer über die innerliche Repräsentation des Verhaltens des Anderen laufenden Kommunikation führt nun dazu, daß sich in der Persönlichkeitsstruktur des Einzelnen verschiedene Instanzen herausbilden. Der Einzelne macht ja jetzt sein eigenes Verhalten in ähnlicher Weise zum Gegenstand seiner Betrachtung und Bewertung wie das seiner Partner; er sieht sich selbst aus der Perspektive des Anderen. Neben die Dimension der Triebimpulse tritt jetzt also eine Instanz zu deren Bewertung, die aus den Erwartungen der Reaktionen auf die Äußerungen dieser Impulse hin besteht. *Mead* spricht in diesem Zusammenhang von ,I' und ,me'. Der Begriff des Ich bezeichnet für ihn zugleich das Prinzip von Spontaneität und Kreativität und die Triebausstattung des Menschen".
(Joas 1980, S. 148)

Mead: ,,I" und ,,Me"

Diese Impulse des ,,I" können durch soziale Normierungen nur kanalisiert, nicht aufgehoben werden. Dieses Modell erinnert sehr stark an das *Freudsche* Modell des *Es*, dem ja auch eine Zensur in Form des *Ich* zur Seite stand, das wiederum in fortgeschrittener Entwicklung über die Verinnerlichung elterlicher Autorität permanente Kontrolle durch das *Über-Ich* erfährt. Das *Über-Ich*, hatte *Freud* deutlich gemacht, sagt auch, wie sich das Kind unter den Erwartungen, die die Eltern an es stellen, selbst zu sehen hat. Der gleiche Gedanke taucht auch im Konzept des ,,Me" auf. Auf dessen Funktion für die Entwicklung von Identität weist *Joas* abschließend hin:

Parallelen zu *Es* und *Über-Ich*

,, ,Me' bezeichnet meine Vorstellung von dem Bild, das der andere von mir hat, bzw. auf primitiver Stufe meine Verinnerlichung seiner Erwartungen an mich. Das ,me' als Niederschlag einer Bezugsperson in mir ist sowohl Bewertungsinstanz für die Strukturierung der spontanen Impulse wie Element eines entstehenden Selbstbildes. Trete ich mehreren für mich bedeutsamen Bezugspersonen gegenüber, so gewinne ich mehrere unterschiedliche ,me's" (Joas, a.a.O., S. 149)

Fassen wir zusammen: Das ,,I" repräsentiert die spontanen Impulse, das ,,Me" ist das Ergebnis von Reflexion. *Mead* drückt das so aus:

,,Das ,I' tritt nicht in das Rampenlicht; wir sprechen zu uns selbst, aber wir sehen uns nicht selbst. Das ,Me' reagiert auf die Identität, die sich durch die Übernahme der Haltungen anderer entwickelt." (1973, S. 217)

Eine Anmerkung zu diesen Ausführungen *Meads* ist vielleicht erhellend. Der Übersetzer schreibt:

,,*Meads* Ausdruck ,me' (. . .) ist im Grunde nicht übersetzbar; er meint das sich selbst als Objekt erfahrende Ich." (a.a.O., S. 216)

Im Prozeß der Rollenübernahme erfährt das Individuum etwas über sich selbst. Es ist ein ,,reflexiver Prozeß": Erst indem ich mich mit den Augen anderer sehe, erhalte ich ein Bewußtsein meiner selbst. So gesehen ist das Me also das Selbst-Bewußtsein, das sich im Prozeß der Rollenübernahme bildete, indem ich mein Handeln aus der Perspektive des Anderen sehe und bewerte. Für das eigene Bewußtsein ist das Me mithin die entscheidende Instanz, weil sie für mich die Realität meiner selbst schafft.

Soweit ist das Konzept *Meads* leicht nachzuvollziehen. Schwieriger wird es, aus den damit verbundenen Erfahrungen auch die Annahme einer Identität (,,self'') abzuleiten. Bis jetzt sah es ja so aus, als ob das Individuum eine Ansammlung von reflektierten Fremderwartungen sei. In Abhängigkeit von ständig variierenden Situationen und Interaktionspartnern ergeben sich ja laufend neue Me's, also soziale Spiegelungen des Selbst. Nach dem bisher Gesagten müßte man folgern, daß das Selbst sich chamäleonartig vollständig an jede neue Situation anpaßt, je nachdem, welche Erwartungen und Definitionen im Wege der interaktionellen Rollenübernahme übermittelt werden. Die Konsequenz wäre, daß es ein eigenes, unverwechselbares Selbst gar nicht geben könnte, weil jeder Rollenwechsel, jede neue Situation ein neues Selbst hervorbringen würde.

,,Me'' als soziale Spiegelung des Selbst

Daß Identität im Sinne des Mit-sich-identisch-Seins, im Sinne individueller Kontinuität trotz der vielen verschiedenen Spiegelungen und Definitionen des Selbst möglich ist, hat *Mead* in der Konzeption des generalisierten Anderen angedeutet.

Beziehung zwischen ,,Me's'' und ,,generalisiertem Anderen''

Mead hatte ausgeführt, daß ,,die organisierte Gemeinschaft oder gesellschaftliche Gruppe, die dem Einzelnen seine einheitliche Identität gibt'' (1973, S. 196), als der ,,generalisierte Andere'' bezeichnet werden kann. Der ,,generalisierte Andere'' wird nun zum Fixpunkt, an dem sich die vielen ,,Me'' orientieren, die sich aus ständig wechselnden Situationen ergeben, in denen der Mensch zahlreiche Standpunkte immer anderer Interaktionspartner übernimmt.

Dies erfolgt in zwei Schritten: zunächst betrachtet sich Ego aus der Perspektive Alters, macht sich selbst also zum Objekt und erlangt dadurch ein Bild von sich selbst. *Plessner* spricht davon, daß der Mensch das Lebewesen ist, das aus seiner Position heraustreten kann und sich ,,extrapositional'' betrachten kann. Er wird als Subjekt zum Objekt (vgl. Plessner, 3. A. 1975, S. 290ff.). Dieser reflexive Akt kann als ,,Selbstbewußtsein'' bezeichnet werden, sein Ergebnis ist ein Selbstbild — Identität. Dieses Selbstbild wird in weiteren Interaktionen mit Alter konturiert, wird dauerhaft und handlungsleitend. Auf dieser Ebene ist aber noch immer nicht das Problem gelöst, daß sich prinzipiell zahllose, durchaus dauerhafte, aber eben nicht verbundene Selbstbilder ergeben. Der zweite Schritt ist also entscheidend: Ego verinnerlicht die Haltungen einzelner Alter, aber außerdem verbindet es die Haltungen vieler einzelner zu einem einheitlichen Ganzen, zum ,,generalisierten Anderen''.

,,Damit ein menschliches Wesen eine Identität im vollem Sinne des Wortes entwickelt, genügt es nicht, daß es einfach die Haltungen anderer Menschen gegenüber sich selbst und untereinander innerhalb des menschlichen gesellschaftlichen Prozesses einnimmt und diesen Prozeß als Ganzen nur in dieser Hinsicht in seine individuelle Erfahrung hereinbringt: es muß ebenso, wie es die Haltungen anderer Individuen zu sich selbst und untereinander einnimmt, auch die Haltungen gegenüber den verschiedenen Phasen oder Aspekten der gemeinsamen gesellschaftlichen Tätigkeit oder der gesellschaftlichen Aufgaben übernehmen, in die sie, als Mitglieder einer organisierten Gesellschaft oder gesellschaftlichen Gruppe, alle einbezogen sind; und es muß dann, indem es diese individuellen Haltungen der organisierten Gesellschaft oder gesellschaftlichen Gruppe als Ganzer verallgemeinert, im Hinblick auf verschiedene gesellschaftliche Projekte, die es zum jeweiligen Zeitpunkt verwirklicht, oder auf die verschiedenen längeren Phasen des allgemeinen gesellschaftlichen Prozesses handeln, die sein Leben ausmachen und dessen spezifische Manifestationen diese Projekte sind: Dieses Hereinholen der weitgespannten Tätigkeit des jeweiligen gesellschaftlichen Ganzen oder der organisierten Gesellschaft in den Erfahrungsbereich eines jeden in dieses Ganze eingeschalteten oder eingeschlossenen Individuums ist die entscheidende Basis oder Voraussetzung für die volle Entwicklung der Identität des Einzelnen". (Mead 1973, S. 197)

Der allgemeine Andere wird zum ,,Partner" des inneren Dialogs und liefert den reflexiven Maßstab für die Bewertung eigenen Handelns. D.h. Überlegungen, Planungen, bzw. allgemein das Denken orientieren sich an den bis zu einem bestimmten Zeitpunkt gemachten *Erfahrungen* eines Individuums. Über die Erfahrung und ihre *abstrahierte* Speicherung wird im Denken des Individuums ein Zusammenhang der unterschiedlichsten Situationen des Alltagslebens hergestellt. Gesellschaftserfahrungen werden also nicht nur gesammelt, sondern auch geordnet. Der verallgemeinerte Andere hat denn auch eine *Ordnungsfunktion* im Hinblick auf sämtliche Erfahrungen des Individuums mit Welt.

Der ,,generalisierte Andere" als ,,Partner" des inneren Dialogs

Der verallgemeinerte Andere gibt ,,dem Einzelnen seine einheitliche Identität" (Mead 1973, S. 196). Er schützt auch davor, daß sich das Individuum den Forderungen seiner Interaktionspartner bedingungslos unterwirft, denn auch deren Forderungen werden bezogen auf den generalisierten Anderen und werden von dort aus auf ihre Legitimität geprüft.

Daß *Mead* mit diesem Modell des generalisierten Anderen im Kern eine Sozialisationstheorie entwickelt, dürfte deutlich geworden sein. Die vielfältigen sozialen Spiegelungen Egos in seinen Me's verbinden sich zu einem allgemeinen Zusammenhang, auf den sich das Kind hinfort orientiert. So lernt es, situative Erwartungen und aktuelle Ereignisse in einen größeren Kontext einzubeziehen.

Der Bezug auf den generalisierten Anderen ermöglicht auch die Einordnung von Interaktionspartnern, deren Position und Absichten, und gibt dem Kind damit eigene Definitionsmacht ,,an die Hand". Erst die Leistung der Integration und Strukturierung der Me's eröffnet dem Individuum die Möglichkeit, einen ,,roten Faden" in das Selbstbild ,,einzuarbeiten". Erst damit gelingt es, trotz unterschiedlicher Situationen bzw. gegensätzlicher Verhaltensanforderungen (man könnte auch von unterschiedlichsten Me-Reflexionen in konkreten Interaktionssituationen sprechen) ein Bewußtsein von Kontinuität und Identität der eigenen Person zu entwickeln.

Mit der Skizzierung des generalisierten Anderen — als dem Produkt aus sozialen Erfahrungen und selektiven Internalisierungsprozessen und als wichtiger Instanz der Identitätsbildung bzw. -stabilisierung — wollen wir darauf hinweisen, daß den sozialen Erfahrungen bzw. Erfahrungsmöglichkeiten im Sozialisationsprozeß eine zentrale Bedeutung zukommt. Wenn sich die Maßstäbe für die Bewertung der sozialen Umwelt wie der eigenen Person durch soziale Erfahrungen aufbauen, sind unterschiedliche Identitäten eben wesentlich auch Ergebnis unterschiedlicher Erfahrungen (präziser: unterschiedlicher Wert- und Sinnerfahrungen). Man könnte auch sagen: Die Sinnstruktur der Alltagswelt, der alltägliche Erfahrungshorizont, prägen in erheblichem Umfang das, was sich individuell, aber in Auseinandersetzung mit der sozialen Umwelt als Identität entwickelt.

Die Sinnstruktur der Alltagswelt formt Erfahrungsmöglichkeiten und Identitätsbildung

Die bestehenden Strukturen, Institutionen und Organisationen einer Gesellschaft bewirken, daß aus dem Chaos individueller Erfahrungsmöglichkeiten eine Ordnung und Systematisierung sozialer Erfahrungen entsteht. Das bedeutet, daß Angehörige einer sozialen Gruppe in ihrem Gruppenzusammenhang einen ähnlichen Erfahrungs- und Sinnhorizont für Interaktionen aufbauen, der sich und sie von anderen alltagsweltlichen Sinnsystemen bzw. von anderen gesellschaftlichen Gruppen unterscheidet.

An dieser Stelle wollen wir schon auf den später eingehender zu erörternden Fragenkreis schichtspezifischer Sozialisation hinweisen: Schichten sind Beispiele für sehr große soziale Einheiten, die für ihre Angehörigen in je charakteristischer Weise die Erfahrungsmöglichkeiten umreißen und so auf Sozialisations- und Identitätsbildungsprozesse einwirken.

Im Normalfall bewegen wir uns nur in bekannten alltäglichen Sinnsystemen oder doch solchen, die den uns bekannten benachbart und strukturell einigermaßen ähnlich sind (denken Sie daran, was wir im ersten Teil zur Alltagsroutine gesagt haben). Manchmal geraten wir aber auch in Interaktionszusammenhänge, die Wert- und Sinnerfahrungen vermitteln, die außerhalb unseres bisherigen Erfahrungshorizontes liegen. Im Rückblick auf solche ungewöhnlichen Erfahrungen benutzen wir die umgangssprachliche Redewendung ,,Es lagen Welten zwischen uns". Das empfinden wir vor allem dann, wenn ,,wir uns nicht verständlich machen konnten", ,,völlig aneinander vorbei geredet haben" und ,,überhaupt nichts mehr verstanden" haben. Das ist natürlich maßlos übertrieben, aber es weist doch auf die Tatsache hin, der wir uns in der Routine des Alltags nicht bewußt waren: daß jeder Mensch auch in einer ganz eigenen Welt lebt, aus der heraus er Ansprüche an Interaktionen stellt. Mit diesen Ansprüchen umzugehen, sie für sich selbst aufzustellen, sie in gemeinsamer Interaktion durchzusetzen und gleichen Anspruch auch bei anderen gelten zu lassen, ist Voraussetzung für die Bildung von Identität. Um diese Voraussetzung geht es im nächsten Kapitel, um die Realisierung im übernächsten.

7.6 Zusammenfassung

Wir haben bis hierher den Prozeß primärer Sozialisation bis hin zur Entwicklung von Identität aus einer interaktionstheoretischen Perspektive beschrieben. Wir wollen die aufgezeigten Zusammenhänge in einer Graphik darstellen und die wesentlichen Elemente noch einmal zusammenfassen.

1. Psychische und physische Bedingungen und Vorgänge schaffen einerseits die energetischen Grundlagen für die Entwicklung der kindlichen Interaktionsfähigkeit, werden aber im Fortschritt dieses Prozesses ihrerseits geformt und verändert.

2. Die Entwicklung der Interaktionsfähigkeit kann als Prozeß zunehmender Symbolisierungsfähigkeit beschrieben werden. Dieser Prozeß wird durch das Lernen von Bedeutungen vermittelt und findet in der Sprachentwicklung des Kindes seinen Ausdruck. Die Aneignung von Sprache als abstraktem Symbolsystem ist eine grundlegende Voraussetzung für die Aneignung von Gesellschaft. Erst das Vermögen, ,,einen Begriff von etwas zu haben" und

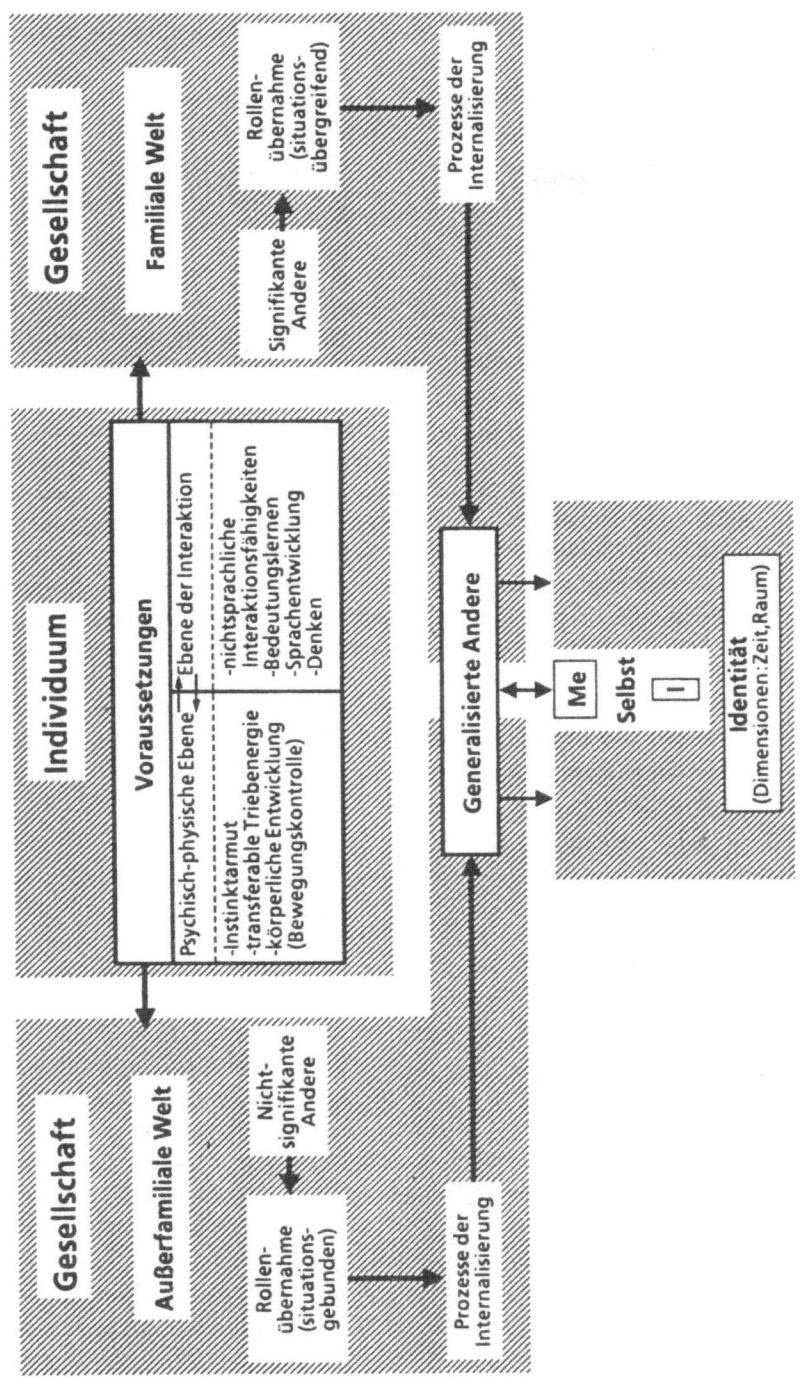

117

im Wege symbolgestützten Denkens Begriffe in Beziehung zueinander zu setzen, eröffnet die Möglichkeit, Gesellschaft „nach innen zu nehmen".

3. In ihren Grundlagen entwickelt sich die Interaktionsfähigkeit im Umgang mit den signifikanten Anderen der familialen Welt. Die ersten Gesellschaftserfahrungen des Kindes sind normalerweise vollständig auf die Familie konzentriert. Prozesse der Internalisierung sind daher besonders eindrucksvoll und nachhaltig.

4. Die Entwicklung der Interaktionsfähigkeit ermöglicht schließlich die Übertragung der familiär erworbenen Interaktionsregeln und -muster auf den Umgang mit Personen der außerfamilialen Welt. D.h. auf der Basis der weitgehenden Internalisierung von Rollen, Verhaltenserwartungen und Handlungsmustern der signifikanten Anderen kann das Kind selbständig Kontakt zu nicht-signifikanten Anderen aufnehmen. Die Erfahrung allgemeiner (generalisierbarer) Gültigkeit interaktioneller Grundregeln ist Bestandteil und jeweils neue Voraussetzung für Rollenübernahme im Umgang mit nicht-signifikanten Anderen. Diese Rollenübernahmen bleiben mehr oder weniger situationsgebunden. Die Prozesse der Internalisierung im Umgang mit nicht-signifikanten Anderen können deshalb als „strukturell orientiert" beschrieben werden: Hier werden Perspektiven internalisiert, die mit unterschiedlichsten gesellschaftlichen Positionen verbunden sind, die wiederum für bestimmte Strukturaspekte von Gesellschaft typisch sind. Im Gegensatz zu Internalisierungsvorgängen in der familialen Welt sind bei Verinnerlichungsprozessen als Resultat der Interaktion mit nicht-signifikanten Anderen Personen austauschbar.

5. Die gesellschaftsbezogenen Handlungsmöglichkeiten des Kindes werden wesentlich vergrößert, wenn es als Resultat zunehmender Kontakte mit nicht-signifikanten Menschen lernt, fremdes und eigenes Handeln vom Standpunkt eines „generalisierten Anderen" zu beurteilen. Dieser Standpunkt ist gewissermaßen das kumulative Produkt bisheriger Gesellschaftserfahrung. Je umfangreicher die Erfahrungen eines Menschen sind, umso differenzierter und gleichzeitig generalisierbarer wird der individuell ausgebildete „gesellschaftliche" Standpunkt. Im Standpunkt des „generalisierten Anderen" sind sowohl Internalisierungselemente der signifikanten als auch von nicht-signifikanten Anderen enthalten. Allerdings läßt sich sagen, daß in der primären Sozialisation der Beitrag der signifikanten Anderen zur Ausbildung des „gesellschaftlichen Standpunkts" sicherlich erheblich größer sein dürfte als in späteren Lebensphasen.

6. Im „generalisierten Anderen" werden Gesellschaftserfahrungen nicht nur gesammelt, sondern auch *geordnet*. D.h. die vielfältigen und unterschiedlichen Reflexionen des Selbst in den Interaktionen mit anderen werden im Standpunkt des generalisierten Anderen so organisiert, daß sie als Abbild der sie hervorbringenden sozialen Strukturen sinnhaftig und damit „begreifbar" werden. Die Spiegelungen des Selbst in den Reaktionen anderer Menschen werden durch diese Organisationsleistung in einen Zusammenhang gebracht. Die einzelne, situationsbezogene Definition des Selbst wird dem

Subjekt als situations-, standort- und interessengebunden erkennbar. Erst diese Relativierung situativ und interaktionell wechselnder Anforderungen und Definitionen ermöglicht das Erlebnis des Mit-sich-selbst-identisch-Seins bzw. die Erfahrung persönlicher Kontinuität in wechselnden räumlich-zeitlichen Konstellationen. Die Organisation sozialer Erfahrungen im Standpunkt des generalisierten Anderen ist mithin eine wichtige Voraussetzung für die Entwicklung von Identität.

8. Von der Interaktionsfähigkeit zur Identität: Die Auseinandersetzung mit den Rollen

Wir haben bis jetzt geschildert, wie sich auf der Grundlage der Entwicklung symbolischer Interaktionsfähigkeit die basalen Prozesse der Vergesellschaftung vollziehen. Wir können diesen basalen Prozeß auch als *ersten Schritt* der Sozialisation bezeichnen. Kennzeichnend für diesen ersten Schritt sind die mehr oder weniger erfolgreiche „Eroberung" der familialen Welt und die Fähigkeit, die bei der „Eroberung" gewonnenen Erfahrungen auf die außerfamiliale Welt zu übertragen.

Um als biologisch Erwachsener ein anerkanntes Gesellschaftsmitglied zu sein, reichen die interaktionellen Fähigkeiten nicht aus. Sie bleiben eine lebenslang notwendige, aber in Lebensphasen jenseits der Kindheit nicht mehr hinreichende Voraussetzung gesellschaftlicher Teilhabe. Als *zweiten Schritt* der Sozialisation können wir deshalb die Aneignung der *gesellschaftlichen Umwelt* kennzeichnen. Der Schlüsselbegriff für das Hineinwachsen in die Gesellschaft außerhalb der Familie lautet „Rolle".

Aneignung der außerfamilialen Umwelt durch „Rollen"

8.1 Handlungs- und Strukturaspekt von Rolle

Der Rollenbegriff ist für die weitere Beschreibung von Sozialisationsprozessen deshalb so wichtig, weil er gewissermaßen das Bindeglied zwischen Mikro- und Makrobereich, zwischen „kleiner Welt" und „großer Welt" darstellt. Die soziologischen Fachbegriffe in diesem Zusammenhang sind *„Handlungs- und Strukturaspekt"* von Rolle. Diese beiden Aspekte stellt der Kurs „Soziale Rolle" (Claessens und Ullrich, 1979) der Fernuniversität in Hagen sehr gut heraus. Aus diesem Kurs wollen wir die entsprechende Passage zitieren:

Handlungs- und Strukturaspekt von „Rolle"

„Mit dem Begriff der sozialen Rolle wird (...) nur ein bestimmter Ausschnitt der sozialen Handlungszusammenhänge von Menschen beschrieben. Er bezieht sich auf ein ganz bestimmtes Handeln: auf ein von anderen normativ erwartetes, dauerhaftes Verhalten in einer bestimmten Situation.

Jedes Wort schränkt hier die Bedeutung von Handeln bzw. von Verhalten und somit von Rolle in bestimmter Weise ein: Es ist nicht ein beliebiges Verhalten, sondern ein von anderen *erwartetes*. Normativ bedeutet, daß diese Erwartungen einen *verpflichtenden* Charakter haben, der Betreffende wird zu bestimmtem Tun aufgefordert. Dauerhaft bedeutet, daß diese Erwartungen nicht kurzfristig schwanken, sondern *zeitlich* relativ *stabil* sind. Schließlich wird dieses bestimmte Verhalten von einem betreffenden Menschen nicht zu einem beliebigen Zeitpunkt

121

und an einem beliebigen Ort erwartet, sondern nur zu einer zeitlich und örtlich *bestimmten Situation,* wenn der Betreffende sich also z.B. zur Arbeitszeit am Arbeitsplatz befindet und in der Nacht zu Hause. Diese letzte Bestimmung ist für den Rollenbegriff besonders bedeutsam. Man könnte ja auch sagen, daß die Erwartungen sich weniger auf einen bestimmten Menschen richten, sondern mehr auf einen bestimmten Arbeitsplatz.

‚Arbeitsplatz‘ kann man allgemeiner fassen als einen von der Gesellschaft vorgegebenen Ort, an dem eine Aufgabe, eine bestimmte Funktion erfüllt werden muß. Solch ein Ort wird im Zusammenhang mit dem Rollenbegriff ‚Position‘ genannt.

Erwartungen richten sich natürlich auf einen Menschen, aber auf einen Menschen in einer bestimmten Position. Nicht nur der Sozialwissenschaftler, auch die Menschen, die die Erwartungen hegen, können aber ‚abstrahieren‘ — und sie tun es auch — von einem *konkreten* Menschen, der an dieser Funktionsstelle, in diesem Amt, in dieser Position ‚sitzt‘. Von einem Schalterbeamten der Bahn z.B. erwarten die Reisenden immer sehr Ähnliches: er muß bereitwillig Auskunft geben, zuverlässig sein und die gewünschte Fahrkarte verkaufen, *gleichgültig,* wie der Beamte heißt, ob er jung oder alt, männlich oder weiblich ist, usw. Durch diese *Abstraktion* von bestimmten Menschen bekommt der Rollenbegriff auch einen ‚*Strukturaspekt*‘. (...) Was bedeutet dies nun? Man kann es sich an einem (Fischer-)Netz verdeutlichen: Das Netz besteht aus Fäden und Knoten. Eine Struktur (eine bestimmte Festigkeit, Stabilität und ‚Ordnung‘) bekommt das Netz durch die Knoten. Das sind aber Verknotungen der Fäden. Überträgt man das Bild auf unser Thema, dann sind die Knoten die Positionen, die durch eine ‚Verknotung‘ von verschiedenen Erwartungen, den gewünschten Handlungsbahnen, gebildet werden. Erst wenn Erwartungen sich ‚verknoten‘, also z.B. zeitlich und sachlich stabil sind, gleichförmig, gleichsinnig und dauerhaft sich sammeln in einem Punkt, wenn Erwartungen sich also ‚positionell verfestigen‘, spricht man von einer Rolle, die durch diese Erwartungen gebildet wird. Rolle und Position meinen den gleichen Sachverhalt aus verschiedenen Blickrichtungen. Betrachtet man das Netz der gesellschaftlichen Verflechtung in seiner Gesamtheit, stehen im Vordergrund des Interesses die Struktur, die festen Knoten, die Positionen also in ihrer gegenseitigen Abhängigkeit und ‚sozialen Schichtung‘. (...)

Betrachtet man das Netz der gesellschaftlichen Verflechtungen mehr aus der Sicht eines Rolleninhabers, eines Menschen, der eine bestimmte Position innehat, dann richtet das Interesse sich mehr auf die ‚Fäden‘, auf das Geflecht der Erwartungen also, auf die möglichen Widersprüche dieser Erwartungen oder auf die unterschiedliche Strenge ihrer Verpflichtungen.

Der Rollenbegriff hat also zwei Aspekte: einen Strukturaspekt und einen Handlungsaspekt oder mit anderen Ausdrücken: einen makrosoziologischen und einen mikrosoziologischen Aspekt.“ (Ullrich/Claessens, S. 23-26)

Zusammenfassung:

— Handlungsaspekt

Fassen wir zusammen:

Der Handlungsaspekt bezeichnet die Perspektive des Individuums, das sich in seinen Rollen handelnd mit Verhaltenserwartungen unterschiedlichster Art auseinandersetzen muß und bei dieser Auseinandersetzung auf Konflikte und Schwierigkeiten stößt.

— Strukturaspekt

Der Strukturaspekt von ,,Rolle“ repräsentiert die Perspektive ,,der Gesellschaft“. In dieser Perspektive tritt der Zusammenhang bzw. die Ordnung (Struktur) des Zusammenhangs der Rollen in einer Gesellschaft in den Vordergrund, unabhängig davon, welche konkrete Person eine Rolle ausfüllt.

Im Zusammenhang der Erörterung des Strukturaspekts ist die Rolle auch als *Position* bezeichnet worden, also als Stellung oder Standort in einem sozialen Gefüge. Wenn wir die *Bewertung* einer Position kennzeichnen wollen, sprechen wir von *Status,* der z.B. in einer hierarchischen Struktur bei verschiedenen Positionen/Rollen höher oder niedriger ist.

Vor diesem Hintergrund können wir die *soziale Rolle* als *Bündel jener Verhaltenserwartungen* definieren, *die an den Inhaber einer Position in einem sozialen Gefüge gerichtet sind.*

Definition: „Rolle"

Um Mißverständnissen vorzubeugen, wollen wir ausdrücklich betonen, daß „Rolle" im soziologischen Sinne ein analytischer Begriff ist. Die Schwierigkeiten im Umgang mit dem Rollenbegriff gründen zum Teil in der Tatsache, daß „Rolle" auch eine alltagssprachliche Bedeutung hat, an der viele Studenten in ihrer anfänglichen Auseinandersetzung mit dem soziologischen Verständnis von „Rolle" festhalten. Der alltagssprachliche Rollenbegriff ist eng mit der Leistung des Schauspielers verbunden: „Rolle" meint hier durchweg die Darstellung von etwas, das man „eigentlich" gar nicht ist. Ob wir jemandem bescheinigen, daß er „seine Rolle gut spiele", oder ihm vorwerfen, daß er „aus der Rolle gefallen" sei — jedesmal steht dahinter die Vorstellung von „Rolle" als bewußter Präsentation bestimmter und bestimmbarer zusammengehörender Handlungen (beim „Aus-der-Rolle-Fallen" werfen wir jemandem kurzfristiges Versagen bei der eingeübten und kontrollierten Darstellung vor).

„Rolle" ist ein analytischer Begriff

Wollte man das Alltagsverständnis von „Rolle" für die Analyse und Beschreibung sozialer Realität (also: soziologisch) verwenden, käme man nicht sehr weit, weil nur bewußte, eindeutig erkennbare „Handlungen" als „Rollenhandeln" zugänglich wären. Dagegen geht der Soziologe gerade den Aspekten und Bestimmungsgründen des Rollenhandelns nach, die nicht ins „Auge fallen", die in der Vielschichtigkeit konkreten Handelns gewissermaßen „versteckt" sind. Tatsächlich ist der allergrößte Teil von Handeln und Verhalten der Menschen in einer Gesellschaft mit dem alltagssprachlichen Rollenverständnis nicht zu fassen. Die „Gefahr" für den Studienanfänger liegt nun darin, sein Alltagsverständnis auf soziologische Aussagen zu übertragen und abstrahierende Analyse als bloße „wissenschaftliche" Umschreibungen alltagsbewußter Sachverhalte mißzuverstehen. Das oberflächliche Alltagsverständnis ignoriert z.B. die Auswirkungen gesellschaftlicher Zwänge in Prozessen der Rollenübernahme und unterstellt auf einer individualistischen Ebene Freiwilligkeit (in Verbindung mit Bewußtheit). Gesellschaftliche Zwänge sind aber ein „Dauerthema" des Soziologen, wenn er in Verbindung mit „Rolle" von „Spiel" oder „Übernahme" spricht.

Alltagsbedeutung von „Rolle" kann nicht soziologisch verwandt werden

8.2 Zur „Festlegung" von Rollen und Erwartungen in Interaktionen

Kommen wir nun zu den beiden „Schritten" der Sozialisation zurück. In der familialen oder „primären" Sozialisation wird insofern der Grundstein für alle späteren „sekundären" Sozialisationsprozesse gelegt, als in der Entwicklung der Interaktionsfähigkeit das Muster jeder späteren Rollenübernahme erlernt wird. So gesehen sind die Interaktionsrollen die ersten und — abgesehen von den Geschlechtsrollen — auch die dauerhaftesten, weil lebenslang gebrauchten Rollen.

Vielleicht fragen Sie sich, was denn ,,rollenhaft" daran ist, wenn das ,,unschuldige" Kind allmählich lernt, sich in die Mutter ,,hineinzuversetzen" und damit deren Erwartungen an das eigene Verhalten wahrzunehmen. Wenn Ihnen der Zusammenhang von kindlichem Verhalten und Rolle merkwürdig vorkommt, haben Sie sich vermutlich von Ihrem Alltagsverständnis ,,reinlegen" lassen. Der Zusammenhang sollte Ihnen deutlich werden, wenn Sie sich klarmachen, daß für den Soziologen ,,Rolle" ein Bündel von Verhaltenserwartungen ist, die an den Inhaber einer Position in einem sozialen Gefüge gerichtet sind.

Interaktionsrolle

Wenn wir diese Vorstellung auf den Begriff ,,Interaktionsrolle" beziehen, wird deutlich, daß jede konkrete Interaktion als soziales Gebilde mit mindestens zwei Positionen beschreibbar wäre. Diese Position könnte man z.B. Sprecher-Zuhörer oder Handelnder-Reagierender nennen. Sowohl die Rolle des ,,Sprechers" als auch die des ,,Zuhörers" ist durch ein bestimmtes Verhalten charakterisiert, das sich an den Erwartungen des Interaktionspartners orientiert. Diese wechselseitigen Erwartungen der Interaktionsrollen werden vom Kind in der primären Sozialisation erlernt und sind später ein selbstverständlicher und deshalb normalerweise unreflektierter Bestandteil jedes Umgangs mit anderen Menschen.

Erwartungen in Interaktionsrollen

Bewußt werden Erwartungen (und damit Vorstellungen über ein ,,richtiges" Rollenverhalten) erst, wenn Störungen und Abweichungen auftauchen, wenn also die Erwartungen an ein ,,normales" Verhalten des Interaktionspartners enttäuscht werden. So erwarten wir im Rahmen einer Interaktion z.B., daß der Partner uns seine äußere Aufmerksamkeit zuwendet, auf das eingeht, was wir sagen, uns nicht ständig unterbricht, uns nicht ,,anschweigt" usw. Charakteristisch für die Interaktionsrollen ist, daß hier ein ständiger Rollen*wechsel* der Beteiligten vollzogen wird. Dies führt dazu, daß wir nicht nur Erwartungen hinsichtlich *beider* Interaktionsrollen haben, sondern auch Erwartungen hinsichtlich der Erwartungen, die der Partner an uns als Interaktionsteilnehmer stellt.

Natürlich sind die interaktionellen Rollen nie die einzigen, die in eine konkrete Interaktion eingehen, weil Menschen sich immer in einer sozialen Situation begegnen. In jeder Begegnung stelle ich an mein Gegenüber nicht nur Erwartungen an ein verständigungsorientiertes Handeln als ,,Sprecher" und ,,Zuhörer". (Wir betrachten im Moment einmal die Situation, in denen das Medium ,,Sprache" keine Rolle spielt und in denen kein Gespräch zustandekommt, als ,,Sonderfall" — denken Sie an das Beispiel der Aufzugssituation in Kapitel 2.2). Vielmehr sind in jeder Begegnung Hinweise (Symbole) enthalten, aus denen ich Verhaltenserwartungen über die Interaktionsrollen hinaus ableiten kann. Die

,,Geschlecht" und ,,Alter" sind ,,Quellen" für Verhaltenserwartungen

eine Gruppe von Hinweisen gibt der Partner selbst: Geschlecht und Alter beispielsweise sind keine verhaltensneutralen Tatsachen, sondern sie ,,erwecken" — wenn auch erst einmal auf einer recht allgemeinen Ebene — Erwartungen hinsichtlich des Verhaltens des Partners ebenso wie Erwartungserwartungen hinsichtlich meines eigenen Verhaltens (also hinsichtlich dessen, von dem ich annehme, daß es der andere von mir erwartet). Wir erwarten z.B. von einem 15jährigen Jungen ein anderes Verhalten als von einer 60jährigen Frau, ebenso wie wir selbst mit dem 15jährigen anders umgehen als mit der 60jährigen, auch wenn wir die beiden nicht näher kennen.

Daß wir nicht nur Unterschiedliches erwarten, sondern uns auch selbst unterschiedlich verhalten, ist auf die Tatsache zurückzuführen, daß wir natürlich auch in jeder Interaktion ,,Rollen spielen". Dies hat nichts mit Freiwilligkeit, Darstellung oder gar ,,verstellen" zu tun, sondern ist Ausdruck der ,,ärgerlichen

124

Tatsache Gesellschaft" (Dahrendorf). Wir bringen in jede Beziehung mindestens auch unser Geschlecht und Alter ein und erwarten, daß unsere Mitmenschen uns als Mann/Frau und unserem Alter entsprechend behandeln. Die vielfältigen Erwartungen, durch die eine Rolle definiert wird, werden auch als „Normen" bezeichnet.

Da Normen sich in sozialen Situationen stets als Verhaltenserwartungen konkretisieren, werden wir im Zusammenhang der Erörterungen zur „Rolle" häufiger von „Erwartungen" als von „Normen" sprechen, um den Handlungsaspekt zu betonen. Die in Interaktionen konkretisierten Verhaltenserwartungen basieren regelmäßig auf den Normen, die für eine bestimmte Position in einem sozialen Gefüge gelten. Insofern ist der Begriff der „Norm" stärker dem Strukturaspekt von Rolle, der Begriff der „Erwartung" stärker dem Handlungsaspekt von Rolle verbunden. Erwartungen sind also gewissermaßen interaktionelle Ausdrucksformen positionsspezifischer Normierungen. Der Begriff der „Erwartungen" bedeutet mithin nicht, daß es hier um Verhaltensanforderungen geringerer Verbindlichkeit geht.

„Erwartungen" betonen Handlungsaspekte, „Normen" den Strukturaspekt von Rolle

Die Verbindlichkeit von Erwartungen/Normen hängt ab von der jeweiligen Handlungssituation. *Dahrendorf* (5. A. 1965, S. 30f) unterscheidet nach dem Grad der Verbindlichkeit Kann-, Soll- und Muß-Erwartungen: Herr Schmidt als Schatzmeister eines Sportclubs muß seine Kasse korrekt führen, er sollte an den Clubveranstaltungen teilnehmen, und er kann auch Spenden sammeln. Die unterschiedliche Verbindlichkeit von Erwartungen hängt unmittelbar zusammen mit der Art und Intensität von Sanktionen, die mit der Erfüllung oder Verletzung von Erwartungen/Normen verbunden sind. Im Falle der Verletzung von Muß-Erwartungen erfolgt eine gerichtliche Bestrafung, im Falle der Soll-Erwartungen zieht die Nichterfüllung vielleicht den sozialen Ausschluß nach sich.

Dahrendorf: Kann-, Soll- und Muß-Erwartungen

Die Verhaltenserwartungen, die sich mit Interaktions-, Geschlechts- und Altersrollen verbinden, sind offenkundig erst einmal sehr allgemein und lassen tatsächlich eine große Bandbreite von Verhaltensmöglichkeiten zu. Sie können auf Anhieb vermutlich gar nicht sagen, wie man sich als „Frau" oder als „Mann" verhalten soll, was Sie von einem jungen bzw. einem alten Menschen erwarten. Aussagen werden hier erst sinnvoll, wenn Sie mehr Informationen haben. Der Interaktionspartner gibt einen Teil jener Zusatzinformationen selbst, die sein Rollenspiel, sein Selbstverständnis näher definieren und Ihnen dazu verhelfen, präzisere Erwartungen hinsichtlich seines (und Ihres eigenen!) Verhaltens zu entwickeln. Die wichtigste Informationsquelle ist in diesem Zusammenhang die äußere Erscheinung (Habitus). Art, Zusammenstellung und Zustand der Kleidung, Gestalt, Figur, Gestik, Mimik, Gang und Elemente von Sprache und Stimme liefern uns wichtige Hinweise auf den „Typ", den der Interaktionspartner repräsentiert. Aus unserem sozialen Wissen (auch in Form von Vorurteilen!), d.h. aus unserer Erfahrung können wir Interaktions-, Geschlechts- und Altersrollen mit habituellen Typen kombinieren. Daraus leiten wir Verhaltenserwartungen ab, denen wir in unserem eigenen Verhalten Ausdruck geben und die sich wiederum unser Gegenüber im Wege der interaktionellen Rollenübernahme erschließt.

Eine weitere Informationsquelle für Verhaltenserwartungen: „Habitus"

Wir können hier noch einmal — als „Verständnisbrücke" — die Verbindungslinien zur primären Sozialisation aufzeigen: Das Erschließen intersubjektiven Sinns im Wege der Rollenübernahme ist nur möglich durch die Fähigkeit, die in jeder Begegnung enthaltenen Hinweise (Symbole) zu entschlüsseln. Um den Sinn von Symbolen zu entschlüsseln, muß die Bedeutung bekannt sein. Das Erlernen der Verknüpfung von Symbol und Bedeutung ist eine wesentliche Leistung der Primärsozialisation. Symbolcharakter haben nicht nur Worte, sondern alle wahrnehmbaren Elemente des Habitus, einschließlich Geschlecht und Alter. Jedes Element ,,steht für etwas'', mithin ist ,,Verständnis'' nur möglich, wenn Symbole in einem hinreichenden Umfang entschlüsselt werden können. Je nach Erfahrung, ,,Reife'' und ,,Wissen'' (siehe Teil 1) eines Menschen unterscheiden sich seine Chancen, in einer bestimmten Situation gemeinten Sinn angemessen zu entschlüsseln und damit Verständigung herzustellen.

Die persönlichen und interaktionellen Merkmale und Symbole reichen aber noch nicht aus, um die Situation angemessen ,,definieren'' zu können, d.h. um hinreichend sicher zu verstehen, welche Rollen oder Rollenelemente in der Situation die entscheidenden sind. Stellen Sie sich vor, Sie beobachten eine Gruppe feierlich gekleideter Menschen, die sich im Nebenzimmer einer Gaststätte versammelt haben. Sie können nicht verstehen, was gesagt wird, bekommen allerdings mit, daß nacheinander einige Ansprachen gehalten werden. Sie können nun aufgrund Ihrer Beobachterposition durchaus einige oberflächliche Aussagen über die ,,soziale Struktur'' dieser Gruppe machen (anhand von Alter, Geschlecht und habituellen Merkmalen). Diese Aussagen wären aber letztlich sinnlos, weil Sie die entscheidenden Informationen für die Rekonstruktion von Sinn und Bedeutung nicht hätten, nämlich Angaben über den ,,Anlaß'' oder das ,,Thema'' der Situation. Je nach Anlaß verändern tatsächliche Handlungen ihren Sinn bzw. mit dem Anlaß variieren die erwartbaren Verhaltensweisen. Im Beispiel könnte es sich um eine Hochzeits- oder Begräbnisgesellschaft handeln, es könnte aber ebensogut eine Versammlung besonders erfolgreicher Autoverkäufer oder ein Treffen von Hochschullehrern sein.

Die entscheidende Information für die Entschlüsselung von Sinn: Das ,,Thema'' einer Situation

Der ,,Anlaß'' oder das ,,Thema'' einer Situation gibt den Beteiligten das Bezugssystem für die Interpretation von Handlungen und für die ,,Auswahl'' angemessener Verhaltenserwartungen an und bezeichnet damit auch die für die Situation wichtigen Rollen bzw. Rollenaspekte. Beispielsweise ist das Überreichen von Geschenken bei der Hochzeitsfeier ein ganz selbstverständlicher Vorgang, während es bei einer Zusammenkunft von Professoren ein ganz ungewöhnliches Ereignis wäre, das vielfältige Interpretationen (= Sinngebungen) herausforderte. Ebenso wäre überschäumende Heiterkeit bei den Erfolgsverkäufern ein sehr angemessenes Verhalten, das man aber bei einer Begräbnisgesellschaft üblicherweise nicht erwarten kann.

Der Professor hat nun vielleicht das Pech, nacheinander an einer Sitzung mit Kollegen, einer Hochzeitsfeier und einer Begräbnisversammlung teilnehmen zu müssen. Diese verschiedenen Anlässe erfordern ein unterschiedliches Rollenspiel. Bei der Sitzung mit Kollegen werden Elemente der Berufsrolle überwiegen, d.h. die Interaktionen werden durch ein Netz von Erwartungen und Erwartungserwartungen gekennzeichnet sein, die sich an den verinnerlichten Erfahrungen und Wissensbeständen über die Rolle und Position des Hochschullehrers orientieren. Das System der Hochschule liefert hier den Bezugsrahmen für ,,angemessene'' Interpretationen von Argumenten, Vorschlägen oder anderen Handlungen, z.B. bei Abstimmungen. Nehmen wir einmal an, bei den Familienfeiern sei unser Professor in beiden Fällen ein betroffenes Familienmitglied. Es würde dann niemand interaktionell die Erwartung an ihn richten, er solle sich wie ein Hochschullehrer verhalten, sondern alle werden ihn als beteiligtes Familienmitglied behandeln, und mit hoher Wahrscheinlichkeit wird er diesen Erwartungen entsprechen. Die unterschiedlichen Anlässe der Familienversammlungen führen allerdings dazu, daß die familialen Rollen jeweils unterschiedlich (anlaßgemäß!) interpretiert werden.

Ein ganz wichtiger Punkt ist nun, daß das Thema einer Situation zwar die zentralen Rollen für die Beteiligten angibt, daß aber in jedes konkrete Handeln, in jede konkrete Interaktion auch Elemente solcher Rollen einfließen, die wenig oder gar nichts mit dem Anlaß zu tun haben. Das werden z.B. solche Rollen sein, die wichtig für das eigene Selbstverständnis sind und für die eigene Identität besondere Relevanz besitzen. Beispielsweise ist für viele Menschen die Identität eng mit dem Beruf verknüpft. Diese Verbindung kann so eng sein, daß die Art und Weise, wie der Betreffende in seinem Beruf denkt und handelt (bzw. gelernt hat, zu denken und zu handeln), seine Interaktionen außerhalb des Berufes gewissermaßen „einfärbt". So ist vielleicht für die Angehörigen des Hochschullehrers bei aller familienbezogenen Interaktion spürbar, daß der Onkel ein zerstreuter Onkel oder daß der Neffe „eigentlich ganz normal" ist — was bei einem „Professor" vielleicht bemerkenswert ist!

In konkreten Situationen vermischen sich Elemente verschiedener Rollen

Tatsächlich ist die Überlagerung und wechselseitige Durchdringung verschiedener Rollen in konkreten Situationen nicht die Ausnahme, sondern die Regel. Diese Komplexität realen Rollenspiels ist einer der Gründe dafür, daß das Alltagsverständnis von „Rolle" für die Beschreibung und Analyse sozialer Realität eben nicht ausreicht.

Zwei Aspekte dieser Komplexität wollen wir kurz aufgreifen. Der eine Aspekt bezieht sich auf die Tatsache, daß sich analytisch verschiedene *Typen sozialen Handelns* unterscheiden lassen, die im realen Rollenhandeln fast stets nebeneinander auftreten. Die Unterscheidung dieser Typen stammt von Max *Weber*, auf den auch der heute allgemein übliche Begriff des sozialen Handelns zurückgeht. Das haben wir in Kapitel 2.1 schon kurz angedeutet. In diesem Kapitel wollen wir uns mit dem Begriff des „sozialen Handelns" etwas genauer auseinandersetzen.

Dabei machen wir keinen begrifflichen Unterschied zwischen „sozialem Handeln" und „Interaktion". „Soziales Handeln" wurde in der amerikanischen Übersetzung zu „interaction" und hat über diesen Umweg als „Reimport" nach dem zweiten Weltkrieg weite Verbreitung gefunden.

„Soziales Handeln" und „Interaktion" sind Synonyme

8.3   Zur Komplexität sozialen Handelns

Weber nennt menschliches Verhalten dann Handeln, wenn der Handelnde mit ihm einen bestimmten Sinn verbindet. Dabei ist es gleichgültig, ob dieses Verhalten sichtbar ist oder nicht, ob tatsächlich etwas unternommen wird oder ob etwas geduldet wird. Ist der Sinn, den ein Handelnder mit seinem Tun oder Unterlassen verbindet, auf das Verhalten anderer bezogen und orientiert sich das entsprechende Handeln an dem Verhalten anderer, dann spricht *Weber* von sozialem Handeln:

„Soziales Handeln (einschließlich des Unterlassens oder Duldens) kann orientiert werden am vergangenen, gegenwärtigen oder für künftig erwarteten Verhalten anderer (Rache für frühere Angriffe, Abwehr gegenwärtigen Angriffs, Vertei-

„Soziales Handeln"

127

digungsmaßregeln gegen künftige Angriffe). Die ‚anderen' können Einzelne und Bekannte oder unbestimmte Viele und ganz Unbekannte sein. (...)

Nicht jede Art von Berührung von Menschen ist sozialen Charakters, sondern nur ein sinnhaft am Verhalten des anderen orientiertes eigenes Verhalten. Ein Zusammenprall zweier Radfahrer z.B. ist ein bloßes Ereignis wie ein Naturgeschehen. Wohl aber wären ihr Versuch, dem anderen auszuweichen, und die auf den Zusammenprall folgende Schimpferei, Prügelei oder friedliche Erörterung ‚soziales Handeln'." (Weber, 2. A. 1966, S. 18 und 19)

Nun zu den Typen des sozialen Handelns. *Weber* unterscheidet fünf Typen:

,,Wie jedes Handeln kann auch das soziale Handeln bestimmt sein 1. *zweckrational:* durch Erwartungen des Verhaltens von Gegenständen der Außenwelt und von anderen Menschen und unter Benutzung dieser Erwartungen als ‚Bedingungen' oder als ‚Mittel' für rational, als Erfolg, erstrebte oder abgewogene eigene *Zwecke,* — 2. *wertrational:* durch bewußten Glauben an den — ethischen, ästhetischen, religiösen oder wie immer sonst zu deutenden — unbedingten *Eigenwert* eines bestimmten Sichverhaltens rein als solchen und unabhängig vom Erfolg, — 3. *affektuell,* insbesondere *emotional:* durch aktuelle Affekte und Gefühlslagen, — 4. *traditonal:* durch eingelebte Gewohnheit.

Traditionales Handeln

1. Das streng traditionale Verhalten steht — ganz ebenso wie die rein reaktive Nachahmung (...) — ganz und gar an der Grenze und oft jenseits dessen, was man ein ‚sinnhaft' orientiertes Handeln überhaupt nennen kann. Denn es ist sehr oft nur ein dumpfes, in der Richtung der einmal eingelebten Einstellung ablaufendes Reagieren auf gewohnte Reize. Die Masse alles eingelebten Alltagshandelns nähert sich diesem Typus. (...)

Affektuelles Handeln

2. Das streng affektuelle Sichverhalten steht ebenso an der Grenze und oft jenseits dessen, was bewußt ‚sinnhaft' orientiert ist; es kann hemmungsloses Reagieren auf einen außeralltäglichen Reiz sein. (...)

3. Affektuelle und wertrationale Orientierung des Handelns unterscheiden sich durch die bewußte Herausarbeitung der letzten Richtpunkte des Handelns und durch *konsequente* planvolle Orientierung daran bei dem letzteren. Sonst haben sie gemeinsam: daß für sie der Sinn des Handelns nicht in dem jenseits seiner liegenden Erfolg, sondern in dem bestimmt gearteten Handeln als solchem liegt. Affektuell handelt, wer sein Bedürfnis nach aktueller Rache, aktuellem Genuß, aktueller Hingabe, aktueller kontemplativer Seligkeit oder nach Abreaktion aktueller Affekte (...) befriedigt.

Wertrationales Handeln

Rein wertrational handelt, wer ohne Rücksicht auf die vorauszusehenden Folgen handelt im Dienst seiner Überzeugung von dem, was Pflicht, Würde, Schönheit, religiöse Weisung, Pietät, oder die Wichtigkeit einer ‚Sache' gleichviel welcher Art ihm zu gebieten scheinen. Stets ist (im Sinn unserer Terminologie) wertrationales Handeln ein Handeln nach ‚Geboten' oder gemäß ‚Forderungen', die der Handelnde an sich gestellt glaubt. Nur soweit menschliches Handeln sich an solchen Anforderungen orientiert, — was stets nur in einem sehr verschieden großen, meist ziemlich bescheidenen, Bruchteil der Fall ist — wollen wir von Wertrationalität reden. (...)

Zweckrationales Handeln

4. Zweckrational handelt, wer sein Handeln nach Zweck, Mitteln und Nebenfolgen orientiert und dabei sowohl die Mittel gegen die Zwecke, wie die Zwecke gegen die Nebenfolgen, wie endlich auch die verschiedenen möglichen Zwecke gegeneinander rational *abwägt:* also jedenfalls *weder* affektuell (und insbesondere nicht emotional), *noch* traditional handelt. (...)

Vermischung der Handlungstypen

5. Sehr selten ist Handeln, insbesondere soziales handeln, nur in der einen oder der anderen Art orientiert. Ebenso sind diese Arten der Orientierung natürlich in gar keiner Weise erschöpfende Klassifikation der Arten der Orierung des Handelns, sondern für soziologische Zwecke geschaffene, begriffliche reine

Typen, denen sich das reale Handeln mehr oder minder annähert oder aus denen es — noch häufiger — gemischt ist". (Weber, 2. A. 1966, S. 20f)

Wie auch *Weber* betont, mischen sich fast durchweg im konkreten Handeln verschiedene Handlungstypen. Trotzdem wird man sagen können, daß in vielen Situationen ein bestimmter Typus als Handlungsaspekt dominant ist. Dies kann zum einen daran liegen, daß in einer Situation Rollen relevant sind, deren Idealbild in besonderer Weise mit einem bestimmten Handlungstypus verknüpft ist oder definitorisch verknüpft werden kann. Beispiele wären die Berufsrolle des Pfarrers, von dem in vielen Situationen wertrational orientiertes Handeln erwartet wird, oder die Rolle der Mutter, die häufig mit affektuellen Handlungsorientierungen verbunden werden kann. Die Dominanz eines Handlungstypus bei einem Akteur kann aber auch übersituationale Ursachen haben: Aufgrund sozialisatorischer Erfahrungen kann ein bestimmter Typus der Handlungsorientierung das gesamte Handlungspotential eines Akteurs gewissermaßen „einfärben", so daß beispielsweise zweckrationales Handeln auch in Situationen dominiert, die eher eine affektuelle Handlungsorientierung erwarten lassen. Die persönlichkeitsbezogene Dominanz bestimmter Handlungstypen ist neben habituellen Merkmalen eine Quelle sozialer Typisierungen: Die Verbindung von zweckrationaler Handlungsorientierung und Frauenrolle wird beispielsweise zu interaktionellen Zuschreibungen wie „Karrierefrau", „unweiblich", „Emanze" oder ähnlichem führen.

Ein anderer Aspekt der angesprochenen Komplexität betrifft das, was der amerikanische Soziologe Robert K. *Merton* mit dem Begriff des *Rollen-Set* analysiert hat. Gemeint ist damit die Tatsache, daß jede Position in einem größeren sozialen Gefüge nicht nur mit einer anderen, sondern mit vielen anderen Positionen in Beziehung steht. Je nach Art des Kontakts bzw. der Beziehung verändern sich die Erwartungen, die an den Positionsinhaber gerichtet werden. Im Beispiel oben verändert sich das Verhalten des Hochschullehrers *in eben dieser Position,* wenn er mit Kollegen des eigenen oder eines fremden Fachbereichs, mit einer Sekretärin, mit seinen wissenschaftlichen Mitarbeitern, mit seinen Studenten oder zur Besprechung eines Projekts mit „wichtigen" Leuten im Wissenschaftsministerium interagiert. Er tritt jedesmal in seiner Position als Hochschullehrer auf, aber die Erwartungen seiner Interaktionspartner variieren jeweils so, daß man sagen kann, in jedem Kontakt ist eine andere Rolle gefordert. Die verschiedenen Rollenaspekte, die mit einer Position verbunden sind, bilden den Rollen-Set. Wir könnten auch sagen: Welcher Teil bzw. welche Teile des Rollen-Set tatsächlich „aktiviert" werden, hängt ab von Anlaß, Thema und Definition der konkreten Handlungssituation. Da wir im Laufe unseres Lebens zahlreiche neue Situationen erleben, bleibt unsere Fähigkeit, uns auf verschiedene Rollenaspekte und unterschiedliche Rollen einzustellen, stets gefordert.

Begriff: „Rollen-Set"

Tatsächlich gibt es keine Lebensphase, in der wir nicht neue Positionen in der Struktur der Gesellschaft übernehmen und uns damit neue Rollen erarbeiten. Die Art und Weise, wie wir als Kinder und Jugendliche gelernt haben, uns in andere hineinzuversetzen und deren Rolle zu übernehmen (d.h. ihre Sichtweise kennenzulernen), beeinflußt lebenslang die Gestaltung der Rollen, die mit den vielfältigen Positionen verbunden sind. Sozialisation — gerade unter dem Aspekt des Erlernens von Rollen — ist ein lebenslanger Prozeß.

Da Normen und Rollen keine ein für allemal festgelegten Größen sind, sondern sich stets in der Übereinkunft der Beteiligten bilden (auf der Grundlage bereits existierender kultureller „Vorbilder" bzw. Muster), gibt es einen *Spielraum* in der Gestaltung von Rollen. Dieser Spielraum bedeutet aber auch, daß Menschen in der Gestaltung von Rollen bzw. der Ausgestaltung von Positionen unterschiedlich „erfolgreich" sind (als Maßstab des Erfolgs kann man den Grad der Akzeptanz durch die soziale Umwelt und den Grad der Befriedigung psychosozialer Bedürfnisse auf seiten des Positionsinhabers angeben). Die Fähigkeiten, Spielräume zu nutzen und durch Definition Rollen „erfolgreich" zu gestalten, entwickeln sich über lange Zeiträume hinweg.

Je nach den „Sozialisationsbedingungen" in Kindheit und Jugend sind die Chancen, gestalterische Kompetenzen in den Beziehungen zur sozialen Umwelt zu erwerben, sehr unterschiedlich. Als „Sozialisationsbedingungen" bezeichnen wir die Lebens- und Lernbedingungen, die einen entscheidenden Einfluß auf die Entwicklung der sozialen Persönlichkeit und auf die Möglichkeiten, sich soziale Umwelt anzueignen, haben. In Anknüpfung an das, was wir oben herausgearbeitet haben, können wir sagen, daß Sprach-, Denk- und Interaktionsfähigkeiten gewissermaßen die „Eckpfeiler" für die Entwicklung rollenbezogener Kompetenzen und damit für die Aneignung von Umwelt sind. Die Lebens- und Lernbedingungen während der primären Sozialisation der Gesellschaftsmitglieder unterscheiden sich eben auch hinsichtlich der Reichweite bzw. „Effizienz" der Vermittlung symbolnutzender Fähigkeiten bzw. Medien (Sprache, Denken, Interaktion).

Spielräume in der Gestaltung von Rollen

8.4   „Funktionieren in sozialen Strukturen": Internalisierung und Selbststeuerung

Vielfalt von Rollen als Ergebnis gesellschaftlicher Entwicklung und Differenzierung

„Gesellschaft" läßt sich durchaus als System von Positionen und Rollen beschreiben (Strukturaspekt von „Rolle"). Die Entwicklung der arbeitsteiligen Industriegesellschaft hat zu einer ungeheuren Vermehrung von Positionen geführt, die für die Erhaltung der Funktionsfähigkeit des „Betriebes" Gesellschaft notwendig besetzt werden müssen. Im Zuge dieser Entwicklung wurde auch der Ausbau solcher gesellschaftlichen Bereiche notwendig, die mit den technisch-industriellen Ursprüngen der Entwicklung nur noch mittelbar zu tun hatten.

Beispiel für einen solchen — Ausdifferenzierung genannten — Ausbauprozeß ist das heutige Bildungssystem, dessen quantitativ und qualitativ hohe Bedeutung aus seiner Funktionalität für die Gesamtgesellschaft resultiert. Darauf werden wir am Ende dieser Einführung noch einmal zurückkommen.

Die Differenzierung einer Gesellschaft oder eines gesellschaftlichen Teilbereichs bedeutet stets ein „Mehr" an Aufgaben, die im Rahmen der gesellschaftlichen Entwicklung bewältigt werden müssen. Entsprechend differenziert sich das Netz (die Struktur) der Positionen, für deren Besetzung die Gesellschaft durch geeignete Mechanismen „sorgt".

Dies geschieht zum einen über Sozialisationsprozesse, in denen Rollenerwartungen internalisiert werden, zum anderen durch das System positiver und negativer Sanktionen, das in der Regel dann wirksam wird, wenn Rollen bzw. Verhaltensanforderungen dem Akteur nicht selbstverständlich geworden, sondern äußerlich geblieben sind.

Die Gesellschaft hat Mittel zur Verfügung, ihre Mitglieder zur Erfüllung von Rollenerwartungen zu bringen. Im Hinblick darauf, daß eines dieser Mittel Sanktionen sind, schreibt *Dahrendorf*:

> „Wer seine Rolle nicht spielt, wird bestraft; wer sie spielt, wird belohnt, zumindest aber nicht bestraft." (Dahrendorf, a.a.O., S. 28)

Sanktionen sind ein Mittel, die Gesellschaftsmitglieder dazu zu bringen, den Rollenerwartungen zu entsprechen. So erfolgreich dieses Mittel im Einzelfall sein mag, als generelles Mittel wäre es zu aufwendig und zu riskant: nicht in jeder Situation stehen positive oder negative Sanktionen zur Verfügung — zum Glück! —, und nicht jeder Mensch reagiert auf positive oder negative Sanktionen in gleicher Weise. Deshalb baut die Gesellschaft auf ein anderes Mittel, das quasi indirekt und schon im Vorfeld konkreter Interaktionen einsetzt: auf Sozialisationsprozesse.

„Richtiges" Verhalten durch

— Sanktionen

Der allergrößte Teil der Steuerung der Bereitschaft von Gesellschaftsmitgliedern, funktional notwendige Positionen zu übernehmen, wird durch Sozialisationsprozesse geleistet. In ihnen werden die *zentralen* Werte und Orientierungen einer Kultur verinnerlicht. Dies wird als *Internalisierung* bezeichnet. Im Wege der Internalisierung werden die sozialen Erwartungen zur Grundlage der *Selbststeuerung*. Eine Konsequenz von Internalisierung und Selbststeuerung ist z.B., daß der Verkauf von Arbeitskraft zur Sicherung des Lebensunterhaltes ein weitgehend akzeptiertes kulturelles Muster mit Selbstverständlichkeitscharakter ist, ebenso wie die in dieses Muster eingewobenen Vorstellungen von Beruf und Ausbildung. Damit sind die Grundvoraussetzungen geschaffen für die Bereitschaft, kulturell übliche Wege der Qualifikation zu beschreiten und Positionen im Beschäftigungssystem zu übernehmen.

— Internalisierung und Selbststeuerung

Die primären Sozialisationsprozesse reichen tief hinab in die Anfänge der Konstitution des Menschen als eines sozialen Wesens. Sozialisation als Internalisierung von Rollenerwartungen bewirkt die Fähigkeit und Bereitschaft des Menschen, sich den gesellschaftlichen Erwartungen entsprechend zu verhalten. Das ist die Erklärung dafür, daß man — aus einer Perspektive weit oberhalb der Gesellschaft — den Eindruck gewinnen muß, daß eigentlich alles, was in der Gesellschaft so passiert, gut ineinanderpaßt. Es gibt bestimmte gesellschaftliche Erfordernisse, und es gibt Regelungen, die die Erfüllung dieser Erfordernisse dauerhaft sichern. Scheinbar automatisch laufen Prozesse ab, in denen das Funktionieren des großen Systems Gesellschaft erhalten wird. Natürlich gibt es hin und wieder Probleme, aber im großen und ganzen entsprechen sich gesellschaftliche Struktur und gesellschaftliche Funktionen.

Gesellschaft von „oben" gesehen
— ein System von Rollen

Diese Sichtweise ist Grundlage der sog. Systemtheorie und der strukturfunktionalen Soziologie, aus einer anderen Perspektive werden dagegen die Funktionsstörungen als Widersprüche des Systems sichtbar. Diesem Thema widmet sich z.B. die sog. Kritische Theorie.

Für unseren Zusammenhang ist festzuhalten, daß aus dieser „abgehobenen" Perspektive auch das Verhältnis zwischen Individuum und Gesellschaft in einem „funktionalen" Licht erscheint: Das durchaus naheliegende Bild vom Ineinandergreifen aller sozialen Prozesse legt auch die Annahme nahe, daß die Spielräume für menschliches Handeln nur gering sind.

Dem Rollentheoretiker, der ausschließlich von „hoch oben" die Gesellschaft als funktionsorientiertes System von Rollen betrachtet, muß es so scheinen, als ob die Rollenspieler sich tatsächlich den Erwartungen entsprechend verhalten, die an sie bzw. ihre Position gerichtet sind. Ebenso hat es den Anschein, als ob sich die ganze Gesellschaft letztlich in genau definierte und abgegrenzte Rollen ,,auflösen" ließe. Die Rollen scheinen dann eine eigene, von konkreten Individuen unabhängige ,,Existenz" zu führen. Weiter kann man aus dieser Perspektive annehmen, daß die mit den Rollen verbundenen Erwartungen bzw. Normen so stark verinnerlicht sind, daß sie mit den Bedürfnissen und folglich auch mit dem Handeln der Individuen übereinstimmen. Abweichungen von Rollenerwartungen dürften nicht vorkommen. Wenn sie doch vorkommen, müßten sie ein Zeichen mangelhafter Internalisierung und mißlungener Sozialisation sein.

Der Mensch ließe sich in dieser funktionalistischen Perspektive als die Summe seiner Rollen kennzeichnen. Wir könnten dann in bezug auf unser Thema: ,,Wie wir werden, was wir sind" als Ergebnis formulieren: Wir internalisieren Normen, lernen entsprechende Rollen zu übernehmen und bilden unsere Identität aus der Addition unserer Rollen.

Wenn dies tatsächlich das Ergebnis wäre, hätten sich die Autoren den größten Teil der bisherigen Ausführungen sparen können. Der wesentliche Teil der oben als sozialisationsnotwendig herausgearbeiteten interaktionellen Fähigkeiten wäre dann nämlich überflüssig. Wir brauchten uns nicht in andere hineinzuversetzen, um deren Wahrnehmung von Situation und Selbst kennenzulernen. Rollen wären ja klar definiert, und man könnte sich die Mühe des Hinhörens und Nachdenkens ,,schenken". Auch das lästige ,,Herantasten" an Definitionen und Sinn käme nicht vor, weil der Sinn von Interaktionen durch die Rollen, in die wir ,,hineinschlüpfen", definiert wäre. Konflikte dürfte es zwischen erfolgreich sozialisierten Rollenträgern ebenfalls nicht geben. Diese Überlegungen haben zu einer kritischen Auseinandersetzung mit der Rollentheorie geführt. Gerade im Hinblick auf die tatsächlichen Möglichkeiten des Handelns in konkreten Situationen sind viele Fragen offengeblieben. Die Kritik an der traditionellen Rollentheorie lenkt den Blick deshalb auch weg von den — makrosoziologisch interessanten — Sozialisationsprozessen auf die Interaktionsprozesse. Diesen Aspekt wollen wir im folgenden Abschnitt beleuchten.

8.5 ,,Erfolgreiches" Rollenhandeln: Die Annahmen der traditionellen und der interaktionistischen Rollentheorie

Die Annahmen der strukturfunktionalistischen Rollentheorie, nach der Rollenhandeln als bloße Funktion von gesellschaftlichen Strukturen gesehen wird, sind vor allem durch die Theorie des Symbolischen Interaktionismus erweitert, kritisiert und neu bestimmt worden. Nach dieser Theorie, für die als herausragende Namen George Herbert *Mead* (1863-1931), Herbert *Blumer* (*1900) und Erving *Goffman* (1922-1982) stehen, orientieren sich die Interaktionspartner an kulturellen Symbolen, die im Laufe der Sozialisation erlernt wurden und in konkreten Interaktionen gemeinsam geteilt, bestätigt oder verändert werden. Die kritische Auseinandersetzung mit der traditionellen Rollentheorie stellt vor allem den Handlungsaspekt von ,,Rolle" heraus.

Mit diesem Aspekt wird auch der Strukturaspekt, der die Funktionalität von Rollenhandeln herausstellt, bereichert. Die Perspektive von Gesellschaft als System von Positionen und Rollen zeigt Gesellschaft als System von Positionen und Rollen zeigt gesellschaftliche Entwicklungen, Bedingungen und Interessenlagen auf, die für das „Handeln" größerer sozialer Gruppen bzw. Aggregate Gültigkeit haben. Auch die Herausbildung gesellschaftlicher Institutionen, z.B. der Familie kommt so ins Blickfeld, weil Institutionen im gesellschaftlichen System bestimmte Funktionen erfüllen. Wir sehen in dieser Perspektive, daß Sozialisation wichtig ist für Bestand und Entwicklung der Gesellschaft, und daß die Gesellschaft entsprechend dem „Interesse" an der eigenen Entwicklung Sozialisation „organisiert", d.h. Institutionen, Positionen, Rollen, Gratifikationen und Sanktionen hervorbringt, die diese bestandsnotwendige Funktion erfüllen. Wie wir oben schon angedeutet haben, ist dies nicht die „ganze Wahrheit". Wer wir sind und wie wir werden, was wir sind, ist ohne Berücksichtigung des Handlungsaspekts von Rolle nicht befriedigend zu erklären. Erst die Zusammenschau beider Aspekte erklärt die Vermittlung von Individuum und Gesellschaft.

Wir wollen nun die unterschiedlichen Sichtweisen von „Rolle" in einer strukturfunktionalen und in einer interaktionistischen Perspektive einander gegenüberstellen. *Krappmann* hat die beiden Standpunkte zusammengefaßt:

„Das herkömmliche Rollenkonzept zielte (…) auf ein vergleichsweise einfach strukturiertes Modell optimaler Interaktion in Rollen. (…) Dieses konventionelle Modell kann anhand von sechs, nicht immer ganz scharf getrennten Postulaten über die Bedingungen erfolgreichen Rollenhandelns dargestellt werden:
Traditionelles Rollenkonzept

1. Erfolg im Rollenhandeln ist desto sicherer garantiert, je weitergehend Rollennormen und die Interpretation dieser Normen durch den Inhaber der Rolle übereinstimmen. Es wird unterstellt, daß die Rolle eindeutige Verhaltensanweisungen wenigstens für die zentralen Tätigkeitsbereiche enthält. (…)
Übereinstimmung von Normen und deren Interpretation

2. Damit die nicht zu leugnenden Diskrepanzen zwischen den Normen in einer Gesellschaft das Rollenhandeln nicht belasten, wird als optimal angesehen, daß das Individuum sein Verhalten nur an jeweils einer Rolle orientiert. Sind mehrere, vielleicht sogar widersprüchliche Rollen in einer Situation angesprochen, muß sich das Individuum zwischen ihnen entscheiden oder Erwartungen aus beiden Rollen kombinieren. (…)
Singuläre Rollenorientierung

3. Erfolgreiches Rollenhandeln ist desto wahrscheinlicher, je weitergehend die Rollenpartner im Hinblick auf ihre gegenseitigen Erwartungen übereinstimmen. Differenzierende Interpretationen werden als erste Anzeichen von Rollenkonflikt gedeutet (…), der Devianz verursachen und die Stabilität des sozialen Systems gefährden kann. (…)
Einheitliche Interpretationen in Interaktionen

4 Erfolgreiches Rollenhandeln setzt voraus, daß die individuellen Bedürfnisse der Handelnden den institutionalisierten Wertvorstellungen der Gesellschaft entsprechen. Die Übereinstimmung von Rollennormen und Bedürfnisdisposition ist das Ergebnis eines gelungenen Sozialisationsprozesses. (…)
Übereinstimmung von Normen und Bedürfnissen

5. Die Orientierung an den vorgegebenen Rollennormen garantiert den Rollenpartnern — im als optimal betrachteten Fall der Übereinstimmung von Werten und Bedürfnissen — die gegenseitige Befriedigung ihrer Bedürfnisse. Unvollständige Bedürfnisbefriedigung wird als Gefahr für den Fortgang von Interaktion betrachtet. (…)
Gegenseitige Bedürfnisbefriedigung

6. Die Stabilität von Institutionen wird als gewährleistet angesehen, wenn die Individuen die Rollen aufgrund vorangegangener Internalisierungsprozesse gleichsam ,automatisch' erfüllen, aber dennoch das Bewußtsein haben, aus eigenem Entschluß und Antrieb zu handeln." (Krappmann, 1976, S. 309 - 311).

Bei diesen Annahmen fällt auf, daß die Übereinstimmung zwischen Erwartungen der Handelnden unterstellt, zumindest aber als erstrebenswert hingestellt wird. Dagegen wendet *Krappmann* ein:

> „Betrachten wir den Regelfall der täglichen Interaktion in Rollen. Er ist dadurch gekennzeichnet, daß die Rollenspieler auf unklare und inkonsistente Erwartungen stoßen, die zudem mit ihren Bedürfnisdispositionen sich keineswegs decken." (1976, S. 314)

Kritisch gegen die Annahme der traditionellen Rollentheorie gewendet heißt das:

> „Aus den geschilderten Postulaten für die Bedingungen erfolgreichen Rollenhandelns spricht sehr deutlich das Erkenntnisinteresse dieser Rollentheorie: Sie soll das gleichartige Verhalten verschiedener Menschen in gleichen Positionen erklären, also Normenkonformität." (Krappmann, 1976, S. 311)

Die interaktionistische Perspektive betont den Handlungsaspekt von „Rolle" und kommt so zu einer differenzierten Sichtweise konkreten Rollenhandelns. Dazu schreibt *Krappmann:*

Interaktionistische Rollentheorie

> „Vor allem die sehr gründlichen Beobachtungen *E. Goffman*s, der alltägliche Interaktionen, aber auch das Verhalten von Menschen in sehr prekären Situationen untersucht hat, machen darauf aufmerksam, daß die Vorgänge beim Handeln in Rollen offenbar sehr viel komplexer strukturiert sind, als es das herkömmliche Rollenmodell unterstellt. Diese (in der G.H. Meadschen Tradition des symbolischen Interaktionismus stehende) Rollentheorie lehnt die oben genannten Grundbedingungen für erfolgreiches Rollenhandeln ab oder modifiziert sie. (...) Das interaktionistische Rollenmodell postuliert als Grundbedingungen erfolgreichen Rollenhandelns, daß

Spielraum für Interpretationen

Dokumentation anderer Rollenbezüge

Vorläufiger Konsens über Interpretationen

Diskrepanz zwischen Werten und Bedürfnissen

Nur partielle Bedürfnisbefriedigung

1. Rollennormen nicht rigide definiert sind, sondern einen gewissen Spielraum für subjektive Interpretation durch die Rollenpartner lassen; daß
2. die Rollenpartner im jeweiligen Interaktionsprozeß nicht nur die gerade aktuelle Rolle übernehmen, sondern zugleich verdeutlichen, welche weiteren Rollen sie noch innehaben oder früher innehatten; daß
3. mehr als ein vorläufiger, tentativer und kompromißhafter Konsens der Partner über die Interpretation ihrer Rollen im Regelfall nicht zu erreichen und auch nicht erforderlich ist.
4. Dieses Modell geht ferner gerade davon aus, daß die individuellen Bedürfnisdispositionen den institutionalisierten Wertvorstellungen nicht voll entsprechen. Somit müssen nach diesem Modell
5. die Rollenpartner für die Sicherung des Fortgangs von Interaktion fähig sein, auf die von den eigenen verschiedenen Bedürfnisdispositionen des anderen einzugehen und auch unter Bedingungen unvollständiger Komplementarität, d.h. nur teilweiser Befriedigung eigener Bedürfnisse, zu interagieren.
6. Nicht Institutionen, deren Mitglieder Normen ‚automatisch' erfüllen, werden als stabil betrachtet, sondern diejenigen, die ihren Mitgliedern ermöglichen, im Rahmen des Interpretationsspielraums, den die vorgegebenen Normen lassen, eigene Bedürfnisse in der Interaktion zu befriedigen." (Krappmann 1976, S. 314f)

Zentrale Annahme des Konzeptes

Eine *wesentliche Annahme* dieses interaktionistischen Rollenkonzeptes besteht darin, *daß Personen in einer konkreten Situation Interpretationen vornehmen:* Interpretationen darüber, was in einer Situation erwartet wird, was wahrscheinlich verboten ist, was man außerdem noch tun könnte, wie man sich selbst ins rechte Licht rückt, was aus der Situation herausspringt, was der andere tun wird, wenn man etwas Bestimmtes tut oder nicht tut usw. Grundlage dieser Interpretationen sind die eigenen Lebenserfahrungen und die Vorstellungen, die man von der Zeit nach dieser konkreten Situation hat. Da beide Interaktionspartner in ähnlicher Weise interpretierend vorgehen, kommt es darauf an herauszufinden, was beide Seiten für einen vernünftigen Konsens halten. Die Situation und ihre Bewältigungsstrategien werden gewissermaßen ausgehandelt. Dies geschieht manchmal ausdrücklich, indem Absprachen getroffen werden. In aller Regel werden allerdings stillschweigende Versuche unternommen, die eigenen Vorstellungen, wie eine Situation weitergehen soll, durchzusetzen. Dabei werden ständig die Reaktionen des anderen registriert und verarbeitet, um sich in seinem Verhalten darauf einzustellen. Die wichtigsten Elemente dieser Art von Interaktion sind Sprache, die Form des körperlichen Ausdrucks und die Handlung selbst. Diese drei Elemente werden als Symbole verstanden, mit denen etwas Bestimmtes zum Ausdruck gebracht wird.

Um eine solche Interaktion, in der wechselseitige Interpretationen der Situation und des Handelns des jeweils anderen vorgenommen werden, aushalten und bewältigen zu können, sind, wie *Krappmann* gezeigt hat, vier Fähigkeiten vonnöten: Die Fähigkeit, sich gegenüber den Rollenerwartungen bis zu einem gewissen Maße zu distanzieren (Rollendistanz); die Fähigkeit, sich in die Situation des Partners hineinzuversetzen, ihn von seinem Standpunkt aus zu verstehen (Empathie); die Fähigkeit, auch auszuhalten, wenn nicht alle Bedürfnisse in einer Situation befriedigt werden und zu einer Belastung führen (Ambiguitätstoleranz); und schließlich die Fähigkeit zu zeigen, wer man ist, also sich nicht von den Erwartungen total vereinnahmen zu lassen, sondern seine persönliche Identität durchzuhalten (Ich-Identität):

„Interpretative" Fähigkeiten

— Rollendistanz

— Empathie

— Ambiguitätstoleranz

— Ich Identität

> „Rollendistanz und Empathie sind Fähigkeiten, die dem Individuum helfen, neue und auch zur aktuellen Situation in Widerspruch stehende Daten und Mitteilungen wahrzunehmen und selber zum Ausdruck zu bringen. Sie stellen daher für das Individuum auch eine Belastung dar, denn sie konfrontieren es mit Erwartungen, die den seinen widersprechen und in sich widersprüchlich sein können. (...)
> Aufgrund der Notwendigkeit, sich in den gegenseitigen Erwartungen aufeinander einzustellen, um sich zu verständigen und einen vorläufigen ‚working consensus' zu erreichen, ist damit zu rechnen, daß unter den ‚ausgehandelten' Bedingungen die Interaktion nicht mehr in vollem Maße den Bedürfnissen der Partner entspricht und sie daher teilweise unbefriedigt läßt. Jedes interagierende Individuum ist folglich gezwungen, neben der Befriedigung, die ihm eine Interaktion gewährt, ein gewisses Maß an gleichzeitig auftretender und durch eben diese Interaktion erzeugter Unbefriedigtheit zu ertragen. (...) Ein Individuum, das Ich-Identität behaupten will, muß auch widersprüchliche Rollenbeteiligungen und einander widerstrebende Motivationsstrukturen interpretierend nebeneinander dulden. Die Fähigkeit, dies bei sich und bei anderen, mit denen Interaktionsbeziehungen unterhalten werden, zu ertragen, ist Ambiguitätstoleranz." (Krappmann 1971, S. 150f und 155)

Rollendistanz, Empathie, Ambiguitätstoleranz und Ich-Identität sind Voraussetzungen für „erfolgreiche" Interaktion. Darunter verstehen wir Interaktionen, in denen alle Partner zu ihrem Recht kommen, in denen jeder die Chance hat, verstanden zu werden und sich selbst verständlich zu machen. Die Chancen sind gebunden an die Bereitschaft aller Beteiligten zu zeigen, wer sie sind. Um dieses Thema geht es im nächsten Kapitel, das einiges von dem aufgreift und vertieft, was wir gerade behandelt haben. Vorher müssen wir uns aber noch mit den strukturellen Bedingungen und Handlungschancen als Voraussetzungen für Prozesse der Identitätsbildung befassen.

8.6   Strukturelle Bedingungen und Handlungschancen: Voraussetzungen für Prozesse der Identitätsbildung

Den im vorhergehenden Abschnitt geschilderten funktionalistischen Annahmen,

— daß eine erfolgreiche Situation gemeinsamen Handelns von der Übereinstimmung von Rollenerwartungen und individuellen Bedürfnissen abhängt,

— daß erfolgreiches Handeln die völlige Identifikation mit der Rolle voraussetzt und

— daß Handeln umso erfolgreicher ist, je genauer die Rollen definiert sind,

setzt *Habermas* (1973, S. 124ff.) folgende Überlegungen entgegen:

Diskrepanz Erwartungen — Bedürfnisse

1. *Die an eine Rolle gerichteten Erwartungen und die individuellen Bedürfnisse des Rollenspielers sind im Regelfall nicht deckungsgleich.*
Die große Mehrzahl gesellschaftlicher Rollen erfordert vom Rollenspieler in einem mehr oder weniger großen Umfang die Unterdrückung (Repression) seiner Bedürfnisse, um den Rollenanforderungen gerecht zu werden. Gesellschaftliche Rollensysteme (z.B. ein Betrieb) sind nicht an der Individualität der Positionsinhaber interessiert, sondern an der Funktionalität ihres Rollenspiels im Hinblick auf das Handlungsziel. Aus diesem Grunde ist die Unterdrückung von Bedürfnissen, die die Funktionalität des Rollenspiels beeinträchtigen können, ein Bestandteil der Erwartungen, die sich an den Inhaber einer Position richten; Bedürfnisunterdrückung ist also gewissermaßen in die gesellschaftliche Definition der Rollen „eingebaut".

Rollen sind „repressiv"

Es sollte unmittelbar einsichtig sein, daß das Maß an Repression sowohl *zwischen* verschiedenen Rollensystemen als auch *innerhalb* eines Systems variiert. Dabei gilt, daß in einem hierarchischen System mit zunehmender Höhe der Position das Maß der Repression tendenziell sinkt. Wer „an der Spitze" steht, ist zwar keineswegs „frei", kann aber sehr viel mehr von seinen Bedürfnissen in die Gestaltung seiner Rolle einbringen.

„Frustrationstoleranz"

Je besser das Individuum lernt, mit der Repressivität sozialer Systeme umzugehen, je besser es Spannungen und Widersprüche verarbeiten kann, umso höher ist seine *„Frustrationstoleranz".*
Die Frustrationstoleranz ist für *Habermas eine im Prozeß primärer Sozialisation vermittelte Grundqualifikation* für den Umgang mit Rollenambivalenzen (Spannungen, Widersprüchen).

2. *Eine vollständige Identifikation mit einer Rolle ist eher die Ausnahme als die Regel.*
Gründe dafür sind die zumindest zeitweise existierende Repressivität von Rollen (bzw. die Bewußtheit der Repressivität) und die Vielschichtigkeit realer Handlungssituationen, in die immer auch Elemente anderer Rollen sowie die persönliche Geschichte und die Erfahrungen des Handelnden eingehen. *Habermas* verwendet in diesem Zusammenhang den Begriff *„Rollendistanz",* einen Ausdruck, den *Goffman* in die interaktionistische Rollentheorie eingeführt hat.

Begriff: „Rollendistanz"

Rollendistanz bedeutet nicht, daß man das erwartete Verhalten verweigert, sondern daß man in der Erfüllung der Erwartungen Distanz demonstriert. Dies kann z.B. geschehen, indem man sich kleine Abweichungen erlaubt, eine gewisse (Nach-)Lässigkeit in seine Handlungen einfließen läßt oder durch Ironisierungen die eigene Ernsthaftigkeit in Frage stellt. Die Techniken der Distanzierung zeigen zweierlei an,

— man kennt die relevanten Verhaltenserwartungen genau (man weiß, wie weit man höchstens ‚gehen‘ kann),
— man will die eigene Persönlichkeit nicht auf die fragliche Rolle reduzieren lassen.

Die genaue Kenntnis der Normen setzt natürlich einen abgeschlossenen Prozeß der Internalisierung der Rolle voraus. *Identifikation mit und Internalisierung von Rollenmustern sind also nur ein Zwischenschritt in der Auseinandersetzung des Individuums mit gesellschaftlichen Rollenerwartungen.* Die Entwicklung über die Identifikation hinaus zu einem Stück „*relativer Autonomie*" ist allerdings nicht zwangsläufig, sondern abhängig von vergangenen und gegenwärtigen sozialen Bedingungen im Leben des Handelnden. In der funktionalistischen Perspektive war die Möglichkeit einer personalen Weiterentwicklung nicht mehr sichtbar, weil das Interesse am Handelnden auf die Aufgabenerfüllung beschränkt ist. Rollendistanz beeinträchtigt nun nicht (zumindest nicht wesentlich) die Funktionalität von Akteuren, sondern sie kennzeichnet die Auseinandersetzung des Individuums mit gesellschaftlichen Ansprüchen *trotz* bestehender *formaler* Funktionalität.

Internalisierung als Zwischenschritt der Auseinandersetzung

„relative Autonomie"

Daß Rollendistanz im Alltag eine „normale" und keine außergewöhnliche Erscheinung ist, können Sie beispielsweise auch daran ablesen, daß gerade ein betont normengerechtes Verhalten alltagssprachlich als etwas Besonderes herausgestellt wird: So nennt man etwa einen Menschen, der in seiner Rolle „aufgeht", einen „150%igen" oder behauptet von ihm, er sei „päpstlicher als der Papst".

Um dies noch einmal klar herauszustellen: Nicht jedes Fehlverhalten ist ein Zeichen von Rollendistanz. Mangelhafte Erfüllung von Rollenerwartungen ist häufig auch ein Zeichen unzureichender Beherrschung einer Rolle. Rollendistanz heißt auch nicht Verweigerung der Rolle. *Rollendistanz setzt vielmehr stets die normative Beherrschung der mit einer Position verbundenen Erwartungen voraus.* Erst die Beherrschung gibt die Sicherheit, mit den Regeln „spielen" zu können. D.h. die Beherrschung ist Voraussetzung dafür, Regeln reflexiv auf unterschiedlichste Situationen anwenden zu können. Man ist damit in der Lage, Situationen „angemessen" zu beurteilen, d.h. die wichtigen Handlungsbedingungen und relevanten Verhaltenserwartungen zu erkennen und — unter Einbeziehung „persönlicher" Interessen — auf verschiedene Alternativen und entsprechende Konsequenzen des Handelns zu beziehen.

Reflexive Regelanwendung bedeutet, Regeln nicht um ihrer selbst willen zu befolgen, sondern ein Bewußtsein ihres übergeordneten Sinns zu besitzen und Regeln und Regelanwendung immer wieder auf diesen sinnstiftenden Zusammenhang zu beziehen.

Begriff: „Reflexive Regelanwendung"

Reflexivität in diesem Sinne beinhaltet stets die Fähigkeit zu konstruktiver Kritik an der sozialen Praxis in einem bestimmten Handlungszusammenhang. Man könnte auch sagen, *Reflexivität führt zu relativer Autonomie gegenüber den internalisierten Normen.* Um die Stufe der Reflexivität in Rollenbeziehungen und damit auch Rollendistanz zu erreichen, muß laut *Habermas* im Prozeß primärer Sozialisation die Grundqualifikation der „*flexiblen Über-Ich-Formation*" erworben worden sein.

„flexible Über-Ich-Formation"

Wir haben weiter oben herausgestellt, daß das Überich gewissermaßen der psychische „Ort" ist, an dem sich soziale Erwartungen und Normen „ablagern" und sich zu dem formieren, was wir alltagssprachlich „Gewissen" nennen. Die von *Habermas* benannte Grundqualifikation des Rollenspiels meint also nichts anderes als die Fähigkeit zum flexiblen, situationsangemessenen Umgang mit rollenbezogenen sozialen Erwartungen.

Unterschied zwischen Definition und Interpretation von Rollen

Beispiel: Stellenanzeigen

3. *Es besteht ein Unterschied zwischen der gesellschaftlichen Definition von Rollen und der Interpretation der Rollen durch jeweils konkrete Positionsinhaber.*

Diese These illustriert das Beispiel der Stellenanzeigen. Sie kennen sicherlich die Anzeigen in den großen überregionalen Tageszeitungen, in denen die Wirtschaft Führungskräfte sucht. Hier werden häufig nicht nur formale Qualifikationen und Berufserfahrungen beschrieben, die der Bewerber mitbringen soll, sondern gewissermaßen ganze Persönlichkeitsprofile entworfen. Der Bewerber soll z.B. Kontaktfähigkeit, Initiative, Wendigkeit, Verhandlungsgeschick und Organisationstalent mitbringen, er soll Schwung, Kreativität, viel Sachverstand, einen guten Geschmack, ein breites Spektrum an Interessen, ein Gespür fürs Machbare und Führungsqualitäten besitzen. Nicht selten werden solche Auflistungen durch Altersbegrenzungen ergänzt.

Wer solche „Eigenschaftswünsche" sehr wörtlich nimmt und zudem einigermaßen selbstkritisch ist, wird vermutlich nicht in der Lage sein, sich auf ausgeschriebene Stellen zu bewerben. In diesen Anzeigen wird sozusagen der „reine Typus" des Positionsinhabers, ein Idealbild skizziert, das nur scheinbar und auf den ersten Blick eine präzise Definition des Rollenspielers ist. Die Anhäufung der genannten Eigenschaften entwirft das Bild eines Positionsinhabers, den es als konkreten Menschen nicht oder nur für kurze Zeitabschnitte bewußter Selbstdarstellung geben kann. Die idealtypische Konstruktion ist ein Produkt der rationalen Funktionszusammenhänge in der ausschreibenden Organisation. Weil dies üblicherweise allen Beteiligten bewußt ist, wird niemand in der konkreten Interaktion „Vorstellungsgespräch" von dem Rollenspieler erwarten, sich als Bündel der geforderten Eigenschaften und Fähigkeiten zu präsentieren.

Abgesehen von der Tatsache, daß die gesellschaftliche Definition von Rollen häufig von funktionellen Erwägungen abhängt und/oder idealtypische Züge trägt, ist besonders wichtig, daß die „idealen" Vorstellungen und Erwartungen so abstrakt sind, daß sich in der Ausfüllung der Rolle erhebliche Interpretationsmöglichkeiten und -notwendigkeiten ergeben. In unserem Beispiel gibt die Erwartung von „Wendigkeit", „Schwung" oder „Kreativität" keineswegs ein genau bestimmbares Verhalten an. Diese Eigenschaften fordern geradezu dazu heraus, Erfahrungen, „Persönlichkeit" und Identität in neue Rollenbeziehungen einzubringen und den definitorischen Rahmen „mit Leben zu füllen".

Beispiel: „Mutterrolle"

Dieser Unterschied zwischen ideal-funktionaler Definition, in der sich allgemeine (daher konsensfähige) Erwartungen niederschlagen, und konkreter Ausfüllung von Rollen, betrifft — allerdings in unterschiedlichem Maße — alle Positionen des Gesellschaftssystems. So gibt es z.B. auch sehr verschiedene Formen, „Mutter" zu sein. Gleichwohl besteht ein Konsensus hinsichtlich der funktionellen Erwartungen, die mit dieser Position verbunden sind; etwa, daß

Kinder versorgt und erzogen werden. Interessanterweise wird übrigens das gesellschaftliche Kontrollsystem gerade dann aktiv, wenn eine Mutter den *funktionellen Aspekten* ihrer Rolle nicht gerecht wird. Verwahrlost sie ihre Kinder so sehr, daß sie verhaltensauffällig werden, setzen Kontrollmaßnahmen ein. Versagt sie ihnen emotionale Zuwendung, so daß sie apathisch werden, fällt dies unter den Definitionsspielraum der Mutterrolle.

Analog zur unterschiedlichen Repressivität von Rollen unterscheidet sich auch das Maß interpretativer Spielräume, das mit gesellschaftlich definierten Positionen verbunden ist. Die Erwartungen an das berufliche Handeln eines Bandarbeiters sind sicherlich sehr viel konkreter und rigider als die Anforderungen im Beispiel oben.

Grundsätzlich läßt sich jedoch sagen, daß in Situationen sozialen Handelns Rollenerwartungen mehr oder weniger vieldeutig sind (Rollenambiguität). Dazu trägt nicht nur der Interpretationsspielraum einer Rolle bei, sondern ebenso die Tatsache der realen Überlagerung von Rollen in konkreten Situationen sowie die Notwendigkeit, das Thema einer Situation „auszuhandeln" (d.h. soweit Konsens herzustellen, daß die relevanten und dominanten Rollen bekannt sind).

Vieldeutigkeit von Rollenerwartungen

Die für den Aspekt der Mehrdeutigkeit des Rollenspiels wichtige Grundqualifikation nennt *Habermas „kontrollierte Selbstdarstellung".* Verfügt ein Handelnder über diese Fähigkeit, kann er seine Selbstdarstellung, sein Rollenspiel hinsichtlich Definition und Interpretation ausbalancieren, also (funktionale) Anforderungen und eigene Definitionsinteressen/Bedürfnisse ausgleichen. Ein (schon vorausgesetzter) Bestandteil dieser Qualifikation ist die Fähigkeit, Mehrdeutigkeiten auszuhalten und interpretative Spielräume zu nutzen.

Dies ist der Übergang vom Rollenhandeln zur Identitätsdarstellung. Die von *Habermas* skizzierten Entwicklungselemente sind Voraussetzung dafür, daß das Individuum gesellschaftliche Ansprüche begrenzt und eigene Bedürfnisse und Interessen in die Gestaltung sozialer Positionen und damit verbundener Rollen einbringt. Dabei darf nicht übersehen werden, daß die „eigenen" Bedürfnisse und Interessen im Ursprung biologische, psychische und auch soziale Quellen haben, daß „Gesellschaft" eben auch an der Formung, Überformung und Verformung von Bedürfnissen beteiligt ist.

8.7 Zusammenfassung

Unsere Darstellung der Auseinandersetzung des Individuums mit Rollen und Rollenerwartungen können wir nun folgendermaßen zusammenfassen:

1. Wir haben festgestellt, daß sich hinsichtlich des soziologischen Rollenbegriffs zwei wesentliche Aspekte unterscheiden lassen:

   — Zum einen der Handlungsaspekt, der die Perspektive des Individuums kennzeichnet,
   — sowie der Strukturaspekt, der die gesellschaftliche Perspektive von Positionen und Rollen repräsentiert.

   Je nachdem, welche Perspektive der Soziologe wählt, geraten andere Zusammenhänge der Realität sozialen Handelns „ins Blickfeld".

2. In der konkreten Interaktion entscheidet sich, welche Rollen bzw. Rollenaspekte für das wechselseitige, aufeinander bezogene Handeln der Interak-

tionspartner in der Situation Bedeutung besitzen. In komplexen Prozessen wechselseitiger Definition, Bestätigung und Korrektur wird der situative Konsens ,,erarbeitet". ,,Arbeitsgrundlage" der Definitionsprozesse sind z.B. Interaktionsrollen, Habitus und das ,,Thema" einer Situation.

Die Definitionsvorgänge sind weitgehend Bestandteil der Alltagsroutine; es sind selbstverständliche Abläufe, an die wir normalerweise ,,keinen Gedanken verschwenden".

3. In der konkreten Interaktion kommt es stets zu Überlagerungen verschiedener Rollen und Rollenaspekte. Die Komplexität realen Rollenhandelns ist ein wesentlicher Grund dafür, daß hinsichtlich *einer* Rolle mehr oder weniger große Handlungs- und Definitionsspielräume existieren.

4. Die Gegenüberstellung der Annahmen der traditionellen Rollentheorie und des symbolischen Interaktionismus durch *Krappmann* hat die Bedingungen erfolgreicher Interaktionen aufgelistet. Nach dem interaktionistischen Rollenmodell gelingt Interaktion dann, wenn Raum für subjektive Interpretation und den Verweis der Rollenspieler auf ihre weiteren Rollen bleibt.

5. Die Kritik von *Habermas* rückt das Individuum und die von ihm erwarteten Leistungen in der Auseinandersetzung mit den gesellschaftlichen Rollenerwartungen in den Blickpunkt:

— Die an eine Rolle gerichteten Erwartungen und die individuellen Bedürfnisse des Rollenspielers sind im Regelfall nicht deckungsgleich. Einzelne Rollen wie auch Rollensysteme lassen sich nach dem Grad ihrer Repressivität unterscheiden. In Abhängigkeit von den Sozialisationsbedingungen entwickelt das Individuum ein mehr oder minder hohes Maß an Frustrationstoleranz im Umgang mit Repressivität.

— Eine vollständige Identifikation mit einer Rolle ist eher die Ausnahme als die Regel. In der Auseinandersetzung mit den Totalitätsansprüchen der sozialen Umwelt (Gesellschaft) an das Rollenspiel des Individuums entwickelt der Handelnde Rollendistanz. Das Stadium der Rollendistanz setzt die Sozialisationsphase der Internalisierung voraus. Aus der Beherrschung von Regeln und Normen entsteht die Fähigkeit zu ihrer reflexiven Anwendung und zu einem situationsbezogenen Ausgleich gesellschaftlicher und individueller Interessen.

— Es besteht ein Unterschied zwischen der gesellschaftlichen Definition von Rollen und der Interpretation der Rollen durch jeweils konkrete Positionsinhaber. Die gesellschaftlichen ,,Idealbilder" existieren gewissermaßen ,,losgelöst" von den Bedingungen jeweiliger Handlungssituationen. Um Rollen unter sehr unterschiedlichen und sogar gegensätzlichen Bedingungen ,,durchhalten" zu können, müssen sie notwendig mit Spielräumen versehen und mehr oder weniger *vieldeutig* sein. Um mit dieser Rollenambiguität umgehen zu können, benötigt das Individuum die Fähigkeit zu kontrollierter Selbstdarstellung. Diese Fähigkeit trägt dazu bei, die Kontinuität des Selbst in wechselnden Situationen und unter unterschiedlichen Anforderungen zu wahren.

6. Mit den Überlegungen zur Frustrationstoleranz, zur Rollendistanz und der kontrollierten Selbstdarstellung wird der Blick auf das Thema Identität und Identitätsdarstellung gelenkt.

9. Zur Autonomie des handelnden Subjekts: Aspekte der Identitätsdarstellung

Wir wenden uns nun dem „Produkt" des Sozialisationsprozesses als Auseinandersetzung von Individuum und Gesellschaft zu: der Identität. Wir haben schon gesagt, was Identität nicht ist, nämlich die Summe aller Rollen einer Person. Im vorigen Kapitel haben wir herausgearbeitet, daß die Entwicklung der Interaktionsfähigkeit gleichbedeutend mit der Fähigkeit zu situativer Rollenübernahme sowie Voraussetzung ist für die situationsübergreifende Internalisierung von Rollen. Wir haben zuletzt aufgezeigt, daß das Lernen bzw. die Internalisierung von Rollen nur die eine Seite der Auseinandersetzung von Individuum und Gesellschaft repräsentiert, nämlich die Aneignung der Gesellschaft durch das Individuum. Diese Aneignung vollzieht sich über die Entwicklung von Reflexivität, Rollendistanz und definitorischen Fähigkeiten. Auf diese Voraussetzungen zur Entwicklung der Darstellung von Identität richtet sich die Kritik an der traditionellen Rollentheorie durch *Habermas*.

Wenn wir sagen, durch — z.B. — Rollendistanz werden gesellschaftliche Ansprüche begrenzt und eigene Bedürfnisse eingebracht, ist klar, wovon wir uns distanzieren, also gewissermaßen der „negative" Bezugspunkt genannt, nämlich die über Erwartungen angetragene Rolle. Was aber ist der „positive" Bezugspunkt, das Ziel unseres Rückzugs aus der Rolle, der Gegenstand der Abgrenzungsbemühungen? Was wollen wir vor dem vereinnahmenden Zugriff der Umwelterwartungen schützen? Da diese Fragen rhetorischen Charakter haben, liegen auch die Antworten auf der Hand:

> Uns selbst wollen wir schützen. Besser noch: wir wollen unser Selbst schützen, also das, was uns als Person und Persönlichkeit ausmacht, das, was uns als Rollenträger unter vielen unverwechselbar macht und uns *Identität* verleiht.

Rollendistanz ist ja häufig die Reaktion darauf, daß wir von unseren Interaktionspartnern ausschließlich als Rollenträger einer bestimmten Rolle identifiziert werden. D.h. uns wird in der Interaktion eine Identität zugeschrieben, die den größten Teil unserer Persönlichkeit ignoriert, indem die Person auf die eine Rolle reduziert wird. Das ist so, als wenn man auf einer Party Frau Meyer, von Beruf Ärztin, nicht einfach als Gast unter anderen, sondern als kostenlosen medizinischen Berater betrachtet.

Da wir aber mehr sind als der Träger nur einer Rolle, wollen wir auch anderes von uns ins Spiel bringen. Ein Schritt kann sein, das auf eine Rolle reduzierte Bild unseres Selbst beim anderen durch Rollendistanz ins Wanken zu bringen. Indem wir „Brüche" in unser Rollenspiel „einbauen", verunsichern wir auch die Wahrnehmung des Partners. Der sucht zum Abbau seiner Verunsicherung nach „Erklärungen" für die Differenz zwischen seinen Erwartungen und unserem tatsächlichen Verhalten. Im Vorgang distanzierender Handlungen bieten wir sinnvolle „Erklärungsmöglichkeiten" gleich mit an, indem wir Bezüge zu anderen Rollen und Positionen herstellen bzw. andeuten, so daß der Partner im Wege der interaktionellen Rollenübernahme „versteht", daß wir ihm nicht nur in dieser einen Rolle, sondern als „Mensch", als ganzheitliches Wesen mit vielfältigen Aspekten begegnen.

9.1   Rollen und soziale Identität

Offenkundig ist auch die Rolle, von der wir uns distanzieren, ein Bestandteil unserer Identität. Wir möchten nur, daß der andere eben zusätzlich jene Aspekte unserer Person zur Kenntnis nimmt, die für uns selbst — zumindest in der aktuellen Situation — wichtig sind. Damit kommen wir noch einmal zu dem Punkt, daß Identität in Interaktionen festgelegt wird, daß sie ausgehandelt wird.

Dies ist wohl nicht nur überraschend angesichts der Leitbilder „charakterstarker" Persönlichkeiten der Geschichte oder der Literatur, die sich insbesondere dadurch auszeichneten, daß sie „sich selbst treu blieben" und die sicherlich viel mit unserem Alltagsverständnis von Persönlichkeit und Identität zu tun haben. Der Gedanke ist sicherlich auch unangenehm, daß das, was wir sind, immer wieder zur Disposition steht und „verhandelt" werden kann. Andererseits ist die Chance nicht zu übersehen, die sich de facto bietet: wir können etwas korrigieren, was uns unangenehm ist, und wir können etwas herausstellen, was uns wichtig ist. Dies haben wir schon beim Thema Rollendistanz gesehen.

Wir machen also immer wieder die Erfahrung, daß unsere Umwelt uns eine Identität zuschreibt, in der wir nur einen kleinen Teil von uns „wiederfinden", in der wir uns selbst fremd sind. Hier wird eine bestimmte Rolle von der Umwelt auf die gesamte Person ausgedehnt (bzw. die Person wird auf eine Rolle reduziert). Insofern können wir auch von „Rollenidentitäten" sprechen, die uns zugeschrieben werden. In Situationen, in denen es uns wichtig ist, daß der Interaktionspartner auch andere Persönlichkeitsaspekte (Rollen) wahrnimmt und berücksichtigt, müssen wir eine andere Definition unserer Person in die Interaktion einführen. Man könnte auch sagen: Wir müssen dem Partner die Informationen zukommen lassen, die ihn zu einer „angemessenen" Definition führen. Diese Informationen übermitteln wir ihm durch unsere Reaktion auf seine Zuschreibung von Identität.

Die Bedingungen für das Aushandeln von Identität sind natürlich in Abhängigkeit von der Situation, in der sich Interaktionspartner begegnen, sehr unterschiedlich. Die Begegnung kann z.B. hierarchisch strukturiert sein: der eine hat die Macht, dem anderen Handlungen vorzuschreiben. Die Beziehungen sind also nicht symmetrisch, sondern asymmetrisch. Die Sanktionsmöglichkeiten sind ungleich verteilt. Die Chancen für die Durchsetzung von Definitionen allgemein und von identitätsbezogenen Definitionen speziell verändern sich natürlich, wenn ein Partner über besondere Machtquellen verfügt.

Allgemein läßt sich feststellen, daß sich die Zuschreibung von Identität auf der Grundlage der Informationen vollzieht, die der andere von mir hat (den

[margin notes:]

Identität wird ausgehandelt

Bedingungen für das Aushandeln von Identität

Vorgang der Zuschreibung kann man auch als ,,identifizieren'' bezeichnen). Wir haben weiter oben beschrieben, wie wir in der Interaktion aus präsenten Symbolen (= Informationsträger) Erwartungen hinsichtlich des eigenen Verhaltens ableiten. Der Prozeß der Identitätszuschreibung und -definition ist sehr eng damit verbunden und hat die gleichen informationellen Grundlagen. Interaktions-, Geschlechts- und Altersrolle, habituelle Merkmale und Themen der Situation liefern Informationen, die den Partnern hilfreich sind, einander zu identifizieren.

Der Vorgang der Identifizierung

Dieses ,,Verfahren'' ist im allgemeinen auch deshalb recht ,,erfolgreich'', weil wir gelernt haben, unsere eigene Selbstdarstellung am Mechanismus der Identifizierung zu orientieren. D.h., bis zu einem gewissen Grade sind wir in der Lage, die Präsentation informationstragender Symbole zu steuern und so Identifikation durch andere in eine bestimmte (gewünschte) Richtung zu lenken. Am besten ist dies möglich durch Veränderung und Kontrolle der äußeren Erscheinung (denken Sie z.B. an das Sprichwort ,,Kleider machen Leute'', das sehr sinnfällig die gemeinte Möglichkeit der Manipulation bzw. Darstellung ausdrückt). Im Grunde spekulieren wir auf die Wirkung des Halo-Effektes, den wir in Kap. 4.1.6 beschrieben haben!

Die Steuerung der Präsentation

Zum Beispiel wird die Reporterin einer Illustrierten, die sich für eine Reportage über das Leben der Türken in Deutschland das äußere Erscheinungsbild einer türkischen Frau ,,zulegt'' und in gebrochenem Deutsch redet, in der Öffentlichkeit (Geschäfte, Behörden) als Türkin identifiziert und behandelt, obwohl sie weder faktisch noch von ihrem Selbstverständnis her Türkin ist. Für die Menschen, denen sie begegnet, ist sie Türkin und man erwartet, daß sie sich ihrer Rolle, ihrer zugeschriebenen Identität entsprechend verhält. Zu welchen Konsequenzen das führen kann, zeigt ein Report, der nach Abschluß unserer Arbeit an ,,Gesellschaft lernen'' erschienen ist. In seinem Buch ,,Ganz unten'' schildert *Günter Wallraff* seine Erfahrungen als ,,Türke'' Ali in unserer Gesellschaft.

Beispiel: ,,Inszenierung'' von Identität

Jede Form der Schauspielerei macht sich im übrigen den Mechanismus von Darstellung eines ,,Selbst'' und ,,falscher'' Identifizierung zunutze. Insbesondere Parodie und Satire beziehen ihren Reiz aus dem Nebeneinander genauer Darstellung habitueller Typen und gezielter Veränderungen typisch erwarteter Verhaltensweisen. *Mozarts ,,Don Giovanni'' oder Shakespeare's ,,Komödie der Irrungen''* mögen als Beispiele dienen.

In bezug auf unser eigenes Alltagshandeln muß der Vorgang einer einschränkenden Identifizierung noch um einen anderen Aspekt angereichert werden. So sehr wir selbst den Anspruch erheben, als ,,ganzer Mensch'' behandelt zu werden, so wenig können wir uns eine solche ,,ganzheitliche'' Identifikation anderer Menschen im Alltag ,,leisten''. Für einen Großteil unserer alltäglichen Begegnungen mit anderen Menschen gilt, daß wir sie als Träger bestimmter Rollen identifizieren, die ihren bestimmten Platz und ihre spezifische Nützlichkeit innerhalb unserer Alltagsroutine besitzen. Ob dies der Busfahrer, die Verkäuferin im Kaufhaus oder die Kassiererin in der Bank ist — wir nehmen sie in diesem funktionalen Rollen wahr und sind in der Regel nur daran interessiert, daß die eingespielten Erwartungen, die mit den entsprechenden Positionen verbunden sind, problemlos und störungsfrei erfüllt werden.

Die ,,ganzheitliche'' Identifikation

Der funktionale Rollenaspekt

Erkennbare Rollendistanz dieser ,,beiläufigen'' Rollenträger unseres Alltags würde uns womöglich irritieren. Würde uns die Schallplattenverkäuferin z.B. eine Platte mit der Bemerkung aushändigen, sie fände diese Musik gar nicht gut, würde uns das wahrscheinlich genauso stören wie der Kommentar des Kellners, daß er persönlich von Schmalzstullen, wie wir sie gerade bestellt haben, Sodbrennen bekomme. Solche Formen der Rollendistanz stören die Gewißheit unserer Erwartungen und „zwingen" uns, die Selbstverständlichkeit unserer Erwartungen zu problematisieren. Wir müßten einiges an psychischer Energie aufwenden, um die eigene Irritation „in den Griff" zu bekommen. Wenn wir derartige Erlebnisse mit allen Interaktionspartnern unseres Alltags hätten, wären wir sehr schnell überfordert und verunsichert, die eingespielte Routine wäre zerstört. D.h., die Identifizierung anderer Menschen als „bloße" Rollenträger hat eine ganz praktische Entlastungsfunktion für den Alltag. Indem wir uns auf die Funktionalität bzw. das „Funktionieren" von Rollen bzw. Rollenträgern einstellen können, werden wir handlungsfähig und haben „den Kopf frei" für die weniger eindeutig strukturierten Bereiche unseres Lebens, in denen wir mit Entscheidungen, Auseinandersetzungen und Definitionen gefordert und beschäftigt sind.

Irritation von Erwartungen

Diese Beschränkung der anderen auf eine bestimmte Rolle reklamieren wir manchmal auch für uns selbst. Aus Gründen der eigenen Entlastung akzeptieren, ja beanspruchen wir sogar, daß wir in Begegnungen mit anderen Menschen auf eine bestimmte Rolle festgelegt werden. Dies ist vor allem dann der Fall, wenn wir Dinge vertreten müssen, die unsere Mitmenschen ganz anders sehen. Dann trennen wir zwischen Amt (Rolle) und Person und hoffen, auf diese Weise die Wertschätzung der eigenen Person zu retten. Ganz kluge Leute leiten das oft mit der Erklärung ein, sie wollten jetzt mal die Rolle des advocatus diaboli spielen, und man wundert sich, wie überzeugend sie das tun.

Trennung zwischen Rolle und Person

Es ist eben in manchen Situationen auch eine Entlastung, sich selbst auf *eine* Rolle zurückziehen zu können und sich nicht „ganzheitlich" einlassen zu müssen.

Der Wunsch nach einer differenzierten und komplexeren Identifizierung des Selbst richtet sich nicht auf jeden Menschen und jede Interaktion, sondern ist eingegrenzt auf die Menschen, die aus psychisch-emotionalen Gründen besonders wichtig sind. Den Kreis dieser wichtigen Personen haben wir oben als „signifikante Andere" bezeichnet, man könnte auch aus einem anderen theoretischen Ansatz heraus von „Bezugsgruppe" sprechen. Gemeint sind jeweils die Menschen, denen wir einen besonderen Einfluß auf unsere Orientierungen, unsere Meinungen und unser Verhalten „einräumen" — gewollt oder ungewollt.

„wichtige Bezugspersonen"

Einfluß beinhaltet stets auch interpersonale Macht, und Macht ist mit Abhängigkeit und Sanktionsmöglichkeit verbunden. Im Normalfall ist allerdings von einer *wechselseitigen Signifikanz* auszugehen, die jedoch sehr unterschiedlich auf beiden Seiten ausgeprägt sein kann. Bestandteil wechselseitiger Bedeutsamkeit ist in jedem Fall die *Identitätsrelevanz* des Interaktionspartners. Damit ist gemeint, daß in der Interaktion mit signifikanten Anderen qualitativ andere Erwartungen an Prozesse der Identifizierung gerichtet sind als dies im Kontakt mit Nicht-Signifikanten der Fall ist.

Wechselseitige Signifikanz

Die Kassiererin in der Bank wird es vermutlich nicht sonderlich stören, von den Kunden als Bankangestellte mit eng begrenzten Funktionen behandelt zu werden. Sie wird aber z.B. von den Kollegen und Vorgesetzen eine differenziertere Bewertung ihrer Person erwarten, eine Bewertung, die z.B. ihr Dienstalter, ihre vielseitige Erfahrung, ihre besondere Qualifikation oder auch ihre familiäre Situation einschließt.

144

Aus diesem Grunde hat die Familie eine besonders große Bedeutung für Vorgänge der Identitätsfestlegung, da sie als face-to-face-Gruppe ihre Mitglieder „ganzheitlich" wahrnimmt und den Menschen z.B. eben nicht auf Rollenbeziehungen des Berufsrollen-Sets festlegt.

Der Anspruch auf eine differenzierte Wahrnehmung als „Person" bedeutet nicht, alle sozialen Bezüge in die Identifizierung einer Person einzubeziehen und ihre Identität als Durchschnitt aus der Addition ihrer Rollen zu definieren. Der Wunsch, als Person, als „ganzer Mensch" mit einem spezifischen „Selbst" wahrgenommen zu werden, beinhaltet vielmehr den Anspruch zu zeigen, wer man „tatsächlich" ist. Es ist der Anspruch an sich selbst, auf diese Weise ein hohes Maß personaler Authentizität im Umgang mit anderen zu erlangen. Dies wiederum ist nur möglich, wenn die Repressivität einer Interaktion reduziert und in gleichem Maße Handlungs- und Definitions-Spielraum erhöht werden.

Anspruch auf personale Authentizität

Da „Identität" offenbar mit „Aushandeln" und „Definieren" verbunden ist, haben folgerichtig auch einzelne Rollen als gebündelte Verhaltenserwartungen (= Definitionen) etwas mit Identität zu tun. Wir haben aber auch erläutert, daß Rollen zwar Bestandteil von Identität sind, daß sich jedoch aus der Addition der Bestandteile nicht das „Ganze" ergibt. Wir müssen also klären, was das „Ganze" denn ausmacht und welchen Stellenwert die vielfältigen „Rollenidentitäten" in diesem Ganzen haben. Dazu müssen wir kurz auf das zurückkommen, was wir in Kapitel 7.5 behandelt haben.

Situative Rollen- und Identitätszuschreibungen spielen im *Mead*schen Konzept der Rollenübernahme eine wichtige Rolle. Im Wege der situativen Rollenübernahme „sehen" wir die eigene Person „mit den Augen" der Interaktionspartner und „erkennen" an uns gerichtete Verhaltenserwartungen. Damit aber erhalten wir auch die Hinweise auf die situationsbezogene Rollenzuschreibung bzw. die soziale Identifizierung. Diese situationsbezogenen, sozialen Spiegelungen des Selbst (= Me) machen wesentlich das aus, was in der Soziologie *„soziale Identität"* genannt wird. Die soziale Identität eines Menschen gibt mithin nicht an, was ein Mensch „wirklich" ist, sondern sie ist die *sozial konstruierte Persönlichkeit eines Menschen in einer bestimmten Situation.*

Rollenübernahme

Begriff: „Soziale Identität"

Soziale Identität ist ein Hinweis darauf, wie ein Mensch situationsbezogen „wirklich" gesehen wird. Das Verhalten seiner Umwelt ihm gegenüber basiert auf seiner Identifizierung als einer bestimmten Art von Mensch bzw. Persönlichkeitstypus. Es muß aber ausdrücklich betont werden, daß die Konstruktion sozialer Identität keineswegs ein bloß passives Geschehen ist, in dem das Individuum lediglich als Definitionsobjekt seiner sozialen Umwelt in Erscheinung tritt. Das Individuum ist nie ausschließlich *Objekt* im Vorgang seiner sozialen Identifizierung, sondern stets auch *Subjekt* und nimmt aktiv Einfluß auf diesen Prozeß.

Das Individuum als Objekt und Subjekt sozialer Identifizierung

Ein Aspekt der Subjekthaftigkeit bei der Entstehung sozialer Identität ist die Herausbildung des „generalisierten Anderen". Diesen Vorgang haben wir oben als wichtige Sozialisationsleistung gekennzeichnet, denn im „generalisierten Anderen" organisiert das Individuum seine „Me-Erfahrungen" bzw. seine Erfahrungen mit Prozessen der Zuschreibung und Identifizierung. Organisierte Erfahrung aber ist *reflexive Erfahrung,* denn durch die Strukturierung werden Handlungszusammenhänge, -bedingungen und -prioritäten erkennbar und Handlungsalternativen bewertbar.

Die Organisation von Erfahrungen schafft Reflexivität

Mit dem generalisierten Anderen „schafft" sich das Individuum eine „Kontrollinstanz", die dazu verhilft, auf Situationen und Verhaltenserwartungen eingehen zu *können, aber nicht darin aufgehen zu müssen.* Bezogen auf die soziale Identität bedeutet dies zum einen die Fähigkeit, den Totalitätscharakter sozialer Identifizierungen und deren gleichzeitige, mehr oder weniger enge Ausschnitthaftigkeit erkennen und relativieren zu können, und zum anderen durch diese Einsicht sich als gestaltendes Subjekt am Vorgang der Definition der eigenen Identität beteiligen zu können.

Dieses gestalterische Agieren vollzieht sich *keineswegs nur reaktiv,* d.h. in Form korrigierender Definitionen als Reaktion auf Identifizierungen durch die Interaktionspartner. Das gestalterische Element in der Festlegung sozialer Identität ist zum Teil auch *antizipativ* (vorwegnehmend), indem das Individuum durch Benutzung geeigneter Symbole seine Identifizierung durch die soziale Umwelt in eine gewünschte Richtung lenkt.

Als amüsante Illustration für die Inszenierung einer bestimmten Ausstrahlung zitiert Erving *Goffman* eine Episode aus einem Roman von William *Sansom,* in der Preedy, ein Engländer, zum ersten Mal an einem spanischen Badestrand auftritt:

„Auf alle Fälle aber war er darauf bedacht, niemandem aufzufallen. Als erstes mußte er allen, die möglicherweise seine Gefährten während der Ferien sein würden, klarmachen, daß sie ihn überhaupt nichts angingen. Er starrte durch sie hindurch, um sie herum, über sie hinweg - den Blick im Raum verloren. Der Strand hätte menschenleer sein können. Wurde zufällig ein Ball in seine Nähe geworfen, schien er überrascht; dann ließ er ein amüsiertes Lächeln über sein Gesicht huschen (Preedy, der Freundliche), sah sich um, verblüfft darüber, daß tatsächlich Leute am Strand waren, und warf den Ball mit einem nach innen gerichteten Lächeln — nicht etwa mit einem, das den Leuten zugedacht wäre — zurück und nahm heiter seine absichtslose Betrachtung des leeren Raums wieder auf. Aber jetzt war es an der Zeit, eine kleine Schaustellung zu inszenieren, die Schaustellung Preedys, des Geistmenschen. Durch geschickte Manöver gab er jedem, der hinschauen wollte, Gelegenheit, den Titel seines Buches zu bemerken — einer spanischen Homer-Übersetzung, also klassisch, aber nicht gewagt und zudem kosmopolitisch —, baute dann aus seinem Bademantel und seiner Tasche einen sauberen, sandsicheren Schutzwall (Preedy, der Methodische und Vernünftige), erhob sich langsam und räkelte sich (Preedy, die Raubkatze!) und schleuderte die Sandalen von sich (trotz allem: Preedy, der Sorglose!).
Preedys Hochzeit mit dem Meer! Es gab verschiedene Rituale.
Einmal jenes Schlendern, das zum Laufen und schließlich zum Kopfsprung ins Wasser wird, danach ruhiges, sicheres Schwimmen auf den Horizont zu. Aber natürlich nicht wirklich bis zum Horizont! Ganz plötzlich drehte er sich auf den Rücken und schlug mit den Beinen große weiße Schaumwogen auf; so zeigte er, daß er weiter hinaus hätte schwimmen können, wenn er nur gewollt hätte, dann reckte er den Oberkörper aus dem Wasser, damit jeder sehen konnte, wer er war.
Die andere Methode war einfacher. Sie schloß den Schock des kalten Wassers ebenso aus wie die Gefahr, übermütig zu erscheinen. Es ging darum, so vertraut mit dem Meer, dem Mittelmeer und gerade diesem Strand, zu erscheinen, daß es keinen Unterschied machte, ob er im Wasser oder draußen war. Langsames Schlendern hinunter an den Saum des Wassers — er bemerkt nicht einmal, daß seine Zehen naß werden: Land und Wasser sind für ihn eins! — die Augen zum Himmel gerichtet, ernst nach den für andere unsichtbaren Vorzeichen des Wetters ausspähend (Preedy, der alteingesessene Fischer)". (zit. nach *Goffman* (1959), 2. A. 1973, S. 8 f.)

146

Durch die Ausnutzung von Identifizierungs- und Interaktionsmechanismen „präpariert" das Individuum die eigene Darstellung so, daß es als der Rollenträger bzw. als die Person „erkannt" wird, die es gerne sein möchte.

Die soziale Identität eines Menschen ist *stets mehr* als eine seiner vielfältigen Rollen, sie ist andererseits auch *immer weniger* als die Gesamtheit seiner Rollen. Diese „mittlere Rollenwertigkeit" sozialer Identität ergibt sich aus ihrem Entstehungszusammenhang: Soziale Identität ist keine feste, unveränderliche Größe, die man als „Konstante" der eigenen Person mit sich „herumträgt", sondern sie ist situations- und interaktionsabhängig. *Soziale Identität ist also immer ein variabler, situationsabhängiger Ausschnitt aus dem Rollenrepertoire eines Menschen. Die Struktur dieses Ausschnitts enthält die spezifische Kombination von Verhaltenserwartungen, mit denen ein Akteur in einer konkreten Situation umgehen muß.*

Zusammenfassende Bestimmung von sozialer Identität

9.2 Persönliche Identität: Das Bewußtsein der eigenen Geschichte

Mit den Ausführungen über soziale Identität haben wir den interaktionsbezogenen Aspekt von Identität umrissen und geklärt, wie eine Person in ihrer sozialen Umwelt wahrgenommen, erlebt und definiert, wie sie also als soziale Realität „konstruiert" wird. Um die Möglichkeit zu haben, sich als Subjekt an der „Konstruktion" der eigenen sozialen Realität beteiligen zu können, muß gewissermaßen ein „Standpunkt" hinsichtlich der eigenen Person existieren, von dem aus Bewertungen sozialer Situationen und Anforderungen vorgenommen und Entscheidungen über Verhalten und Darstellung getroffen werden können. Dieser Standpunkt repräsentiert den anderen wichtigen Aspekt von Identität, der soziologisch als *„persönliche Identität"* bezeichnet wird.

Die persönliche Identität ist das Bewußtsein der eigenen Geschichte, der Unverwechselbarkeit der eigenen Biographie. Die Unverwechselbarkeit resultiert nicht aus einzelnen Daten oder Ereignissen eines Lebens, sondern aus der ganz spezifischen Kombination biographischer Tatsachen.

Begriff: „persönliche Identität"

> „Eine gelungene Identitätsbildung ordnet die sozialen Beteiligungen des Individuums aus der Perspektive der gegenwärtigen Handlungssituation zu einer Biographie, die einen Zusammenhang, wenngleich nicht notwendigerweise eine konsistente Abfolge, zwischen den Ereignissen im Leben des Betreffenden herstellt. Obgleich der Entwurf einer Biographie zunächst nur durch bloße Interpretation eine plausible Abfolge vergangener Ereignisse herzustellen scheint, ist zu erwarten, daß ein Individuum dann, wenn es frühere Handlungsbeteiligungen und außerhalb der aktuellen Situation bestehende Anforderungen in seine Bemühungen um Identität aufnimmt, auch tatsächlich ein höheres Maß an Konsistenz im Verhalten zeigen wird. Es schafft sich nämlich auf diese Weise einen beständigeren Rahmen von Handlungsorientierungen, als ihn isoliert nebeneinander stehende Handlungssituationen anbieten." (*Krappmann*, 1971, S. 9)

Die Kombination biographischer Ereignisse sichert — trotz möglicherweise großer Ähnlichkeiten zum Lebensverlauf anderer Menschen — die historische Einzigartigkeit eines Individuums. In der persönlichen Identität sammelt sich das Bewußtsein der Kontinuität der Person in wechselnden Lebenslagen und sozialen Umwelten.

Das Bewußtsein der Kontinuität der Person in wechselnden Lebenslagen

Es sollte klar sein, daß persönliche Identität nicht „naturgegeben" ist und als fraglose Selbstverständlichkeit zum persönlichen Besitz eines Individuums zählt. Die persönliche Identität repräsentiert stets eine besondere Leistung des Individuums, die immer wieder neu erbracht werden muß.

Die Leistung in der Herstellung persönlicher Identität liegt in der *sinnhaften Verknüpfung biographischer Ereignisse.* Kontinuität durch Verknüpfung herzustellen ist jedoch nicht selten eine schwierige „Aufgabe", weil häufig auch gegenläufige Entwicklungen eines Lebens „unter einen Hut" zu bringen sind.

Die Herstellung biographischer Kontinuität: Erklärungen für andere

Die bekannteste Lösung ist, frühere Ereignisse oder Verhaltensweisen, die einem heute unangenehm sind, auf das Konto „Unerfahrenheit" oder „die Leidenschaft der Jugend" zu buchen. Diese Erklärung reicht für solche Fälle allemal, daß man früher sich für den „Edelweißkönig" von Ludwig *Ganghofer* begeistert hat und heute „Brand's Haide" von Arno *Schmidt* liest. Bei aufgeklärten Mitmenschen kann man auch auf ein gewisses Verständnis rechnen, daß man früher die Promiskuität propagiert hat und heute seiner Tochter verbietet, sich ein eigenes Zimmer zu mieten. Eine andere Form, in die Biographie Kontinuität zu bringen, ist der Hinweis auf dramatische Ereignisse, von denen an „alles plötzlich ganz anders" aussieht. Das „Damaskuserlebnis" stellt eine Zäsur dar, von der ab der Anspruch gilt, in ganz neuer Identität wahrgenommen zu werden. Die Perlenkette z.B. ist dann das äußere Zeichen, daß ein „neuer Mensch" geboren wurde. In all diesen Fällen handelt es sich um Erklärungen für andere. Soweit zu dem Aspekt des Anspruchs auf Anerkennung persönlicher Identität durch die anderen, auch wenn es „Unstimmigkeiten" in der Biographie gegeben hat.

Erklärungen für uns selbst

Nun zu der Kontinuität persönlicher Identität, wie sie sich für das Individuum selbst darstellt. Die obengenannten Erklärungen sind ja Versuche, biographische Brüche zu überbrücken. Solche Brüche erscheinen nach außen als Unstimmigkeiten, nach innen sind sie durch vernünftige Erklärungen erledigt. Nun gibt es aber Brüche, die als Krisen, als Identitätskrisen erfahren werden.

Biographische Ereignisse als Identitätskrisen

Außergewöhnliche Ereignisse, die der biographischen Entwicklung eine neue Richtung geben, die die Bedingungen der persönlichen und gesellschaftlichen Existenz wesentlich verändern und eine Neuorientierung notwendig machen, zerstören die sinngebende Kontinuität und veranlassen zu einer neuen Suche nach dem Selbst. Die Zerstörung sinngebender Kontinuität muß (in der Rückschau oder „von außen" gesehen) keineswegs etwas Negatives sein, sie löst jedoch stets eine Krise in der Weise aus, daß bisher Selbstverständliches plötzlich in Frage steht. Fraglich wird eben nicht nur die Routine bisheriger Alltagspraxis, sondern auch (und vor allem) die Sicherheit dessen, „wer" oder „was" man ist.

Die Inhalte solcher Krisen können sehr unterschiedlich sein: Verlust des Partners, der Eltern oder der Kinder durch Tod, Trennung von einem Partner, Berufseintritt, Berufsaustritt (Arbeitslosigkeit, Pensionierung), ein Ortswechsel, ein Unfall oder eine schwere Krankheit. Wie diese Beispiele andeuten, haben Identitätskrisen häufig etwas mit einem Statuswechsel im Bereich gesellschaftlich als identitätswichtig bewerteter Positionen zu tun. Man kann sogar vermuten, daß erst die gesellschaftliche Bewertung Ereignisse überhaupt identitätskritisch macht. So gesehen ist also auch die „persönliche" Identität ein „soziales" Produkt.

Strategien zur Überwindung einer Identitätskrise

Wenn „biographische Brüche" Sinnverlust verursachen und damit eine Krise der persönlichen Identität herbeiführen, ist klar, daß Strategien zur Überwin-

148

dung der Krise immer auch das Ziel neuer Sinnstiftung verfolgen. Sinnstiftung heißt in unserem Zusammenhang: Eine Beziehung herzustellen zwischen den mehr oder weniger radikal veränderten sozialen Identifizierungsmöglichkeiten und der persönlichen Geschichte. Die persönliche Geschichte ist so wichtig und unverzichtbar, weil sie einerseits Unverwechselbarkeit garantiert und weil sie andererseits die angesammelte Erfahrung des gelebten Lebens repräsentiert. Im Idealfall sind die aktuellen Rollen bzw. sozialen Identitäten aus der persönlichen Geschichte ,,folgerichtig'' ableitbar und ,,begründbar''. Der Tendenz nach liegt dieses Ziel einer Neu- oder Reorganisation der persönlichen Identität allen Überwindungsbemühungen einer Identitätskrise zugrunde.

Vor diesem Hintergrund ließe sich die Krise persönlicher Identität auch als Bewußtseins- oder Integrationskrise kennzeichnen: Dem Bewußtsein und der Integration des Selbst werden durch bestimmte Ereignisse die Grundlagen der Berechtigung entzogen. Dies kann zu Resignation und zu psychischer wie körperlicher Krankheit führen. Auffällige Reaktionen wie ,,Rentnertod'' oder die Verzweiflung des jungen Arbeitslosen, die in ,,Haß auf die ganze Gesellschaft'' umschlägt, überlagern die viel häufigeren Formen der Erosion der persönlichen Identität. Auf der anderen Seite stehen die gewiß häufigeren konstruktiven Formen der Überwindung von Persönlichkeitskrisen. Eine verbreitete Form ist, gestern gestern sein zu lassen. Eine andere ist, aus der Erfahrung der Krise die bisherigen Selbstverständlichkeiten zu überdenken. Die Krise hält gewissermaßen das Rad der Routine — auch in der Selbstinterpretation! — an. Durch Reinterpretation biographischer Abläufe und Geschehnisse und durch den Bezug auf die veränderte Lebenssituation ,,enthüllen'' krisenhafte Lebenslagen ,,plötzlich'' den bislang ,,verborgenen'' Sinn und schaffen allmählich ein neues Bewußtsein des Selbst.

Identitätskrise als Chance

Ein Beispiel wäre die Witwe, die nach dem frühen Tod ihres Mannes wieder in das Berufsleben ,,einsteigt'' und dort relativ erfolgreich und zufrieden ist. Der erst nur sinnlose und zerstörende Tod des Partners wird in der biographischen Rückschau für die überlebende Frau zur Chance für einen Neuanfang, für Entfaltungs- und Entwicklungsmöglichkeiten, die sie ohne diesen krisenhaften Einschnitt nicht gehabt hätte.

Wir sehen, daß auch persönliche Identität — ebensowenig wie die soziale — kein statisches Phänomen ist, sondern ein variables Produkt der persönlichen Geschichte. Variabel nicht nur in dem Sinne, daß der Zeitablauf gewissermaßen ,,automatisch'' jede Biograhie ,,anreichert'', sondern auch im Sinne struktureller Veränderungen. Die erste Veränderungsmöglichkeit liegt in der individuellen Zukunft, die zweite verweist auf eine rückschauende ,,Veränderung'' der Vergangenheit. Strukturell ist eine solche Veränderungsmöglichkeit insofern, als Gewicht und Bedeutung ,,objektiver'' Ereignisse interpretativ verändert werden können.

Die Veränderbarkeit persönlicher Identität

Vielleicht lesen Sie noch einmal *Brechts* Dialog zwischen dem kleinen Mönch und Galilei durch (Kap. 3.1.4), der auch in diesem Diskussionszusammenhang sehr interessant ist. Er zeigt nämlich, daß biographische Krisen nicht nur durch äußere Ereignisse und Veränderungen ausgelöst werden können, sondern auch durch einen ,,inneren'' Zuwachs an Wissen, Einsicht und Erkenntnis. In der Geschichte sorgt sich der Mönch um die Eltern, denen die Erkenntnisse des Galilei ihr Leben entwerten könnten, indem Ziele, Maßstäbe und Hoffnungen eines Lebens ,,mit einem Schlag'' sinnlos würden. Wenn es einem Menschen ,,wie Schuppen von den Augen'' fällt und er ,,alles in einem neuen Licht'' sieht, be-

149

schränkt sich eine solche perspektivische Veränderung nicht auf seine Umwelt, sondern bezieht die eigene Person und die eigene Geschichte mit ein. Obwohl die ,,harten Tatsachen" der Biographie unverändert bleiben, wird die ,,neue" eigene Geschichte doch eine ganz andere sein als die ,,alte", weil ursprüngliche Bedeutungen und frühere Sinnhaftigkeit verlorengehen. Das Bewußtsein eigener Kontinuität, die persönliche Identität können also im Extremfall auch radikal unterbrochen bzw. verändert werden.

Allgemein läßt sich sagen, daß die soziale Identität schneller und weitreichender veränderbar ist als die persönliche. Denken Sie an das Beispiel der als Türkin zurechtgemachten deutschen Jornalistin. Oder nehmen sie Ihren eigenen Tagesablauf mit den verschiedensten Situationen (und Rollen) in unterschiedlichen Handlungsfeldern. Die sozialen Identifizierungen der eigenen Person wechseln häufig im Ablauf weniger Stunden, Tage oder Wochen (was nicht heißt, daß dies beliebig und unvorhersehbar geschieht), die persönliche Identität bleibt trotz wechselnder sozialer Identitäten zwar nicht dieselbe, aber doch die gleiche.

Die persönliche Identität ist so gesehen nicht eine starre, in jeder Wiederholung mit einem imaginären ,,Original" deckungsgleiche Form, sondern bedeutet vielmehr *die Kontinuität einer differenzierten Struktur in wandelbaren Ausformungen*. Das heißt, konkreter gesagt, daß in unterschiedlichen sozialen Bezügen unterschiedliche Aspekte oder Teile der persönlichen Geschichte wichtig sind, ohne daß durch die Unterschiedlichkeit der Gewichtungen die Kontinuität des Zusammenhangs, die Identität, verlorengeht.

Die persönliche Identität schafft das Bewußtsein des eigenen Selbst, indem durch Akkumulation von Erfahrung im Umgang mit der eigenen Person (z.B. mit sozialen Identitäten, mit psychosozialen Bedürfnissen) Wissen darüber entsteht, wer oder was man ist — jenseits aktueller sozialer Identifizierungen.

Auch die persönliche Identität ist sozialen Ursprungs

Hier wird noch einmal aus anderer Perspektive deutlich, daß persönliche Identität *sozialen* Ursprungs ist. Die Akkumulation von Erfahrung und die Herausbildung von Wissen und Bewußtsein vollziehen sich auf der Grundlage konkreten sozialen Handelns in sehr verschiedenen Situationen. Konkrete Interaktion aber ist unaufhebbar mit Prozessen der Aushandlung, Definition und Festlegung sozialer Identität verbunden. Daraus ergibt sich, daß wir persönliche Identität auch als Ablagerungsprodukt früherer sozialer Identitäten umschreiben können. Ein Produkt allerdings, das sich gegenüber den Quellen seines Ursprungs verselbständigt hat und gewissermaßen ein ,,Eigenleben" führt.

Wie wir persönliche Identität in konkrete Interaktionen einbringen und damit auf jeweilige aktuelle soziale Identitäten beziehen, haben wir mit der Darstellung der Genese und Funktion des generalisierten Anderen angedeutet. Der generalisierte Andere wurde als Instanz beschrieben, die soziale Erfahrungen organisiert und strukturiert und damit Voraussetzungen für Reflexivität schafft. In dieser Funktion ist der generalisierte Andere gewissermaßen ein Bindeglied zwischen sozialer und persönlicher Identität in jeder Interaktion: Über den generalisierten Anderen wird biographische Erfahrung als relativierender Bezugspunkt des Bewußtseins eingebracht und das ,,Aufgehen" in aktuellen Rollenanforderungen verhindert. Gleichzeitig wird die neue Erfahrung der aktuellen Interaktion im generalisierten Anderen ,,verarbeitet", d.h. als Fortführung der persönlichen Geschichte in den relevanten Teilen verallgemeinert, sei es als Bestätigung, Erweiterung oder Modifikation des bisherigen ,,Bestandes".

150

9.3 Ich-Identität: Die Balance zwischen persönlicher und sozialer Identität

Vielleicht fragen Sie mittlerweile, was denn nun die „eigentliche" Identität ausmacht, unser Rollenspiel oder unsere Lebensgeschichte. Unsere Antwort lautet — in Anlehnung an *Habermas* —: beides. Das letztlich zentrale Problem der Identitätsherstellung und -aufrechterhaltung liegt in der angemessenen *Balance zwischen persönlicher und sozialer Identität*. Die gelungene Balance zwischen beiden Aspekten der Identität hat *Habermas* als „*Ich-Identität*" bezeichnet.

Begriff:
„Ich-Identität"

Die wichtige Funktion der persönlichen Identität liegt — wie oben angedeutet — in der Relativierung aktueller Zugriffe der sozialen Umwelt auf das Selbst. Ohne diese Relativierungsmöglichkeit würde das Ich durch soziale Ansprüche und Zuschreibung vereinnahmt, so daß es nur mehr Objekt in seinen sozialen Beziehungen wäre (Verdinglichung). Andererseits ist interaktionsbezogen die Annahme sozialer Identität durch das Individuum notwendig, um seine gesellschaftliche Einbindung zu erhalten.

> „Wir brauchen nämlich auch für die besondere Individualität, in der wir uns präsentieren wollen, die Zustimmung unserer Handlungs- und Gesprächspartner: Sie entwerfen Vorstellungen über uns, die wir nicht unberücksichtigt lassen können. (...) Wer gegen allgemein geteilte Vorstellungen, wie er sich als Angehöriger bestimmter Personengruppen zu verhalten hat, wiederholt verstößt, läuft Gefahr, in seiner individuellen Besonderheit nicht akzeptiert zu werden." (Krappmann 1971, S. 7)

Eine vollständige oder auch sehr weitgehende Verweigerung sozialer Ansprüche (Rollenübernahme) würde das Individuum im Wortsinne nicht mehr gesellschaftsfähig sein lassen und in der Konsequenz zur Ausgliederung aus seinen sozialen Bezügen führen. Vereinfachend und schlagwortartig ließe sich das Bemühen um Ich-Identität auch als *Balance zwischen Anpassung und Verweigerung* beschreiben.

Balance zwischen Anpassung und Verweigerung

Es ist einleuchtend, daß sich Ich-Identität mit einem relativ hohen Maß an Reflexivität verbindet. Eine gelungene Balance mit Kontinuitätscharakter, also Ich-Identität als Zustand relativer Dauerhaftigkeit, Beständigkeit bzw. Wiederholbarkeit, setzt zumindest die grundsätzliche Fähigkeit voraus, Ansprüche der sozialen Umwelt und psychosoziale Bedürfnisse der eigenen Person zu reflektieren. Reflexion bedeutet in diesem Zusammenhang, Bezüge herzustellen zwischen vordergründig Unverbundenem, die Fähigkeit, Getrenntes und Gegensätzliches „zusammenzudenken", sowie Widersprüche und Interessen zu erkennen.

Ich-Identität und Reflexionsfähigkeit

Daß gerade der Tatbestand relativer Beständigkeit von Ich-Identität mit Reflexionsfähigkeit verbunden ist, hängt mit der grundsätzlichen Wandelbarkeit und Bedrohtheit der verschiedenen Identitätsaspekte zusammen. Gefährdungen und Krisen im Bereich sozialer und persönlicher Identität können letztlich nur durch die Reflexivität der Ich-Identität „erfolgreich" bearbeitet werden. Die Reflexionsfähigkeit verhilft dazu, Ursachen, Bedingungen und die eventuelle Lösungsmöglichkeit kleinerer und größerer identitätsbezogener Krisen zu erkennen. Auf der Grundlage dieser Erkenntnisse können Krisen gewissermaßen „eingegrenzt" und relativiert werden. Aus Widersprüchen resultierende Spannungen lassen sich aushalten. Auf diese Weise kann trotz aktueller Spannungen (z.B. Rollenkonflikte) Ich-Identität aufrechterhalten werden. Besonders wichtig ist jedoch, daß die Reflexionsfähigkeit notwendig ist, um die Balance zwischen sozialer und persönlicher Identität wieder herzustellen, wenn es zu gravierenden Störungen der Ich-Identität kommt.

Diese enge Verbindung von Ich-Identität und Reflexivität bedeutet nun nicht, daß das balancierende Individuum ,,wo es steht und geht" reflektiert und fortwährend mit der Abwägung und Relativierung fremder und eigener Ansprüche beschäftigt ist. Die Reflexionsfähigkeit wird immer dann gebraucht, wenn die Routine der Identitätserhaltung gestört wird.

Die Strategien und Techniken der Identitätsstabilisierung bei Störungen sind zum großen Teil auch Bestandteil der Alltagsroutine. So wird man sich beispielsweise ,,automatisch" auf das situationsbezogene ,,richtige" Maß in der Präsentation distanzierender Elemente des Rollenspiels einstellen. Das ,,richtige Maß" wird dabei eben nicht nur von der sozialen Definition der Situation bestimmt, sondern auch von den individuellen Bedürfnissen und Interessen, deren reflexive Einbringung von den situativ verfolgten Zielen abhängt (was ist dem Individuum im Moment wichtig, was möchte es erreichen).

Wichtig ist, daß persönliche Identität (in der Präsentation von Ich-Identität) auch sozial vermittelt werden muß. Soziale Identität zu präsentieren, ist relativ einfach, persönliche Identität ist dagegen kaum in gleicher Unmittelbarkeit sinnlich darzustellen und wahrnehmbar. Mittelbar wird persönliche Identität in der Regel durch individuelle Erfahrungen, Bedürfnisse und Interessen eingebracht, die den sozialen Aufforderungen einer Situation mehr oder minder entsprechen. In der flexiblen Berücksichtigung eigener Interessen und sozialer Anforderungen drückt sich die flexible Anwendung sozialer Normen aus und vollzieht sich eine aktuelle Formierung von Ich-Identität in einer situationsspezifischen Balance von sozialer und persönlicher Identität.

9.4   Zusammenfassung

Die wesentlichen Aspekte dieses Kapitels können wir folgendermaßen zusammenfassen:

1. Die ,,soziale Identität" eines Menschen ist seine in einer konkrekten Situation durch einen Definitionsprozeß sozial konstruierte Persönlichkeit. Der Vorgang der Identifizierung bedeutet die Kennzeichnung der in der Situation als dominant bewerteten Rollen bzw. Rollenaspekte einer Person. Im Normalfall ist der Identifizierte insofern an der Festlegung seiner sozialen Identität beteiligt, als er verbal und habituell Interpretationshilfen symbolisch präsentiert. Die Präsentation ist zumindest teilweise steuerbar.

2. Die ,,persönliche Identität" eines Menschen meint seine historische Einmaligkeit und Unverwechselbarkeit, die sich in seiner Lebensgeschichte als einzigartiger Kombination von Tatsachen, Daten und Ereignissen ausdrückt. Man kann die persönliche Identität auch als ,,Ablagerung" oder ,,Verselbständigung" früherer sozialer Identitäten verstehen. Auch die persönliche Identität ist eine dynamische, variable ,,Größe", weil sie eben nicht nur eine Ansammlung ,,objektiver" Daten ist, sondern stets eine interpre-

tierte Geschichte, in der „objektive" Daten hervorgehoben, weggelassen und unterschiedlich kombiniert werden können. Aus diesem Grund sind größere und kleinere Lebenskrisen häufig auch Identitätskrisen, weil sie das Bedürfnis nach Interpretation biographischer Ereignissse bzw. Linien mit dem Ziel der Herstellung subjektiver Sinnhaftigkeit wecken.

3. Für die soziale und die persönliche Identität ist die Instanz des „generalisierten Anderen" von besonderer Bedeutung. Als „Ort" der Ordnung und Abstraktion sozialer Erfahrung werden hier im Falle aktueller Interaktion situative „Me's" reflexiv verarbeitet. D.h. Zuschreibungen sozialer Identität können vor dem Hintergrund des Wissens um eigene Rollenmöglichkeiten bewertet werden. Diese Bewertung kann als korrigierende oder steuernde Information in die Interaktion eingegeben werden und ist als Beitrag des Individuums zur Definition der Situation und des Selbst zu verstehen. Jeder Bezug aktuellen und sozialen Handelns aus biographischen Erfahrungen bedeutet den Bezug auf Teile der persönlichen Identität. Insofern stellt der generalisierte Andere ein Bindeglied her zwischen sozialer und persönlicher Identität: Als „Ort"der Erfahrungsverarbeitung verbindet er gewissermaßen soziales Handeln in der Zeitdimension. Die Instanz des generalisierten Anderen „sorgt" dafür, daß Vergangenes in der Gegenwart nicht verloren geht und daß Gegenwärtiges zur sinnvollen Vergangenheit wird.

4. Soziale und persönliche Identität sind die beiden Bestandteile der „IchIdentität", deren Herstellung erst den „gelungenen" Sozialisationsprozeß kennzeichnet. Als „gelungen" ist dieser Prozeß im Hinblick auf den „Interessenausgleich" von Individuum und Gesellschaft zu verstehen. Gesellschaftliche Funktionalität und individuelle Autonomie und Reflexivität sind die zwei Aspekte sozialer Existenz, die in der Ich-Identität ausbalanciert werden. Die Balance von Ich-Identität ist kein einmal zu erreichender Zustand, sondern ein potentiell lebenslängliches Problem.

Ein Perspektivenwechsel:
Sozialisation in der Gesellschaft

Die Überschrift des Teils 2 dieser Einführung in die Soziologie lautet: ,,Wie wir werden, was wir sind." Damit wollten wir die ,,Doppelwertigkeit" des Themas andeuten: Bisher haben wir Prozesse der Vergesellschaftung ,,aus der Perspektive" des handelnden Subjekts betrachtet, in den folgenden Kapiteln machen wir dagegen die gesellschaftlichen Rahmenbedingungen individueller Entwicklung und Entfaltung zum Thema. Diese ,,doppelte Sichtweise" ist auch in unserem Verständnis von Sozialisation enthalten, das wir in Kapitel 6 vorgestellt haben. Wir wollen dieses Verständnis hier noch einmal wiederholen, um Ihnen zu zeigen, daß wir keineswegs bereits alles wichtige zum Thema ,,Sozialisation" gesagt haben:

> Unter Sozialisation verstehen wir einerseits jene Prozesse, in denen eine Person soziale Handlungsfähigkeit und Identität erwirbt und sichert. Insofern ist Sozialisation ein lebenslanger Prozeß der individuellen Aneignung der gesellschaftlichen Umwelt.

Wiederholung: Definition ,,Sozialisation"

> Andererseits verstehen wir unter Sozialisation auch jene Prozesse, vermittels derer eine Gesellschaft ihre Mitglieder dazu bringt, ihre Normen und Werte anzuerkennen sowie ihren Funktionsansprüchen zu genügen. Insofern beinhaltet Sozialisation auch alle Vorgänge der Aneignung der Individuen durch die Gesellschaft.

In den voraufgegangenen Kapiteln haben wir den Sozialisationsprozeß unter der Perspektive der Interaktion betrachtet. Es ging um die Frage, wie eine Person soziale Handlungsfähigkeit und Identität erwirbt und sich durch diesen Erwerb und die damit eng verbundenen Fähigkeiten der Übernahme und Ausarbeitung verschiedenster Rollen Umwelt aneignet. Daß das Maß bzw. die Qualität der Umweltaneignung sehr unterschiedlich sein kann, ist schon in unseren bisherigen Ausführungen deutlich geworden. Denken Sie daran, welche unterschiedlichen Stufen der Rollenübernahme bzw. Formen des Rollenspiels wir Ihnen beschrieben haben. Der ,,Neuling" in einer Rolle, der die Regeln bzw. Erwartungen noch nicht beherrscht oder hinreichend kennt, wird sich in dem Bereich der sozialen Umwelt, dem die Rolle angehört, keineswegs so sicher fühlen, daß er oder seine Rollenpartner den Eindruck haben können, als vermöge er relativ autonom mit der durch die Rolle respräsentierten Umwelt umzugehen. So gesehen sind die Internalisierung einer Rolle sowie Rollendistanz *Qualitätsmerkmale zunehmender Umweltaneignung.*

Unterschiedliche Qualität der Umweltaneignung

Internalisierung sowie Rollendistanz als Qualitätsmerkmale von Umweltaneignung

Im letzten Teil der Einführung in die Soziologie wollen wir die Perspektive wechseln. Wir fragen nun nach den gesellschaftlichen Bedingungen des Sozialisationsprozesses. Dazu müssen wir noch einmal kurz an die Ausgangssituation erinnern, die wir in Kapitel 6 skizziert haben: Ein biologisch, psychisch und sozial ,,unfertiges" Kind wird in eine fertige Welt geboren, in der auch bereits allgemeine Vorstellungen existieren, wie das Kind dazu gebracht werden soll, ein aktiver Bestandteil dieser fertigen Welt zu werden. Vielleicht stehen für das Kind sogar schon spezielle Vorstellungen darüber bereit, wie es sich entwickeln soll, welche Eigenschaften und Verhaltensweisen gefördert oder unterbunden werden sollen, je nachdem, mit welchen Eltern es das Kind ,,zu tun" hat.

Wie auch immer die konkrete Situation des Kindes aussieht, fest steht, daß als Ziel gesellschaftlichen Einwirkens auf das unfertige Kind die Aneignung von sozialer Umwelt angenommen werden kann. Dieses Ziel ist aus den Funktionsprinzipien der Gesellschaft ableitbar, denn um den Fortgang des Betriebes ,,Gesellschaft" nicht zu stören, sollten alle Mitglieder über die ,,betriebsnotwendigen" Fähigkeiten verfügen. Dazu gehören z.B. so grundlegende Fähigkeiten wie Sprachbeherrschung, Körperbeherrschung und Triebkontrolle. Je mehr Fähigkeiten erlernt und entwickelt werden, umso größer ist tendenziell auch die relative Autonomie eines Individuums gegenüber seiner materiellen und sozialen Umwelt.

Umweltaneignung als Gestaltungsfähigkeit

Diese Umwelt wird dann angeeignet, wenn und insoweit das Individuum über die Fähigkeiten verfügt, gestalterisch auf die eigenen Beziehungen zur Umwelt (bzw. zu Teilen der Umwelt) einzuwirken. Von daher müssen wir die Aussage über Umweltaneignung als *gesellschaftliches* Ziel von Sozialisation gleich einschränken. Umweltaneignung wird ganz allgemein erst einmal nur insoweit gefördert, daß dem Individuum die Teilnahme am gesellschaftlichen Leben bzw. in wichtigen Teilsystemen der Gesellschaft möglich ist. Schnell einsichtig ist, daß der Grad der Umweltaneignung stark variieren, d.h. eine unterschiedliche Qualität haben kann. Wichtig ist nun, daß über die sozialisatorische ,,Grundausstattung" hinaus die Chancen für den Grad erreichbarer Umweltaneignung in der Gesellschaft sehr unterschiedlich verteilt sind. Diese unterschiedliche Chancenverteilung ist Gegenstand von Untersuchungen zur ,,schichtenspezifischen Sozialisation".

Chancen der Umweltaneignung sind unterschiedlich verteilt

Als Beispiel für das Gemeinte können wir auf die Rolle von ,,Bildung" in unserer Gesellschaft verweisen. Für die moderne Industriegesellschaft ist es wichtig, daß jeder lesen und schreiben kann, die Grundrechenarten beherrscht und über andere Fähigkeiten und Kenntnisse verfügt, die ihm eine Rollenübernahme in der arbeitsteiligen Gesellschaft ermöglichen. Wir stellen auch fest, daß immer mehr junge Menschen immer höhere Bildungsabschlüsse erreichen. Bei genauerem Hinsehen zeigt sich allerdings, daß diese Verbreiterung von Bildungsinteressen nicht über alle Sozialschichten gleichmäßig verteilt ist. Nach wie vor gibt es Schichten, in denen das Bildungsengagement und der Bildungserfolg größer sind, und Schichten, deren Kinder schlechtere Startbedingungen mitbringen. In unserem Zusammenhang hier ist wichtig, daß Bildungsprozesse ganz allgemein ein *Mittel* der Umweltaneignung sind. Ihren Mittelcharakter erhalten sie dadurch, daß sie dem Individuum Zugang zu Fähigkeiten, verschiedenen Formen des Wissens und Rollen verschaffen, die wiederum Voraussetzung sind, um gestalterisch auf die eigenen Beziehungen zur Umwelt einzuwirken, sich also Umwelt anzueignen.

Bildungsprozesse als Mittel der Umweltaneignung

Wer sich für die theoretische Anwendung des Aneignungskonzepts auf eine konkrete empirische Gruppe interessiert, sei verwiesen auf den — allerdings nicht ganz einfachen — Aufsatz von Horst *Stenger* : ,,Aneignung statt Anpassung. Eine theoretische Skizze zur gesellschaftlichen Integration straffälliger Jugendlicher" (1985 b).

Während wir in den voraufgegangenen Kapiteln die Beziehung zwischen Qualität des Rollenspiels und Qualität der Umweltaneignung dargestellt haben, geht es nun darum, daß Rollen sich unabhängig von den unterschiedlichen Qualitäten der Rollenspiele sehr stark danach unterscheiden, inwieweit sie Aneignung überhaupt zulassen. Das schon früher bemühte Beispiel vom Fabrikdirektor einerseits und dem Bandarbeiter andererseits verdeutlicht das Gemeinte: Unabhängig davon, wie die beiden ihre Berufsrolle spielen, sind beide Positionen von vornherein mit höchst unterschiedlichen Möglichkeiten ausgestattet, gestalterisch auf die Umwelt zurückzuwirken.

Wir müssen also fragen, wie es kommt, daß nicht alle Gesellschaftsmitglieder versuchen, solche Positionen zu besetzen und Rollen zu spielen, die ein hohes Maß an Gestaltungsmöglichkeiten beinhalten.

Damit sind wir beim zweiten Halbsatz unserer Definition von „Sozialisation", nämlich den „Prozessen, vermittels derer eine Gesellschaft ihre Mitglieder dazu bringt, ihre Normen und Werte anzuerkennen sowie ihren Funktionsansprüchen zu genügen." Aus der Perspektive des Individuums haben wir diese Vorgänge unter den Stichworten „Rollenübernahme" und „Internalisierung" erläutert. Aus der Perspektive „der Gesellschaft" müssen wir uns nun mit Stichworten wie „schichtspezifische Rekrutierung", „Selektion" und „Allokation" beschäftigen.

Die wichtigsten Sozialisationsagenturen, in denen Chancen verteilt werden, sind Familie und Schule. Auf sie werden wir uns konzentrieren.

10.　Gesellschaftliche Bedingungen der Sozialisation

Wir haben bis jetzt die Grundlagen des Vermittlungsprozesses von Individuum und Gesellschaft systematisch umrissen. Die vorherrschende Perspektive war dabei, ,,Sozialisation" als einen dauerhaften Vorgang individueller Reifungs- und Lernprozesse in der Auseinandersetzung mit den Bedingungen gesellschaftlicher Existenz zu beschreiben. Über die Entwicklung der Interaktionsfähigkeit, ihrer Weiterentwicklung und Differenzierung in komplexen Prozessen der Übernahme von Rollen außerhalb der familialen bzw. kindlichen Umwelt haben wir die Genese von Ich-Identität eher beiläufig als ,,ideales Endziel", als Maßstab einer wünschbaren, einer gelungenen Sozialisation des Subjekts vorgestellt. Wir haben Inhalte der Sozialisation vernachlässigt und uns auf die analytische Struktur, auf Bedingungen und Schwierigkeiten jedes Vergesellschaftungsprozesses konzentriert.

Dabei ist jedoch klar geworden, daß Identität bereits im analytischen Entwurf keine feste ,,Größe" ist bzw. sein kann. Die Mitglieder einer Gesellschaft lassen sich nicht danach unterscheiden, ob sie eine ausbalancierte Ich-Identität besitzen oder nicht. Der ,,Balanceakt" zwischen persönlicher und sozialer Identität ist — wie mehrfach angedeutet — eine lebenslange Beschäftigung. Unterscheiden lassen sich Gesellschaftsmitglieder allerdings danach, inwieweit sie über Fähigkeiten verfügen, mit Identitätsproblemen konstruktiv umzugehen, und inwieweit sie Chancen haben, diese Fähigkeiten zu erwerben. Mit diesen Unterschieden wollen wir uns nun beschäftigen.

10.1　Umweltaneignung und soziale Schicht

Die unterschiedliche Verfügung über Fähigkeiten verweist auf den Aspekt unterschiedlicher Chancen und Grade der Aneignung von Umwelt, auf den wir bereits einige Male hingewiesen haben. Unter Aneignung von Umwelt verstehen wir das ,,sozialisatorische Feedback" des Individuums, d.h. die Nutzung der im Vergesellschaftungsprozeß erworbenen Fähigkeiten, Kenntnisse und Handlungsmuster im sozialen Umfeld. Eine größere Aneignung ist jedoch erst dann gegeben, wenn die Anwendung des Erworbenen zu größeren Handlungsspielräumen, Erschließung größerer Handlungsfelder und besseren Chancen der Befriedigung psychosozialer Bedürfnisse führt. In einer idealisierten und vereinfachten Darstellung ließe sich das Gemeinte folgendermaßen skizzieren:

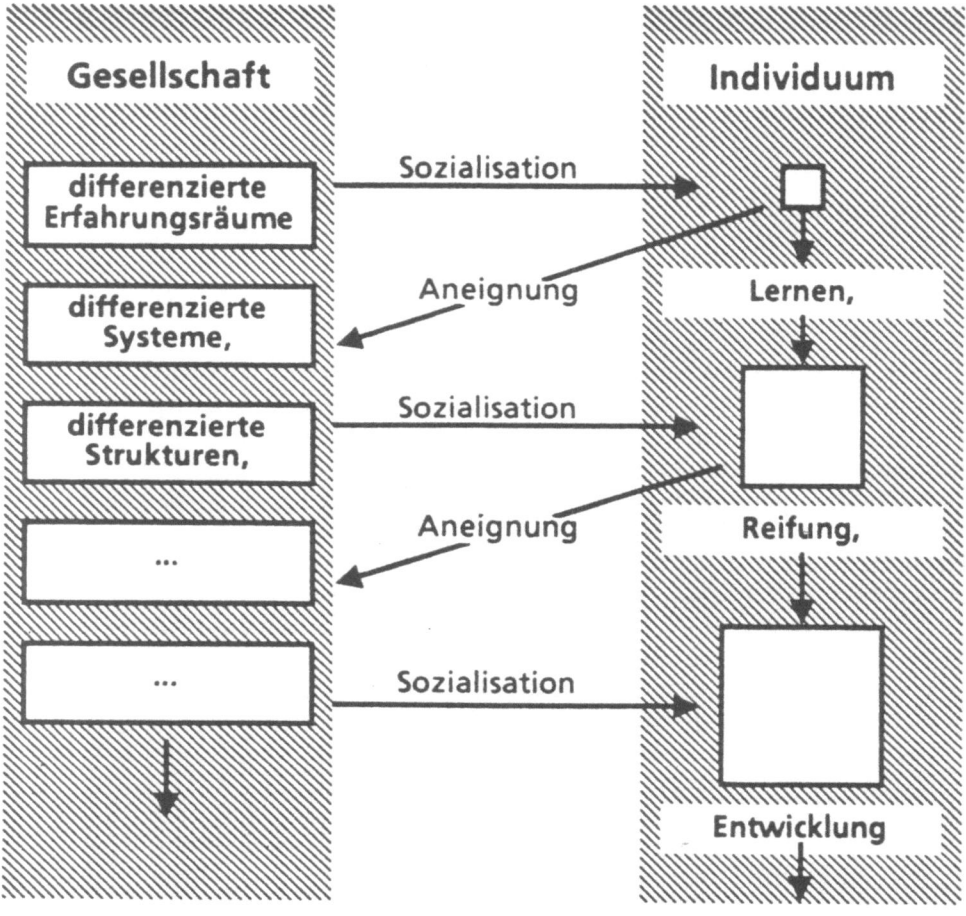

Die grundlegenden Vorgänge der Aneignung von Umwelt haben wir bereits beschrieben: Wesentlich ist dabei der Zugang zu Positionen im Rollensystem der Gesellschaft. Die Positionen und Rollen einer Gesellschaft unterscheiden sich sehr stark nach dem Maße ihrer Repressivität bzw. dem Maße der Aneignung, die sie gestatten. Die Übernahme neuer Rollen ist also nicht zwangsläufig gleichbedeutend mit Erweiterung von Handlungs- und Befriedigungsmöglichkeiten, sondern kann gerade mit einer Einschränkung von Handlungs- und Befriedigungsmöglichkeiten verbunden sein. (Vgl. Kapitel 6)

Sprache, Denken, Wissen und Erfahrung als wesentliche Bestandteile von Umweltaneignung

Wesentliche Voraussetzung und Bestandteil jeder Umweltaneignung sind Sprache, Denken, Wissen und Erfahrung. In der interdependenten Entwicklung von Sprache und Denken werden die Grundlagen für das ,,Begreifen" ,,von Welt" gelegt. Die Dinge, über die in Sprache und Denken nicht verfügt wird, sind dem Individuum nicht ,,zu eigen", es hat sie nicht angeeignet. Mit Sprache und Denken eng verbunden ist die Erfahrung bzw. sind die Erfahrungsmöglichkeiten. Konkrete Erfahrung ist auch ein wichtiger Weg, Dinge zu ,,begreifen", sich ,,einen Begriff davon zu machen", um sie sprachlich und gedanklich weiterverarbeiten zu können. Sprache und Denken sind also wichtige

162

Hilfsmittel für die Abstraktion und Verallgemeinerung von Erfahrung. Die Abstraktion wiederum ermöglicht erst die Verknüpfung und Strukturierung von Erfahrung.

Als ein Beispiel für ein solches Produkt aus Sprache, Denken und Erfahrung haben wir die Sozialisationsinstanz des generalisierten Anderen kennengelernt. Strukturierte Erfahrung schließlich ist Voraussetzung für Reflexivität gegenüber Erfahrungen. Solche Reflexivität bestimmt wesentlich die Qualität des Rollenspiels bzw. die Chancen eines Akteurs, potentielle Spielräume von Positionen und Rollen zu nutzen und so das Aneignungspotential einer Position tatsächlich zu realisieren.

Zusammenfassend könnte man auch sagen, eine fortschreitende Aneignung von Umwelt im Rahmen des Sozialisationsprozesses vollzieht sich im Erwerb von Wissen bzw. setzt diesen Erwerb voraus. Sie können sich wahrscheinlich denken, daß wir — wie schon im ersten Teil dieser Einführung — ,,Wissen" nicht mit Schul- oder Ausbildungswissen gleichsetzen. Dieser Teil des Wissens ist zwar auch gemeint; hinzu kommt jedoch das, was wir *,,soziales Wissen"* nennen möchten. Beim sozialen Wissen unterscheiden wir zwei Aspekte:

,,Wissen" als hervorgehobene Kategorie der Umweltaneignung

Differenzierung sozialen Wissens

— Zum einen den *informationellen Aspekt* sozialen Wissens, der das technisch-instrumentelle Wissen über gesellschaftliche Institutionen, Organisationen und Verkehrsformen betrifft. Beispiele für solche Formen des Wissens sind etwa die Kenntnis der Tischsitten, die Verhaltensregeln beim Einkaufen oder das Wissen um Rechte und Versorgungsmöglichkeiten im Fall von Krankheit oder Arbeitslosigkeit.

— informeller Aspekt

— Der *Handlungsaspekt* sozialen Wissens betrifft das Wissen um die Struktur von Interaktionen und der verschiedensten Handlungssituationen in Form der Kenntnis von Basisregeln, Erwartungswissen und Definitionserfahrungen. Dieses Wissen hilft beim Erkennen von Situationen und Anlässen, gibt Auskunft über angemessene Verhaltungserwartungen und ,,richtiges" Rollenhandeln.

— Handlungsaspekt

Das ,,Alltagswissen" ist übrigens ein Teil des ,,sozialen Wissens" und enthält sowohl informationelle als auch Handlungsaspekte.

Sprache, Denken und Erfahrung ,,schaffen" also das ,,Wissen", mit dessen Hilfe Umwelt mittelbar oder unmittelbar angeeignet werden kann. Mittelbar dann, wenn sich Aneignung durch den Zugang zu neuen Positionen/Rollen vollzieht. Der Zugang zu vielen Positionen in der Welt der erwachsenen Gesellschaftmitglieder setzt ein ganzes Bündel an speziellem und allgemeinem Wissen (Bildungswissen und soziales Wissen) voraus. Bewußt werden uns solche Voraussetzungen meist nur, wenn z.B. in Stellenangeboten bestimmte Bildungs- oder Berufsqualifikationen oder Erfahrungen ausdrücklich verlangt werden.

,,Wissen" schafft Zugang zu Positionen/Rollen

Die Chancen, jene Art von Wissen zu erwerben, das langfristig bessere Möglichkeiten der Umweltaneignung sichert und bessere Möglichkeiten zur Etablierung reflexiver Beziehungen zur Umwelt und zur Stabilisierung von Ich-Identität beinhaltet, sind in der Gesellschaft sehr unterschiedlich verteilt. Je nachdem, welche Erfahrungsmöglichkeiten in der spezifischen Umwelt eines Kindes gegeben sind, ist das Wissen strukturiert, das es für die ,,Handhabung" von ,,Welt" einsetzen kann. Entscheidend ist nun, daß es systematische Unterschiede zwischen großen gesellschaftlichen Einheiten hinsichtlich der dort jeweils dominierenden Erfahrungsmöglichkeiten (= Sozialisationsbedingungen)

Chancen für Erwerb von ,,Wissen" sind unterschiedlich verteilt

gibt. Dieser Sachverhalt wird in der Soziologie unter dem Stichwort ,,schicht-spezifische Sozialisation" untersucht und diskutiert.

Soziale Schicht

Der Begriff der sozialen Schicht ist in den Sozialwissenschaften zwar weit verbreitet, aber es gibt kein einheitliches Verständnis darüber, welche Merkmale Schichten kennzeichnen und voneinander unterscheiden. Je nach dem Untersuchungsinteresse des Forschers kann er andere Kriterien verwenden für die Betrachtung von Unterschieden in der Gesellschaft. In jedem Fall wird mit der Konstruktion sozialer Schichten immer ein Maßstab gesucht für die Analyse und Bewertung *sozialer Ungleichheiten* in einer Gesellschaft.

Übliche Schichtkriterien

In den Forschungen zur schichtspezifischen Sozialisation hat man sich im wesentlichen auf die Unterscheidung von Unter- und Mittelschicht konzentriert und zur deskriptiven Kennzeichnung von Unterschieden Kombinationen aus sozialstatistischen (Einkommen, Ausbildung, Beruf etc.) und kulturellen (Werthaltungen, Lebensstil, Einstellungen usw.) Kriterien verwendet. In der Realität sind die Übergänge zwischen Unter- und Mittelschicht fließend, die ,,Grenzziehung" des Sozialwissenschaftlers ist insofern künstlich. Die Unterscheidung als solche ist dagegen empirisch sehr wohl brauchbar, weil immer wieder Beziehungen zwischen Schichtzugehörigkeit und konkretem Verhalten festgestellt wurden.

Schichtunterschiede schaffen unterschiedliche Umwelten und unterschiedliche Sozialisationsbedingungen

Die materiellen und kulturellen Unterschiede zwischen Schichten schaffen nun im Grundsatz unterschiedlich strukturierte Umwelten. Das heißt, Kinder und Jugendliche, die in Unter- oder Mittelschicht aufwachsen, haben unterschiedliche Erfahrungsmöglichkeiten und werden unter jeweils anderen Bedingungen ,,vergesellschaftet". Die unterschiedlichen Sozialisationsbedingungen beeinflussen auch entscheidend die Chancen, aneignungsrelevantes ,,Wissen" zu erwerben. Den Zusammenhängen zwischen Schicht und verschiedenen Aspekten des ,,Wissens" gehen wir im folgenden nach.

10.2 Schicht und Handlungskompetenz

Begriff: ,,Handlungs-kompetenz"

Der Begriff der Handlungskompetenz wurde von Ralf *Bohnsack* entwickelt und meint die Fähigkeit, auf der Grundlage der Beherrschung der Basisregeln, d.h. der Grundstruktur von Interaktion (Rollenübernahme ist beispielsweise ein Element der Grundstruktur, s.o.) *situative soziale Erfahrungen zu abstrahieren und zu generalisieren.* Man könnte auch sagen, es geht um die Fähigkeit, strukturelle Ähnlichkeiten unterschiedlichster sozialer Situationen zu erkennen und aufgrund dieser Erkenntnis Definitionen und Verhaltensweisen in einer ,,angemessenen", ,,richtigen" Weise miteinander zu verknüpfen und gewissermaßen zu ,,transferieren".

Wir sind dieser speziellen Fähigkeit, die mit dem Begriff der Handlungskompetenz ausgedrückt wird, in Ansätzen bei der Darstellung der Bedeutung des ,,generalisierten Anderen" im Sozialisationsprozeß begegnet. Der generalisierte Andere ließe sich durchaus als sozialisatorische Instanz für die Entwicklung von Handlungskompetenz bezeichnen. Zur Verdeutlichung des Bezugs sei noch einmal erwähnt, daß der generalisierte Andere das unmittelbare Produkt des Sozialisationsprozesses, gewissermaßen die ,,Sammelstelle der Vergesell-

164

schaftungserfahrungen" ist und zudem der „Ort", an dem diese Erfahrungen zugeordnet, abstrahiert und verknüpft werden. Der generalisierte Andere ist für das Individuum der „Partner" eines inneren „Dialogs", der als „Kenner der Gesellschaft" hilft, Situationen, Handlungen und Handlungspläne vom Standpunkt der Welt außerhalb des Ichs zu beurteilen und zu bewerten.

Lassen Sie sich bitte durch den Gebrauch der Metaphern nicht täuschen: In „Wirklichkeit" ist der generalisierte Andere natürlich nur die Bezeichnung für eine bestimmte Art von *Denkprozessen*.

Theoretisch einleuchtend und empirisch nachweisbar ist nun, daß die Generalisierungsfähigkeit unter den Gesellschaftmitgliedern sehr unterschiedlich ausgeprägt ist. Wie weit diese Fähigkeit entwickelt ist, hängt wesentlich ab von der *Struktur* der angesammelten sozialen Erfahrungen, kaum dagegen von deren Inhalt.

Beispiel: „Sanktionsverhalten"

Als Beispiel für den Unterschied von Struktur und Inhalt kann das Sanktionsverhalten der Eltern gegenüber ihren Kindern genannt werden. Die Struktur der Sanktionserfahrung beträfe die Art und Weise und die Konsequenz bzw. Dauerhaftigkeit der Sanktionen, der Inhalt wären beliebige Situationen des Alltagslebens, die in der Verhaltensstruktur der Eltern „sanktionsreif" sind. Es ist offenkundig, daß die Struktur der angesammelten sozialen Erfahrungen eines Kindes anders ist, wenn die Eltern z.B. nicht nur auf Fehlverhalten negativ, sondern auch auf „richtiges" Verhalten positiv reagieren. Das Kind verarbeitet die Reaktionen der Eltern anders, wenn Sanktionen begründet und einsehbar gemacht werden oder wenn das Sanktionsverhalten in der Grundstruktur gleich bleibt und damit für das Kind „berechenbar" wird, als wenn es fast nur Strafen, aber kaum Belohnungen gibt und das Sanktionsverhalten starken Schwankungen unterliegt.

Mangelnde Handlungskompetenz

Die unterschiedlich ausgeprägte Generalisierungsfähigkeit ist nicht nur von theoretischer Relevanz, sondern hat Bedeutung für das konkrete Handeln von Individuen. Mangelnde Handlungskompetenz bezeichnet dementsprechend strukturelle Schwächen im Handlungspotential eines Individuums. Das bedeutet konkret, daß ein Individuum nur unzureichend in der Lage ist, Situationen anlaßgemäß zu definieren, und als Folge davon häufig „falsche", „unvernünftige" Handlungsentscheidungen trifft. Konsequenzen von Handlungen werden falsch eingeschätzt, Handlungsalternativen und strukturelle Ähnlichkeiten zu bereits früher erlebten Situationen werden nicht erkannt. Umgekehrt werden die Erfahrungen einer Situation zu schnell verallgemeinert oder Einzelmerkmale (Halo-Effekt) überbewertet.

Illustration mangelnder Handlungskompetenz

Auf der Ebene interpersonaler Interaktionen drückt sich mangelnde Handlungskompetenz in besonderen Schwierigkeiten der Rollenübernahme aus, d.h. Erwartungen und Absichten des Interaktionspartners werden nicht angemessen anerkannt und folglich auch nicht in das eigene Handeln einbezogen. Der Akteur mit mangelnder Handlungskompetenz „klebt" gewissermaßen an einer sozialen Situation, er „verliert" sich in ihr, weil er die Erscheinungen einer Situation für die einzige, die „ganze" Realität hält und die Bedingtheit durch andere, abstraktere Wirklichkeitsebenen nicht erkennt.

Nehmen Sie als einfaches Beispiel einen Jugendlichen, der die Freundlichkeit und Herzlichkeit eines Buchklubwerbers in der Fußgängerzone nicht als professionelle, zielorientierte Handlungsstrategie erkennt, die ihre Quellen außerhalb der konkreten Situation hat, sondern der in der Situation „aufgeht" und die Freundlichkeit des Werbers ganz situationsbezogen als spontanes Interesse an seiner Person interpretiert und sich dieser Interpretation entsprechend verhält (und z.B. einen Vertrag unterschreibt).

Mangelnde Handlungskompetenz ist nun zum einen ein besonderes Problem der Lebensphasen „Kindheit" und „Jugend", zum anderen aber auch ein Problem der Sozialisationsbedingungen bzw. Erfahrungsmöglichkeiten. Daß Kinder und Jugendliche über mangelhafte Kompetenzen verfügen, ist nach den vorangegangenen Erläuterungen nicht weiter verwunderlich. Der Erwerb von Wissen und Kompetenzen mit dem Ziel der Aneignung von Umwelt und der Identitätsbildung (Ich-Identität) ist ja gerade Gegenstand des Sozialisationsprozesses. Aber Handlungskompetenz ist nur zum Teil eine quantitative Frage, d.h. eine Frage der Erfahrungsmenge, die mit zunehmendem Lebensalter gewissermaßen „natürlich" angesammelt wird und wächst. Zum anderen Teil ist Handlungskompetenz eben auch ein qualitatives Problem, d.h. davon abhängig, auf welche Weise soziale Erfahrungen erworben werden und wie diese Erfahrungen strukturiert sind. Insofern betreffen Kompetenzunterschiede nicht nur Kinder und Jugendliche, sondern auch Erwachsene.

Bei Erwachsenen machen sich Kompetenzmängel allerdings in erster Linie nur bemerkbar in Situationen, die außerhalb der eingespielten und erarbeiteten Alltagsroutine liegen. Man könnte auch sagen: Je kleiner und geschlossener die Alltagswelt und je enger die Sinnhorizonte gesteckt sind, um so begrenzter ist auch die Handlungskompetenz.

Mangelnde Handlungskompetenz und Unterschicht

Kinder und Jugendliche, die aus Familien kommen, die aufgrund sozialstatistischer und kultureller Faktoren der Unterschicht zuzuordnen sind, haben nun besondere Schwierigkeiten in der Entwicklung von Handlungskompetenz (und damit in der Entwicklung von Fähigkeiten, die notwendig sind für die Aneignung von Umwelt). Zum einen sind sie wie alle Jugendlichen von der in der Gesellschaftsstruktur angelegten Tatsache betroffen, daß „Jugend" eine Übergangsphase mit besonderen sozialisatorischen Anforderungen ist. Die Entwicklung von Handlungskompetenz wird für sie jedoch dadurch weiter erschwert, daß wesentliche Teile der Handlungsmuster und -strategien, die in der familialen Sozialisation gelernt und internalisiert werden, der Aneignung von Umwelt relativ enge Grenzen setzen.

Wir werden uns mit den Erziehungsstilen und besonders mit den Sprachstilen in Unter- und Mittelschicht weiter unten noch näher befassen, wollen aber schon hier Bedingungen für eine geringere Entwicklung von Handlungskompetenz in der Unterschicht etwas konkreter andeuten. Ein wesentliches Element sind unterschiedliche Sprachstile in Unter- und Mittelschicht (die Unterschiede werden ebenfalls weiter unten noch erläutert). Unterschichtspezifische Sprachformen sind weniger komplex und differenziert. Wenn Sie sich an den oben ausführlich dargestellten Zusammenhang von Sprache, Denken, Ordnung von Erfahrung und Aneignung von Umwelt erinnern, wird Ihnen klar, daß geringere Komplexität und Differenziertheit von Sprache über das Denken auch das Vermögen des Kindes begrenzen, „Welt" zu begreifen und Umwelt anzueignen.

Das Kind wird sowohl durch Elemente der Sprachstruktur an eine jeweilige Situation gebunden, indem situationsübergreifende, allgemeinere Prinzipien der Geltung und Begründung von Regeln nicht mehr vermittelt werden, als auch durch besondere Inkonsistenz im Erziehungsverhalten der Eltern, die auf gleiche Handlungen des Kindes für dieses völlig uneinsichtig unterschiedlich reagieren — mal bestrafen, mal straflos zur Kenntnis nehmen, mal ignorieren. Die grundlegende Erfahrung des Kindes im Rahmen derartiger Sozialisationsbedingungen ist die der „Auslieferung" an jeweils aktuelle soziale Situationen mit nur bedingter Vorhersehbarkeit der Erwartungen und Reaktionen des Interaktionspartners. Die Notwendigkeit zur Entwicklung eines situativen Opportunismus begrenzt die Autonomie des Kindes und das Maß, in dem es andere, abstraktere Ebenen sozialer (gesellschaftlicher) Realität in sozialen Situationen zu erkennen und sich handelnd an ihnen zu orientieren vermag. Ein Planungsverhalten, das auf längere Zeiträume zielt, kann nicht ausgebildet werden.

Daß die Handlungskompetenz vieler Unterschichtjugendlicher besonders mangelhaft entwickelt ist, trägt wesentlich dazu bei, daß sie durch gesellschaftliche Auswahl- und Zuweisungsprozesse (Selektion und Allokation) auf Positionen und in Rollen geraten, die nicht mit grundlegend anderen Erfahrungsmöglichkeiten verbunden sind. Es entsteht ein negativer Kreislauf, durch den individuelle Entwicklungsrückstände gesellschaftlich verstärkt und verfestigt werden. Da die Benachteiligung in einem Bereich (z.B. Familie) dazu führt, daß das Kind auch in anderen Bereichen (z.B. Schule) Benachteiligungen erfährt, die ihrerseits wieder zusätzliche Benachteiligungen verursachen (z.B. im Beschäftigungssystem), kann man hier auch von einem Prozeß ,,kumulativer Benachteiligung'' sprechen (vgl. Kloas/Stenger 1980).

Mangelnde Handlungskompetenz und ,,kumulative Benachteiligung''

Sie können sich als Beispiel vielleicht vorstellen, daß Kinder mit derartigem Hintergrund aufgrund auffälligen (i.S.v.,,unüblichen'') Verhaltens in Grundschulklassen häufig zu ,,Störenfrieden'' werden, die als pädagogisch ,,hoffnungslose Fälle'' trotz ,,normaler'' Intelligenz schneller als andere zur Sonderschule geschickt werden. Für den Lehrer verstärkt sich der Eindruck von ,,Hoffnungslosigkeit'' nicht selten durch eine relative Gleichgültigkeit der Eltern gegenüber der Schulsituation des Kindes, so daß relativ bald auch in der Schule die Weichen für einen verminderten Erwerb sozialisationsnotwendigen Wissens in jeder Form gestellt sind. Damit ist auch bereits sehr früh der Zugang zu Positionen des Beschäftigungssystems versperrt, die durchschnittliche oder überdurchschnittliche schulische Qualifikation oder gar besondere kognitive und soziale Kompetenzen verlangen und dafür besondere Gratifikationen in Form von Entlohnung, Prestige und Entfaltungsmöglichkeiten bieten.

Beispiele der Benachteiligung und Negativselektion

Ein anderes Beispiel der Verknüpfung von mangelnder Handlungskompetenz und gesellschaftlicher Negativselektion findet sich im Bereich ,,Jugendkriminalität''. Kriminologische Untersuchungen haben einerseits gezeigt, daß delinquentes, strafrechtlich relevantes Verhalten ein jugendtypisches Phänomen ist, das alle sozialen Schichten gleichermaßen betrifft. Auf der anderen Seite ist festzustellen, daß die Jugendlichen, die in Jugendstrafvollzugsanstalten einsitzen, in ihrer großen Mehrheit der Unterschicht zuzurechnen sind.

Wesentliche Gründe für die schichtspezifisch unterschiedliche Behandlung der Jugendlichen durch die Instanzen sozialer Kontrolle (Polizei, Jugendamt, Jugendgerichtshilfe, Jugendgericht) liegen in der etwas anderen Struktur der Delinquenz von Unterschichtjugendlichen (die ihrerseits wieder Produkt der Sozialisationsbedingungen und des daraus resultierenden Handlungspotentials ist), der fehlenden Unterstützung durch die Eltern (die z.B. bei Mittelschichtkindern versuchen, es gar nicht erst zu einem Verfahren kommen zu lassen bzw. sich bei einem Verfahren engagieren, — etwa durch Einschaltung eines Rechtsanwaltes), und vor allem in der schichtspezifisch geringeren Handlungskompetenz der Unterschichtjugendlichen.

Die geringe Handlungskompetenz wirkt sich doppelt negativ aus: Zum einen tragen viele delinquente Handlungen den Charakter von ,,Dummheiten'', die ohne Planung spontan in einer aktuellen Situation häufig schnelles ,,Erwischen'' nach sich ziehen, zum anderen ist die Aufmerksamkeit der Kontrollinstanzen aufgrund entsprechender Erfahrungen auch gerade auf solche Jugendlichen ,,fixiert'', die ihrem gesamten äußeren Habitus nach der Unterschicht zuzuordnen sind. Aufgrund des Unvermögens, Funktionsprinzipien, Handlungsstile und Bewertungsmaßstäbe der Kontrollinstanzen zu durchschauen und das eigene Handeln darauf einzustellen, werden Unterschichtjugendliche auch eher an die nächste Instanz ,,weitergereicht'' und erfahren tendenziell härtere Sanktionen als Mittelschichtjugendliche bei gleichem Fehlverhalten.

Über den Kreislauf gesellschaftlicher Benachteiligung und Ausgliederung von straffälligen Jugendlichen sowie deren besondere Sozialisations- und Identitätsprobleme informieren sie ausführlich die beiden folgenden Aufsätze von Horst *Stenger*:

— Der Jugendliche im Desintegrationsprozeß, in: Monatsschrift für Kriminologie und Strafrechtsreform 3, 1984
— Stigma und Identität. Über den Umgang straffälliger Jugendlicher mit dem Etikett ,,kriminell'', in: Zeitschrift für Soziologie 1, 1985 (a)

10.3   Erziehungsziele — Leistungserwartungen

Die besonders mangelhafte Entwicklung von Handlungskompetenz ist — wie oben angedeutet — das Ergebnis von Sozialisationsbedingungen in der Unterschichtfamilie. Diese Bedingungen strukturieren die Erfahrungen des Kindes (seine ,,Welt'') in der Phase der grundlegenden Vergesellschaftung. Wir wollen daher die Bedingungen familialer Sozialisation in Unter- und Mittelschicht skizzieren und gegenüberstellen.

Sozialisationsbedingungen der Mittelschicht

Ein wesentlicher Bereich, in dem die Unterschiede zwischen Unter- und Mittelschicht bedeutsam sind, betrifft den Komplex *berufsbezogener Erfahrungen und Wertorientierungen*. Struktur und Stellenwert der von Mittelschichteltern eingenommenen Positionen im Beschäftigungssystem bieten andere Entfaltungsmöglichkeiten und vermitteln andere Werthaltungen, die als Bestandteile primärer Sozialisation in die familiale Erziehung eingehen.

Die Bedeutung von Arbeits- und Berufserfahrungen

Kennzeichnend für die Arbeitsstruktur der Mittelschichteltern ist, daß der Umgang mit Symbolen und Menschen dominiert und Selbständigkeit im Handeln und Entscheidungsspielräume wesentliche Bestandteile der jeweiligen Tätigkeiten sind. Die beruflichen Handlungsspielräume beinhalten auch die Möglichkeit der Einflußnahme auf die strukturellen Bedingungen der eigenen Tätigkeit. Eine solche Möglichkeit wiederum eröffnet Einsichten in die größere strukturelle Einbettung des eigenen Arbeitsplatzes einschließlich größerer gesellschaftlicher Zusammenhänge.

Die strukturellen Bedingungen der Arbeit in der Mittelschicht führen dazu, daß die berufliche Tätigkeit einen hohen Stellenwert im Leben besitzt. Sie ist ein wichtiges Medium für die Befriedigung psychosozialer Bedürfnisse und deshalb auch Gegenstand von Engagement und Identifikation. Vor diesem Hintergrund wird die berufliche Tätigkeit in der Mittelschicht zum Zentrum langfristiger Lebensplanung. Individuelle Leistung und Leistungsbereitschaft erfahren eine besondere Wertschätzung, weil sie als zentrales Mittel des sozialen Aufstiegs erlebt werden, der sich für den Mittelschichtangehörigen vor allen Dingen in der Bildungs- und Berufskarriere realisiert.

Das leistungs- und aufstiegsorientierte ,,Klima'' in der Mittelschicht prägt auch das Grundmuster der Beziehungen zur Umwelt: Aktive Einflußnahme zur

Durchsetzung eigener Ziele und Interessen bzw. die Perspektive, durch eigenes Handeln Umweltbedingungen mitzugestalten, sind kennzeichnend für diese Beziehungen. Diese Art der Beziehungen zur Umwelt wird ergänzt durch die eingeübte Fähigkeit zu zielorientierter Selbstkontrolle. Aus der Kombination von affektiver Umweltorientierung und einem hohen Maß autonomer Kontrollfähigkeit entsteht das sogenannte ,,deferred gratification pattern". Der Begriff umschreibt die Fähigkeit, die Befriedigung von aktuellen Bedürfnissen aufzuschieben, um höhere Ziele zu erreichen. Dieses Verhalten wird auch als Zukunftsorientierung bezeichnet, die im Gegensatz zu einer Gegenwartsorientierung steht. Ein Beispiel wäre die Zurückstellung des Wunsches nach Faulenzen und Vergnügen, um sich über die Arbeit an dieser Einführung und sukzessive Vorbereitung auf einen Studienabschluß — vielleicht — eine Position aufzubauen, aus der heraus Freizeit und Vergnügen dauerhaft und risikolos möglich sind. So künstlich dieses Beispiel — wir wollten nicht wieder das brave Mittelschichtkind bemühen, das sein Taschengeld immer artig spart, um sich später eine eigene Bank kaufen zu können! — erscheinen mag, der Grundzug des asketischen Protestantismus dürfte deutlich geworden sein. Aus diesem Verzicht um eines höheren Zieles willen entspringt schließlich das ,,Durchhaltevermögen", auch dann ,,am Ball zu bleiben", wenn sich Ziele absehbar erst langfristig realisieren lassen.

Begriff:
,,deferred gratification
pattern"

In unserer idealtypischen Gegenüberstellung von Unter- und Mittelschicht lassen sich für die Unterschicht nahezu konträre Sozialisationsbedingungen skizzieren. Die beruflichen Positionen, die aufgrund vergleichsweise schlechter schulischer oder beruflicher Qualifikation erreicht werden können, zeichnen sich durch die Dominanz manueller Tätigkeit und geringe Handlungs- und Entscheidungsspielräume aus. Die durch derartige Arbeitsstrukturen vermittelte und lebenslang reproduzierte Grunderfahrung liegt darin, daß die Arbeit über die Sicherung der materiellen Existenz hinaus nur wenig Möglichkeiten der Sinnerfüllung bietet. Die Befriedigung psychosozialer Bedürfnisse verlagert sich zwangsläufig auf den außerberuflichen und/oder konsumtiven Bereich. Die fehlenden Aneignungsqualitäten der beruflichen Tätigkeit erhöhen die Bedeutung materieller Gratifikation. Aneignungsprozesse im außerberuflichen Bereich sind deshalb relativ eng an die Verfügung über materielle Gratifikation gebunden.

Sozialisationsbedingungen der Unterschicht

Repressivität der Arbeitsstrukturen

Da die berufliche Tätigkeit kaum zu einer geistigen Befriedigung beiträgt und keine prestigeträchtigen Beförderungen vorsieht, wird sozialer Aufstieg nicht durch die berufliche Karriere, sondern primär durch die Ansammlung materiellen Besitzstandes bzw. durch konsumtive Dokumentation (Sichtbarmachen und Symbolisieren des ,,Lebensstandards") angestrebt.

Der Kompensation gesellschaftlichen Drucks durch konsumorientierte Verhaltensweisen entspricht ein eher passiver Charakter der Umweltbeziehungen. Das heißt, die eigene soziale Lage wird nicht in ihrer gesellschaftlichen Bedingtheit gesehen, sondern als ,,schicksalhaft" erlebt. ,,Glück" und ,,Pech" sind wesentliche Muster einer ,,Erklärung" biographischer Ereignisse. Individuelle Leistung hat folglich einen sehr viel geringeren Stellenwert als in der Mittelschicht, da sie nur begrenzt als Mittel des sozialen Erfolgs eingesetzt werden kann.

,,Passive" Umweltbeziehungen

Leistungsmotivationen weisen in der Unterschicht verstärkt extrinsische Orientierungen auf, d.h. sie hängen in erster Linie von den *äußeren* Folgen des

,,extrinsische" Leistungsmotivation

169

Verhaltens (Erlangen von Belohnungen, Vorteilen, Vermeiden von Bestrafung und Nachteilen) ab.

Auf diesen Zusammenhang geht ein Studienbrief der Fernuniversität in Hagen über „Sozialisation und Leistungsmotivation" (Abels 1985) besonders ein. Daraus wollen wir einige Überlegungen zum Zusammenhang von Erziehungszielen und Leistungsmotivation zitieren:

In einem Überblick über die wichtigsten Studien aus zweieinhalb Jahrzehnten kommt *Bronfenbrenner* (1958) zu dem Ergebnis, daß es einen bemerkenswerten Wandel in der Kindererziehung in den USA gegeben hat und daß es deutliche Unterschiede zwischen den Sozialschichten gibt.

Unterschiede zeigen sich z.B. darin, daß Eltern der Mittelschicht höhere Erwartungen an ihre Kinder stellen, sowohl was die Selbständigkeit angeht als auch die schulischen Leistungen. Arbeitereltern legen mehr Wert auf Gehorsam und Ordnung. Was die Reaktion auf Fehlverhalten angeht, so setzen Eltern der Mittelschicht mehr das Mittel des Argumentierens und des Appells an die Vernunft ein. Allerdings findet sich dort auch sehr häufig die Sanktion des Liebesentzuges und der unverhohlenen Enttäuschung. Positive Reaktionen erfolgen bei Eltern der Mittelschicht meist in der Form der lobenden Worte. Bevor es zu Strafen für Fehlverhalten kommt, erwarten diese Eltern vom Kind Begründungen für sein Verhalten. Diese Ergebnisse werden auch durch eine klassische Untersuchung von Melvin *Kohn* über „Social class and parental values" (1959) gestützt.

Zu den Ergebnissen seiner Forschungen über den Zusammenhang zwischen Sozialschicht und Werten schreibt *Kohn*

„We... found that working-class parents value obedience, neatness and cleanliness more highly than do middle-class parents, and that middle-class parents in turn value curiosity, happiness, consideration and — most importantly — self-control more highly than do working-class parents. We further found that there are characteristic clusters of value choice in the two social classes: working-class parental values center on conformity to external proscriptions, middle-class parental values on self-direction. To working-class parents, it is the overt act that matters: the child should not transgress externally imposed rules; to middle-class parents, it is the child's motives and feelings that matter: the child should govern himself." (Kohn (1963) 1971, S. 329)

Ähnliche Ergebnisse für die Einstellungen von Eltern der Mittelschicht gegenüber ihren Kindern finden sich auch in der klassischen Untersuchung von Marian R. *Winterbottom* (1958). Ihre Untersuchung zum Zusammenhang von individuellem Leistungsstreben und Erziehungspraktiken zeigte, „daß die Mütter von Kindern mit hohem Leistungsstreben, den Hochmotivierten, dazu tendieren, Selbständigkeit, Selbstvertrauen und Selbstkontrolle (selfreliant mastery) früher von ihren Kindern zu verlangen als die Mütter von Söhnen mit niedrigerem Leistungsstreben, den Niedrigmotivierten. Erstere erlegen ihren Kindern auch durchschnittlich weniger Restriktionen auf; aber sie bestehen auf diesen Restriktionen, so selten sie auch sind, früher als die Mütter der Niedrigmotivierten. Jedoch noch früher bemühen sich die Eltern der Hochmotivierten, ihren Kindern Selbstvertrauen zu vermitteln. Die Vermittlung des Selbstvertrauens geht dem Alter, in dem Restriktionen und Verbote auferlegt werden, prinzipiell voran." (Rolff, 6.A. 1973, S. 81 f.)

Dieser letzte Hinweis ist sozialisationstheoretisch sehr wichtig: erst wenn eine emotionale Fundierung, ein Urvertrauen (Erikson), hergestellt ist, kann ohne Gefahr der emotionalen Verunsicherung eine — auch restriktive — Forderung hinsichtlich Leistung an das Kind gestellt werden.

Diese Überlegungen aus dem Kurs „Sozialisation und Leistungsmotivation" (Abels 1985) können wir weiterführen, indem wir sagen: Die Bereitschaft zur

Leistung hängt davon ab, ob Verhaltensmuster existieren, die über unmittelbare Folgen des Handelns hinausweisen und sicher sind. Diese Verhaltensmuster gibt es in jeder Sozialschicht. Der Unterschied liegt allerdings darin, daß das Verfolgen längerfristiger Ziele im Sinne des „deferred gratification pattern" kein systematisches Produkt der Unterschichtssozialisation ist. Folgerichtig ist z.B. ein geringes „Durchhaltevermögen" von Unterschichtjugendlichen in Schule und Ausbildung ein Problem, das sich aus der skizzierten sozialisatorischen Konstellation ableitet.

10.4   Sprachstile und Umweltaneignung

Im Rahmen einer Einführung in die Soziologie müssen wir uns auf die idealtypische Gegenüberstellung der Sozialisationsbedingungen in Unter- und Mittelschicht beschränken. Einen Bereich wollen wir aber etwas ausführlicher ansprechen, da er zur Beleuchtung des Sozialisationsprozesses als eines Prozesses des Erwerbs von und des Umgangs mit gesellschaftlichem Wissen von besonderer Bedeutung ist. Wir meinen den Bereich *Sprachverhalten*. Die klassischen Untersuchungen stammen von dem englischen Soziologen Basil *Bernstein*. Wir verwenden *Bernsteins* Ansatz als *Modell,* das einen Aspekt der Entstehung und Perpetuierung gesellschaftlicher Unterschiede in der Verteilung aneignungsnotwendigen Wissens konkretisiert und veranschaulicht. Unabhängig von den empirischen Problemen des Ansatzes konzentrieren wir uns also auf seinen *heuristischen Wert* in ähnlicher Weise, wie wir dies hinsichtlich anderer Aspekte der Entstehung differentiellen sozialen Wissens in der vereinfachten und „idealisierten" Gegenüberstellung von Unter- und Mittelschicht tun.

Der Grundgedanke zum Zusammenhang von Schichtzugehörigkeit und Sprachverhalten ist, daß unterschiedliche materielle Lebens- und Arbeitsbedingungen und unterschiedliche soziale Erfahrungen die Art und Weise der sprachlichen Verarbeitung von Umwelterfahrungen beeinflussen. Genauer gesagt: Die Arbeitserfahrungen bestätigen und verstärken die primärsozialisatorischen Erfahrungen und werden so zur Grundlage des sozialisatorischen Klimas bei Gründung einer eigenen Familie. Erst in der Kontinuität der Sozialisationsbedingungen bilden sich dauerhafte Sprachstile heraus. {Der Grundgedanke von *Bernstein*}

Bernstein hat herausgefunden, daß sich die Sprachstile in den Schichten deutlich unterscheiden. Kennzeichnend für die Unterschichtfamilie ist der *„restringierte Code".* Einfache grammatische und syntaktische Strukturen, kurze Sätze, begrenzte bzw. kaum variierende Verwendung von Konjunktionen und Adverbien, häufige Verwechslung von Begründungen und Folgerungen sowie eine fehlende sprachliche Vermittlung eigener Absichten in Interaktionen sind wesentliche Elemente des restringierten Codes. Demgegenüber zeichnet sich der *„elaborierte Code"* der Mittelschicht u.a. durch komplexere grammatische Strukturen, einen differenzierenden Gebrauch von Nebensätzen, Präpositionen, Adjektiven und Adverbien, den häufigen und im Zusammenhang mit Generalisierungen (vgl. die Ausführungen zur Handlungskompetenz!) wichtigen Gebrauch der unpersönlichen Fürwörter „es", „man" sowie vielfältiger Möglichkeiten in der Darstellung subjektiver Absichten und Bedeutungen aus. {„Restringierter Code"} {„Elaborierter Code"}

171

Die Ausführungen *Bernsteins* über die unterschiedlichen Sprachmodi hat *Rolff* in seinem Buch „Sozialisation und Auslese durch die Schule" (6. A. 1973) zusammengefaßt. Über die Verwendung der Sprache in der Mittelschicht referiert er:

„Die Interaktionen zwischen Mutter und Kind werden in der Mittelschicht von früh an durch mehr mittelbare Äußerungen bestimmt, die sich des Mediums der Sprache bedienen, wobei relativ subtile Wechsel in der Wortstellung bedeutsame Änderungen der Einstellung, der Intention und des Gefühlszustandes der Mutter anzeigen. Das Kind, das auf die Interaktion mit der Mutter angewiesen ist, lernt bereits auf sprachliche Signale zu reagieren, bevor es überhaupt fähig ist, selbst sprachliche Signale von sich zu geben. Es muß sich fortwährend nach dem Sprachgebrauch der Mutter ausrichten, um eine befriedigende und emotional gesicherte Beziehung der Mutter zu realisieren. Es wird durch verbale Äußerungen bestraft, aber auch ermuntert, gelobt und belohnt, und wird somit von früh an gezwungen, auf bestimmte Formen von sprachlichen Stimuli und Anhaltspunkten zu reagieren. *Bernstein* konstatiert, daß dank der großen Bedeutung, die dieser Art von mittelbarer Beziehung zwischen Mutter und Kind zukommt, eine Spannung zwischen dem Kind und seiner Umwelt entsteht, die auch in ihm selbst den Wunsch weckt, seine Beziehungen in individualisierter Form zu verbalisieren: Dabei ist die Mutter bestrebt, schon die ersten tastenden Versuche von persönlichen, qualifizierenden Aussagen des Kindes zu erweitern und auszuformen. So entsteht eine Art kumulativer Prozeß, durch den das Kind das Erlebnis des Verschiedenseins erfährt.

Gleichzeitig hält die Mutter aus der Mittelschicht ihr Kind an, die Bedeutung und den weiteren Zusammenhang der Objekte differenziert zu begreifen. Sie nimmt dem Kind beispielsweise eine Schere — die es unbedarft als Spielzeug benutzt — nicht mit einem scharfen ‚Laß das' aus der Hand, sondern erläutert dem Kind den Zusammenhang zwischen Schere, Messer, Verletzungen, möglichen Folgen und tatsächlichem Anwendungszweck des Instrumentes, verbietet eine künftige Verwendung der Schere als Spielzeug und droht mit Strafe; kurz: Sie wendet eine Technik der Erziehung an, die in einem vorhergehenden Abschnitt als argumentierendes Räsonnement beschrieben wurde. Das Insistieren auf dem ‚Begreifen' der Bedeutungen von Objekten und die verbalisierte mittelbare Form der Eltern-Kind-Interaktion bewirkt, daß das Kind sich frühzeitig an einer kognitiv und emotional differenzierenden Handhabung der Wörter zu orientieren lernt." (Rolff 6. A. 1973, 98 f.)

Diese sprachlich geprägte Interaktion ist nach *Bernstein* entscheidend, da so schon früh erlernt wird, wie Beziehungen herzustellen sind.

Beschreibung des Sprachverhaltens in der Unterschicht
Die Ausführungen *Bernstein*s zur sprachlichen Interaktion in der Arbeiterfamilie faßt *Rolff* so zusammen:

„In der Arbeiterschaft überwiegt indes eine Sprach- und Kommunikationsweise, die die 'persönliche Qualifikation' mit Hilfe des ‚expressiven Symbolismus' ausdrückt, das heißt nach *Bernstein*: 'in nicht-sprachlicher Form oder mit Hilfe einer begrenzenden Satzstruktur'. Die Beziehung von Mutter und Kind wird selten durch das Medium der Sprache vermittelt; sie ist unmittelbar. Das Kind lernt im Sozialisationsprozeß, auf andere als auf satzstrukturelle und durch Adjektive nuancierte Äußerungen zu reagieren. Die Intentionen, Gefühle und Einstellungen werden durch eine Form des Ausdrucks modifiziert, die solidarisches Verständnis betont und einen konkreten, visuellen, tangiblen und deskriptiven Symbolgehalt aufweist. Die individuelle Qualifikation tritt weniger in der Sprache zutage, sondern drückt sich durch Gestik, Mimik, Körperhaltung und Intonation und Schwankungen des Stimmvolumens aus, so daß oft das, was nicht gesagt wird, wichtiger ist als das, was gesagt wird. Die subjektive Absicht wird selten durch Worte erläutert. Die Mutter aus der Arbeiterschaft ist nur selten bemüht, ihrem Kinde zu explizieren, warum es etwas tun oder unterlassen, sagen oder verschweigen soll, welche möglichen Konsequenzen, Vor- und Nachteile aus den Verhaltensweisen folgen. Deshalb bleibt dem Arbeiterkind der Bezugrahmen für die erlernten Verhaltensweisen oft verschlossen. Die Orientierung an unmittelbaren Signalen erschwert es ferner, eine Bedeutung oder ein Erfahrungsmuster aus der konkreten Situation herauszulösen und sie als Element der Begriffsbildung zu verwenden." *(Rolff 6.A. 1973, S. 100 f.)*

In dieser Kommunikationsform, betont *Bernstein*, wird die ,,unmittelbare Erfahrung der affektiven Zusammengehörigkeit maximal hervorgehoben (…), wogegen die sprachlich bedingte emotionale und kognitive Differenzierung in den Hintergrund tritt." (1959, S. 66)

Aus diesen Erkenntnissen, die in der Tendenz u.a. durch *Oevermanns* Arbeiten über ,,Sprache und soziale Herkunft" (1970) bestätigt wurden, läßt sich unter Bezugnahme auf unsere früheren Erläuterungen zu Sprache, Denken, Erfahrung und Interaktion ableiten, daß das im elaborierten Code sozialisierte Individuum (unabhängig davon, welcher sozialen Schicht man es zurechnet) bessere Chancen der Umweltaneignung hat als dasjenige, in dessen Sozialisation Elemente des restringierten Codes überwiegen. Eine differenzierte und komplexe Sprache reichert die Sozialisation (bzw. das, was über sprachliche Symbolik verinnerlicht wird) nicht nur durch eine reichhaltigere und abstraktere Begrifflichkeit an, sondern verhilft auch zu einer besseren (d.h. präziseren und subtileren) Darstellungsmöglichkeit eigener Absichten, Wünsche und Bedürfnisse. Entsprechend verbessern sich auch die empathischen Fähigkeiten, d.h. das Vermögen zu angemessener reflexiver Rollenübernahme und zum ,,Verständnis" von Interaktionspartnern in sehr unterschiedlichen Situationen. Größere ,,Verständnis"-Fähigkeiten bedeuten in der Konsequenz wiederum bessere Fähigkeiten zu ,,angemessener" Situationsdefinition und ,,erfolgreicherem" Handeln.

In einem restringierten Code ist die Vielschichtigkeit von sozialen Beziehungen, Handlungsbedingungen und Zusammenhängen in der sozialen Umwelt kaum darstellbar. Dieses Defizit ist auch nicht durch nicht-verbale Kommunikation auszugleichen. Wenn Begriffe fehlen, Abstraktionen nicht geleistet und Zusammenhänge nicht hergestellt werden können, wird der ,,generalisierte Andere" als gesellschaftlicher ,,Repräsentant" im Denken des Individuums notwendig anders strukturiert sein und ein anderes ,,Bild" der Welt entwerfen, das die Orientierungen gegenüber der Umwelt bestimmt und das Handeln prägt. Ein Individuum, das ausschließlich über den restringierten Code verfügt, wird daher in seiner Generalisierungsfähigkeit und der Entwicklung von Handlungskompetenzen zwangsläufig beschränkt sowie in seinem Verhalten stark von den jeweiligen Bedingungen einer Situation abhängig sein.

Es spricht allerdings vieles für die Vermutung, daß die angedeutete Ausschließlichkeit der Verfügung nur über den restringierten Code empirisch ein Extremfall ist. Es erscheint plausibel, daß auch Unterschichtfamilien über Elemente des elaborierten Codes verfügen, zumindest passiv. Denken Sie beispielsweise daran, daß letztlich alle massenmedialen Produkte, vom Comic-Heft bis zum Fernsehen, sich nicht eines ,,reinen" restringierten Codes bedienen. Trotz einiger Tendenzen in dieser Richtung gilt für die große Mehrheit aller Produkte eine deutliche Orientierung an Standards des elaborierten Codes. Die massenmediale ,,Allgegenwart" elaborierter Sprachstilelemente — von kaum weniger unausweichlichen Institutionen wie ,,Schule", deren Mittelschichtorientierung

Relativierung der idealtypischen Sprachcodes

besonders stark ist, einmal abgesehen — macht zumindest das passive „Verständnis" des elaborierten Codes in alltagssprachlichen Zusammenhängen auch bei den Gesellschaftsmitgliedern wahrscheinlich, in deren familialer Sozialisation ein restringierter Code dominant war.

Diese relativierenden Annahmen zur tatsächlichen Sprachstilvermischung ändern nichts an der grundlegenden theoretischen Beziehung von Sprache, Denken, Erfahrung und Interaktion.

Wenn man einmal davon ausgeht, daß bei vielen Unterschichtkindern Elemente des restringierten Codes überwiegen, dann gilt, daß diese Kinder schlechtere Chancen der Umweltaneigung bzw. des Erwerbs aneignungsnotwendigen Wissens besitzen, nicht nur, was den Erwerb generalisierungsfähigen *sozialen Wissens* betrifft. Einerseits deshalb, weil diese Kinder im Mittelschichtsniveau des Bildungssystems negativ auffällig sind und damit auch relativ schnell negative Zuschreibungen durch die Lehrer hinsichtlich Leistungs- und Erfolgserwartungen auf sich ziehen. Andererseits können sie aufgrund ih-

Sprachstil und Schulchancen

rer kognitiv-sprachlichen Entwicklung Verständnisschwierigkeiten hinsichtlich der elaborierten Sprachformen und Abstraktionsvorgänge haben, die die Vorurteile des Lehrers zu bestätigen scheinen. Das Resultat derartiger Konstellationen sind geringere schulische Abschlüsse, was wiederum Konsequenzen für Berufschancen und damit für materielle und psychosoziale Entfaltungs- und Aneignungschancen hat.

Auf diesen Zusammenhang geht auch der folgende Zeitungsartikel ein, der — unter einer leicht irreführenden Überschrift! — von Forschungen berichtet, in denen die Abhängigkeit des Erfolgs beim Sprachenlernen von der sprachlichen Fähigkeit der Eltern nachgewiesen wird. Zwar scheinen die sprachlichen Grundvoraussetzungen beim Schuleintritt in den Sozialschichten vergleichbar. Das sichert die sprachliche Verständigung mit den Lehrern. Sobald aber die mehr formale Sprache des Unterrichts gefordert wird, fallen die Kinder zurück, in deren Elternhaus eine auch nur leicht abstrakte Sprache nicht vorkommt.

Wir können zu Recht vermuten, daß die Lebensbedingungen, Erfahrungen und Orientierungen der Eltern sich nicht nur auf die Form der sprachlichen Verarbeitung von Umweltbeziehungen auswirken, sondern daß damit auch sehr eng der Interaktionsstil in der Familie und ganz besonders der Erziehungsstil der Eltern verbunden sind.

„statusorientierter Kommunikationsstil"

Bernstein sieht deshalb auch einen Zusammenhang zwischen dem Sprachcode und einer bestimmten Kommunikationsform. Demnach entspricht dem restringierten Code ein *statusorientierter Kommunikationsstil,* und dem elaborierten Code entspricht eine *personenorientierte Kommunikationsform.* Gemeint ist damit, daß sich Rollenerwartungen (verbal und nichtverbal vermittelt) einmal rigide am Status einer jeweiligen Position orientieren und individuelle bzw. situative Elemente kaum berücksichtigen (z.B. „Meine Kinder haben immer zu gehorchen" — eben weil „Kinder" grundsätzlich einen geringeren Status als „Eltern" haben). Zum anderen werden bei personenorientierten Rollen-

„personenorientierter Kommunikationsstil"

erwartungen gerade die individuellen und situativen Besonderheiten zur Kenntnis genommen, auf modifizierende Definitionen des Interaktionspartners wird flexibel eingegangen.

Beispiel Sanktionsverhalten

Diese Orientierung am Status bzw. an der Person wird besonders auch im Sanktionsverhalten der Eltern deutlich. Auch hier zeigen sich tendenzielle Unterschiede. Demnach sind „äußerliche" Sanktionen in der Unterschicht, „innere" Sanktionen dagegen stärker in der Mittelschicht verbreitet. Mit „äußerlichen"

174

Die Herkunft ist nicht immer bedeutsam

Wie Kinder lesen und schreiben lernen / Studie der Universität Bristol

J. Rh. LONDON, 1. Mai. Wie gut und rasch Kinder reden, lesen und schreiben lernen, hängt zu einem wesentlichen Teil von den Vorbildern im Elternhaus ab. Keineswegs immer sind dabei Kinder aus sogenannten besseren Familien im Vorteil. Langzeit-Untersuchungen an Kindern mit gänzlich unterschiedlicher Herkunft, die an der Universität Bristol angestellt worden sind, haben keinen sicheren allgemeinen Zusammenhang zwischen dem Stand der Eltern und der sprachlichen Entwicklung der Kinder ergeben. Aber Kinder mit ganz besonders guter sprachlicher Entwicklung stammten meist aus dem gehobenen Elternhaus, und Kinder mit ganz besonders unbefriedigender Sprachleistung kamen aus einfachem Hause.

Die Unterschiede zwischen den einzelnen Kindern innerhalb einer jeden Gruppe waren jedoch allemal größer als die Unterschiede von Gruppe zu Gruppe. Allgemein gilt, daß die sprachliche Entwicklung der Kinder in hohem Maße von der Art der Unterhaltung abhängt, die die Erwachsenen mit ihnen führen. Die Wesensmerkmale einer solchen fruchtbaren oder unergiebigen Beziehung wollen die Forscher noch im einzelnen herausfinden.

Für den Eintritt in die Schule sind Kinder aus einfachem Elternhaus sprachlich in der Regel nicht schlechter gerüstet als ihre Altersgenossen aus „besserem" Hause. Ihr Wortschatz ist im allgemeinen ausreichend für einen nützlichen verbalen Austausch mit den Lehrkräften. Viele Elternhäuser sind aber offenbar nicht wirklich in der Lage, das Ausdrucksvermögen der Kinder auf ein auch nur leicht abstraktes Vokabular auszuweiten. Sie mögen den Kindern den Erwerb eines Grundwortschatzes erleichtern, aber damit wird das Kind noch nicht befähigt, der mehr formalen Sprache des Schulunterrichts mühelos zu folgen und somit den Unterrichtsstoff rascher zu erfassen. Da sie dann zugleich auch keinen guten sprachlichen Austausch mit dem Lehrer haben, lernen sie weniger gut.

Wenn ein Kind im Alter von sieben Jahren eine hohe Sicherheit im Lesen erreicht hat, wird es wahrscheinlich zur gleichen Zeit oder bald danach auch gut im Schreiben sein. Aber ein zunächst schwerfällig lesendes Kind kann später doch noch eine gute Leistung im Schreiben erreichen. Wenn es ums Schreiben geht, spielt der soziale Hintergrund, anders als beim Sprechen, eine große Rolle. Noch wichtiger freilich ist, so die Beobachtungen der Forscher in Bristol, wieviel die Eltern selbst schreiben und damit den Kindern ein Vorbild geben.

Einfache Sachen wie Einkaufszettel, Reisepläne oder auch nur kurze Mitteilungen regen das Kind offenbar zum Schreiben an. Das ist nur ein Teil der allgemeinen Erfahrung, daß Kinder aus Elternhäusern mit regelmäßigem Gebrauch von Federhalter, gedrucktem Material, Nachschlagewerken und Lehrbüchern in der Schule weit besser vorankommen als Kinder aus Häusern, in denen diese Ausdrucks- und Bildungsmittel nur selten oder gar nicht benutzt werden. Es zeigt sich die bedenkliche Erscheinung, daß die Schule selbst, jedenfalls in der Grundstufe, an den so entstehenden Unterschieden nicht mehr viel ändern und die Kinder aus den lese-, schreib- und lernfaulen Elternhäusern nicht auf das Niveau der lerngewohnten Kinder heben kann.

In einer noch nicht abgeschlossenen Untersuchung wollen die Forscher in der südwestenglischen Hafenstadt dem Verdacht nachgehen, daß der Erfolg beim Erlernen der ersten Fremdsprache etwas mit der Art zu tun hat, wie der Mensch als Kind die Muttersprache erlernt hat. Wo nach dem ersten Eindruck also eine hohe oder geringe „natürliche Sprachbegabung" vorhanden zu sein scheint, mag in Wirklichkeit die bessere Technik beim Lernen der Muttersprache und die größere Vertrautheit mit ihr der ausschlaggebende Faktor sein.

(FAZ, 2.5. 1985)

Sanktionen sind z.B. körperliche Strafen, Arrest, Anschreien, Lächerlichmachen, Wegnahme von Objekten gemeint. „Innere" Sanktionen versuchen dagegen, die bereits erreichte Sozialisiertheit des Kindes zu nutzen und seine Fähigkeit zur Selbststeuerung verhaltenskontrollierend einzusetzen. Durch Liebesentzug, Vorwürfe und Appelle wird das Gewissen des Kindes „aktiviert". Ein anderer Aspekt unterschiedlicher Erziehungspraktiken betrifft die Art des „strafwürdigen" Verhaltens. Während in der Unterschicht stärker die (äußerlichen!) *Ergebnisse* des Verhaltens bestraft werden, sind es in der Mittelschicht

175

eher die („inneren") *Absichten, die* positiv oder negativ sanktioniert werden. So wird z.B. der „gute Wille", der mit einer fehlgeschlagenen Bemühung verbunden ist, in der Mittelschicht über den möglichen Schaden gestellt.

Wir können also zusammenfassen, daß die empirischen Untersuchungen zur schichtspezifischen Sozialisation Unter- und Mittelschicht gegenüberstellen. Danach ist das familiale Sozialisationsklima in der Unterschicht relativ rigide, repressiv und durch eine hohe Bewertung von Äußerlichkeiten (im Verhalten, Status und Besitz) gekennzeichnet. Demgegenüber dominieren in der Mittelschicht Flexibilität im Verhalten und in den Rollenerwartungen, Dialogbereitschaft im Kontroll- und Sanktionsverhalten und die Betonung „innerer Werte" (Gewissen, Selbständigkeit, Eigenverantwortung).

Die idealtypische Gegenüberstellung von Unter- und Mittelschicht in den zusammenfassenden Sätzen ist noch einmal Anlaß, Sie ausdrücklich darauf hinzuweisen, daß die dargestellten Ergebnisse der Schichtenforschung nicht als Beschreibungen *der* gesellschaftlichen Realität zu verstehen sind. Neuere empirische Untersuchungen zeigen, daß manche Unterschiede zwischen den Schichten weniger deutlich sind, als dies frühere Untersuchungen vermuten ließen. Die Probleme der Schichtenforschung hängen wesentlich damit zusammen, daß zum einen die Trennung in Unter- und Mittelschicht ein viel zu grobes Raster ist: Die großen Unterschiede innerhalb einer Schicht werden durch die Zusammenfassung wie bei einer Durchschnittsbildung nivelliert. Zum anderen ist ein sehr grundsätzliches Problem, daß es nach wie vor keinen Konsens darüber gibt, wie eine soziale Schicht bestimmt sein soll — von methodischen und methodologischen Problemen einmal ganz abgesehen. Die präsentierten Ergebnisse sollten von Ihnen daher als Illustration einiger Ausschnitte des sehr komplexen Problemfeldes „soziale Ungleichheit" verstanden werden.

Mit unseren Ausführungen wollten wir Ihnen das Grundanliegen schichtspezifischer Sozialisationsforschung nahebringen und den Beziehungen zwischen sozialen Ungleichheiten in einer Gesellschaft und den materiellen und psychosozialen Lebenschancen des Individuums nachgehen. Diese Überlegungen bleiben unvollständig, wenn wir nicht auch den Sozialisationsprozeß ansprechen würden, in dem die Gesellschaft gezielt ihre Ansprüche an das Individuum heranträgt. Wir meinen den Prozeß der schulischen Sozialisation. Die Schule ist die zweite große Sozialisationsinstanz. In ihr wirken sich die Erfahrungen aus, die das Kind in der Primärsozialisation seiner Familie gemacht hat.

Da das Thema „Schule" aber den Rahmen einer Einführung sprengen würde, begnügen wir uns mit zwei Exkursen über die „Sozialisationsfunktion der Schule" und „Schule und Bildungschancen". Sie sollen die gesellschaftlichen Bedingungen der Sozialisation an einem besonders markanten Beispiel verdeutlichen.

Exkurs: Die Sozialisationsfunktion der Schule

Eine erste Antwort auf die Frage nach der gesellschaftlichen Funktion der Schule könnte so lauten: die Schule führt den Heranwachsenden in gesellschaftliche Sinnsysteme und Handlungsmuster ein. Sie orientiert sich dabei vorrangig an den Anforderungen des Produktionsbereichs, auf dessen rasche Veränderung sie durch außerfachliche Qualifikationen in Form von generellen Einstellungen reagiert. Hier wie auch auf der Ebene kultureller und individueller Sinnsysteme schaft sie einen Ausgleich zwischen dem, was einzelne für wichtig und die Gesellschaft für richtig halten.

Mit dieser vorläufigen Antwort ist nichts gesagt über die beträchtliche Asymmetrie dieses Ausgleiches zwischen den individuellen Interessen und den gesellschaftlichen Erwartungen. Es wird auch nichts ausgesagt darüber, ob die Voraussetzungen, individuelle Interessen auf gesellschaftliche Erwartungen abzustimmen oder gar diesen gegenüber durchzusetzen, für alle Menschen gleich sind. Auf beide Fragen wollen wir in diesem und im nächsten Exkurs eingehen.

Die bisherigen Ausführungen haben immer wieder die Bedeutung der Familie für die Heranbildung der Einstellungen und Werthaltungen unterstrichen. Dabei darf aber nicht vergessen werden, daß neben die Sozialisationsinstanz Familie noch andere Instanzen treten, über die der Mensch erfährt, wie er sich als gesellschaftliches Wesen zu verhalten hat. Auf eine wichtige Instanz, in der der Mensch auf Veranlassung der Gesellschaft systematisch lernt, mit anderen Menschen umzugehen und gesellschaftlichen Erwartungen zu entsprechen, und — weniger systematisch — erfährt, wie er seine eigene Person organisieren kann, ist die Schule. Auf ihre Funktion im Sozialisationsprozeß wollen wir nun eingehen. Dabei stützen wir uns auf den Kurs der Fernuniversität Hagen „Schule als soziale Organisation" (Abels 1984).

Die Frage nach der Funktion der Schule kann man mit der Kernfrage der Soziologie in Verbindung bringen. Diese Kernfrage lautet: *Wie ist es zu erklären, daß Menschen miteinander umgehen können?* Eine Antwort auf diese schlicht anmutende Frage haben Generationen von Wissenschaftlern versucht, und es waren nicht nur Soziologen, die sich diese Frage gestellt haben. Unabhängig von politischem, philosophischem oder religiösem Standort zieht sich durch alle Antwortversuche der Gedanke, daß Menschen *lernen,* miteinander umzugehen. Das geschieht in weiten Bereichen auch heute noch durch einfaches Nachmachen von Verhaltensmustern. Diese Form des Lernens war typisch und für die meisten Menschen die nahezu einzige bis zum Beginn der Industrialisierung. Vorbilder, die man kopierte, waren Eltern, die Altersgenossen, die Nachbarn, der Meister, politische Führer oder religiöse und literarische Vorbilder. In einem überschaubaren Sozialsystem und angesichts eines in sich geschlossenen Sinnsystems wußte sich jeder dem verbunden, was auch für alle anderen galt. Mit dem Auseinanderfallen der Sinnsysteme, z.B. im Zuge der Industrialisierung, wuchs nun die Komplexität von Verhaltensmustern enorm an. In gleichem Maße wurde es riskant, das Lernen dem freien Willen des Individuums zu überlassen. Die Gesellschaft ging daran, gezielt zu „richtigem" Verhalten anzuleiten.

Es wurden Systeme geschaffen, in denen geschulte Kräfte Heranwachsenden sagten, wie sie sich als Erwachsene einmal verhalten sollten. Waren bis dahin die Lernprozesse im wesentlichen getragen von der Familie, der Nachbarschaft und der kirchlichen Gemeinschaft, so entstanden nun — ungefähr um die Wende vom 18. zum 19. Jahrhundert — Schulen, die für möglichst viele Menschen eine verbindliche Einführung in die Wertvorstellungen und Handlungsmuster der Gesellschaft leisteten. Historisch gesehen ist die Schule eine Reaktion auf eine *geistige* Situation, die durch die Aufklärung ihre Fraglosigkeit verloren hatte, und eine *ökonomische* Situation, in der die traditionellen

„Lernen" als Grundlage von Gesellschaft

Historische Entwicklung der Organisation von Lernprozessen

beruflichen Qualifikationen obsolet geworden waren. Die Schule in der Spannung zwischen der Vermittlung von gesellschaftlichen Sinnsystemen und der Vermittlung ökonomisch sinnvoller Qualifikationen rückt in den Mittelpunkt soziologischer Forschung.

In seinem berühmten Aufsatz aus dem Jahre 1959 hat *Parsons* diese Spannung mit den Begriffen ,,Sozialisation'' und ,,Allokation'' umschrieben. Obwohl in der Rezeption dieses Aufsatzes meist der wichtige Umstand übersehen wird, daß *Parsons* sich bezeichnenderweise mit der Schulklasse und konkret mit der Schulklasse im amerikanischen Bildungssystem befaßt, kann man die

Schule und ,,Sozialisation''

Aspekte ,,Sozialisation'' und ,,Allokation'' mit einigen Abstrichen auch im Hinblick auf die Schule als Ganzem beibehalten. Unter dem Aspekt ,,Sozialisation'' handelt es sich dann bei der Schule um eine Instanz, ,,durch die einzelne Persönlichkeiten ausgebildet werden, um der Erfüllung von Erwachsenenrollen motivationsmäßig und technisch gewachsen zu sein.'' (1973, S. 349). In der Schule soll der Heranwachsende also ausgebildet werden, damit er die Aufgaben, die ihm später als Erwachsenem gestellt werden, ordentlich erledigt.

Schule und ,,Allokation''

Mit ,,Allokation'' meint *Parsons*, daß die Schule eine ,,Instanz zur Verteilung von 'Arbeitskraft''' ist (a.a.O., S. 350). Dabei wird unterstellt, daß es eine enge Beziehung zwischen dem Niveau des Schulabschlusses und dem sozialen Status gibt und daß beides direkt in Verbindung steht mit dem erreichten Berufstatus. Da es immer weniger attraktive gesellschaftliche Positionen gibt als Bewerber um solche Positionen, ist der Allokationsprozeß letztlich ein *Selektionsprozeß*. Selegiert wird, indem Schüler nach dem Kriterium der Leistung differenziert und damit in weitere schulische und anschließende berufliche Karrieren bzw. Nicht-Karrieren geschleust werden.

Die offene Frage, die hier bleibt, heißt: Bietet die Schule jedem Heranwachsenden gleiche Chancen, einen seinen Fähigkeiten und Interessen angemessenen Schulerfolg zu erreichen?

Differenzierung der Sozialisationsfunktion

Bei seinen Überlegungen zu den gesellschaftlichen Bedingungen schulischer Sozialisation schlägt *Fend* vor, die Funktion der Schule differenzierter zu sehen. So löst er die Sozialisationsfunktion in zwei Funktionen auf, bei denen es einmal um die Schaffung von ,,Arbeitsvermögen'' und zum anderen um die ,,Erzeugung sozialintegrativer Bewußtseinslagen'' geht (1974, S. 64). Entsprechend erfüllt die Schule für *Fend* drei Hauptfunktionen:

Hauptfunktionen von Schule

,,einmal die Reproduktion von Arbeitsvermögen, also die Herstellung jener fachlichen und überfachlichen *Qualifikationen,* die für die Aufrechterhaltung und Fortentwicklung des Arbeitsprozesses erforderlich sind; zum anderen die *Reproduktion der Sozialstruktur* im Sinne der Rekrutierung zukünftiger Positionsinhaber und der Wiederherstellung einer Klassen- bzw. Schichtstruktur von Generation zu Generation und drittens die *Legitimation* politischer Herrschaftsverhältnisse im Sinne der Herstellung von Massenloyalität über die Internalisierung legitimationsfähiger normativer Strukturen'' (Fend 1974, S. 28).

Betrachtet man diese drei Hauptfunktionen etwas genauer, dann kann man die entsprechenden Leistungen der Schule so umschreiben:

Qualifikationsleistung

1. Sie qualifiziert den Jugendlichen im Hinblick auf einen Beruf. Dabei geht es allerdings nicht nur um eine Einweisung in fachliche Anforderungen, sondern auch und vor allem um die Erzeugung von überfachlichen Einstellungen. Um es an einem Beispiel zu verdeutlichen: im ersten Fall geht es um kaufmännisches Rechnen, im zweiten Fall um die Bereitschaft, sich auch

mit einem weniger attraktiven Beruf zufriedenzugeben, wenn die erste Berufswahl nicht realisiert werden kann. Die Schule qualifiziert also im Hinblick auf konkrete Berufe, aber sie vermittelt auch gleichzeitig das Bewußtsein, daß diese fachliche Qualifikation nicht alles, oft sogar nicht das Entscheidende ist. In der Schule wird denn auch eine Motivation erzeugt, bei wachsender Diskrepanz zwischen beruflichen Anforderungen und eigenen Leistungsinteressen flexibel zu reagieren.

2. Die Schule wählt über Leistungsbewertungen Personen für bestimmte gesellschaftliche Positionen aus. In diese Auswahlprozesse fließen bewußt oder unbewußt Meinungen über die angemessene gesellschaftliche Position für bestimmte Schüler ein. Ein weiterer Faktor, der die Auswahl entscheidend beeinflußt, ist die Startbedingung des einzelnen Schülers, d.h. der Bonus bzw. Malus seiner finanziellen, sozialen oder bildungsmäßigen Voraussetzungen. Überblickt man die Entwicklung der letzten Jahre im Bildungswesen, dann ist eine soziale Vererbung der gesellschaftlichen Lage zwischen Eltern und ihren Kindern im Gesamttrend nach wie vor unverkennbar. *(Randnotiz: Selektionsleistung)*

3. Die Schule trägt dazu bei, daß bei allen Heranwachsenden eine vergleichbare Einstellung zu den gesellschaftlichen Werten entsteht. Da diese Werte sich in konkreten Normen niederschlagen, die wiederum Maxime der Politik sind, erwartet die Gesellschaft, daß über die Schule ein politisches Bewußtsein erzeugt wird. Dabei sieht sich die Schule — oder auch nicht — vor folgendem Dilemma: Es sollen politische Vorstellungen entwickelt werden, die in der Realität keine Entsprechung haben oder die von unterschiedlichen Interessengruppen sehr unterschiedlich interpretiert werden. Trotz dieses Dilemmas verfolgt die Schule das Ziel, ein politisches Bewußtsein zu schaffen, das ausreichend belastungsfähig ist und Widersprüche im gesellschaftlichen System als Beweis für die Toleranz eines pluralistischen Systems begreift. *(Randnotiz: Wertvermittlung)*

In Beantwortung der Frage nach der gesellschaftlichen Funktion der Schule rückt der Zusammenhang von Schule und gesellschaftlicher Entwicklung in den Blickpunkt. Wie gerade schon angedeutet, hat die Schule auf gewandelte Anforderungen im Beschäftigungssystem mit entsprechenden schulischen Qualifizierungsprozessen zu reagieren. Dies geschieht nun nicht in der Form einer speziellen Ausbildung im Hinblick auf spezielle Berufsanforderungen, sondern vor allem in der Form genereller Qualifizierung. Dies ist aus zwei Gründen plausibel: einmal wurde sehr rasch klar, daß es nicht für eine ausreichend große Zahl von Jugendlichen möglich war, sie für komplizierte Arbeitszusammenhänge durch Teilnahme an solchen Arbeitsprozessen selbst zu qualifizieren. Zum anderen sprachen hohe Kosten dagegen, in der Schule spezielle Ausbildung für eine Fülle von spezialisierten Berufen zu betreiben.

Aus diesen Überlegungen heraus wurde der Schule nicht zum Ziel gesetzt, in eine konkrete Berufstätigkeit einzuführen, sondern Grundkenntnisse und Grundtugenden zu vermitteln, die in wechselnden Arbeitsabläufen nützlich sind. Das Spektrum entsprechender Arbeitstugenden reicht von Pünktlichkeit, Fleiß und Ordnungsliebe über die Bereitschaft, sich auf neue Anforderungen rasch umzustellen und Eigeninteresse hinter Gesamtinteresse zurückzustellen, bis hin zum Mut, mit Phantasie und Beharrlichkeit neue Wege zu beschreiten.

Wir wollen zusammenfassen und auf unsere eingangs genannte Antwort auf die Frage nach der gesellschaftlichen Funktion der Schule zurückkommen: Die *(Randnotiz: Zusammenfassung)*

Schule führt den Heranwachsenden in gesellschaftliche Sinnsysteme und Handlungsmuster ein. Das ist ihre Aufgabe. Sie bietet Orientierungen an, die dem Aufbau eines individuellen Sinnsystems dienen. Sie setzt gesellschaftliches Wissen durch, das der Aufrechterhaltung von Interaktionsprozessen und der Sicherung einer gesellschaftlichen Ordnung dient. Auf diese Weise trägt sie zur Qualifikation des Menschen auf der Ebene der Persönlichkeit, auf der Ebene der Interaktion und auf der Ebene der normativen Orientierung bei.

Daß diese Qualifikation eng gebunden ist an die Bedingungen der Sozialisation in der Familie, haben wir schon mehrfach angedeutet. Wie die Chancen dieser Qualifikation tatsächlich verteilt sind, wollen wir im nächsten Exkurs kurz skizzieren.

Exkurs: Schule und Bildungschancen

Die Chancen, über schulische Qualifizierungsprozesse erstrebenswerte berufliche und gesellschaftliche Positionen zu erreichen, hängen von vielen Faktoren ab. Untersuchungen haben gezeigt, daß die Faktoren „soziale Herkunft", „Geschlecht", „Konfession" und „Wohnort" von besonderer Bedeutung sind. Es sind sozusagen die objektiven Fakten, die direkt abgefragt werden können. Und in der Tat sind schon diese Faktoren recht aussagekräftig, was die Verteilung von Bildungschancen angeht. Wo bestimmte Ausprägungen dieser Faktoren zusammenkamen, konnte man davon ausgehen, daß die Chancen einer erfolgreichen Schulkarriere gut oder schlecht waren. Einprägsam war das Bild der katholischen Arbeitertochter vom Lande, deren Bildungschancen besonders niedrig waren. Genauere Analysen von Einzelschicksalen und vor allem Längsschnittuntersuchungen haben ergeben, daß der entscheidende Faktor die soziale Herkunft ist. Abkürzend wird für sie die Stellung des Vaters in der Berufshierarchie als Indikator genannt.

Betrachten wir aber zunächst einmal, wie sich das Bildungsverhalten grundsätzlich verändert hat. Ein Trend ist überdeutlich: es gehen immer mehr Kinder auf eine Realschule oder ein Gymnasium. Dieser Trend ist sowohl bei den Jungen als auch bei den Mädchen festzustellen, und er hat sich in den 60er und 70er Jahren deutlich verstärkt. Diese Entwicklung ist die Konsequenz einer Bildungsreform, die nach dem Sputnik-Schock (1957) mit Vehemenz einsetzte. Die auslösende Frage war, schreibt *Geulen*, „ob unser Bildungssystem seinen Aufgaben unter den veränderten ökonomisch-technischen Bedingungen vielleicht nicht mehr gewachsen sei und die Bundesrepublik gegenüber anderen Ländern dadurch ins Hintertreffen gerate" (1983, S. 191). Der damalige Bundeskanzler *Erhard* stellte im Jahre 1963 die Bildungsfrage auf die gleiche Stufe wie die soziale Frage des 19. Jahrhunderts.

Die Notwendigkeit einer Bildungsreform wurde von vielen Seiten unterstrichen. *Geulen* schreibt über die Aufbruchsstimmung dieser Zeit:

Die Bildungs-
katastrophe

„Zum öffentlichen Bewußtsein des Problems trugen vor allem zwei Schriften bei. Georg *Picht* rechnete (1964) der Nation einen krassen Fehlbestand an Lehrern und Abiturienten, auch im internationalen Vergleich, vor, der die Bundesrepublik auf eine ‚Bildungskatastrophe' zutreiben lasse. Bemerkenswert ist, daß *Picht*, der auf eine ganze Reihe von Mißständen im Bildungssystem hinwies, vor allem *quantitative* Konsequenzen forderte: 'Die Steigerung der Qualität der Leistung hängt von der Steigerung der Quantität der Lehrer ab'. ‚Wir müssen quantitativ wieder auf einen Normalstand kommen; erst dann können wir hoffen, daß sich das rapide sinkende Niveau des Bildungsstandes aller Stufen in absehbarer Zukunft den internationalen Standards wieder angleichen wird' (Picht 1964, S. 30). Ralf *Dahrendorf* stieß 1965 mit der politisch motivierten Forderung nach, angesichts der zu beobachtenden sozialen Auslese im bestehenden Bildungssystem müßte auch das Bürgerrecht auf Bildung für alle sowie faktische Chancengleichheit durchgesetzt werden." (Geulen 1983, S. 191)

Die wissenschaftliche Diskussion über den Zusammenhang von Schulbildung und Sozialisation tat ein übriges, tatsächliche oder unterstellte Behinderungen von Chancengleichheit auch in der breiten Bevölkerung bekannt zu machen. Besonders Hans-G. *Rolff* hat mit seiner Arbeit über „Sozialisation und Auslese durch die Schule" (1967) zu einer wissenschaftlichen Diskussion beigetragen. Heinrich *Roth* hat in dem von ihm herausgegebenen 4. Band der Gutachten und Studien der Bildungskommission über „Begabung und Lernen" (1968) den damaligen Stand der Forschung dokumentiert. Die 60er und frühen 70er Jahre waren die Zeit der schichtenspezifischen Sozialisationsforschung und entsprechender kompensatorischer Erziehung, mit deren Hilfe — je nach Ansatz — Sozialisationsdefizite ausgeglichen oder Sozialisationsdifferenzen modifiziert werden sollten.

Dsa geschärfte Bewußtsein für die Voraussetzungen und die Funktion von Bildung hat zu einer Mobilisierung bestimmter Sozialschichten geführt. Zwar stieg auch der Anteil der Arbeiterkinder im Gymnasium und später in der Hochschule, im wesentlichen haben aber die sozialen Mittelschichten von der Bildungsreform profitiert. Was den Zusammenhang von Chancengleichheit und Bildungsinteresse angeht, muß allerdings gesagt werden: Ein Vergleich zwischen den Zahlen der Studienanfänger und dem Beschäftigungsverhältnis ihrer Väter zeigt, daß es nach wie vor einen unverhältnismäßigen Vorsprung der Kinder aus den mittleren und oberen Sozialschichten gibt.

Rolff kommt denn auch zu dem Schluß, daß das Thema „schichtenspezifische Sozialisation" keineswegs „erledigt" ist. Er schreibt:

„Am Ende einer überaus expansiv verlaufenden Phase der Schulentwicklung zeigt sich, daß im Schulsystem hinsichtlich der Verminderung von gesellschaftlicher Ungleichheit — dies war ja das große Thema und auch das große Ziel der Bildungsreformdebatte der sechziger und siebziger Jahre — nur Teilerfolge errungen werden konnten. Während die ehedem konstatierten und beklagten Unterschiede der Bildungschancen zwischen Katholiken und Protestanten sowie zwischen Jungen und Mädchen aufgehoben werden konnten, haben sich die Unterschiede zwischen Stadt und Land und vor allem die zwischen den sozialen Schichten bei der Teilhabe an ‚höheren' Bildungswegen so gut wie behauptet. Die quantitative Expansion konnte nicht in einen qualitativen Wandel umgesetzt werden." (Rolff 1983, S. 203)

Viele Untersuchungen zeigen, daß der entscheidende Faktor die soziale Herkunft ist. Auf sie müssen wir unser Augenmerk richten, um Erklärungen für unterschiedliches Bildungsverhalten der Eltern und unterschiedliche Bildungschancen der Kinder finden.

Verallgemeinernd kann man sagen, daß „soziale Herkunft" ein Konglomerat von spezifischen Interessen, Wertmustern , Einstellungen, finanziellen Ressourcen usw. der Eltern ist. Diese Einzelfaktoren bilden *insgesamt* ein Sozialisationsklima, in dem spezifische Bildungschancen gedeihen. Ein Einzelfaktor sagt meist wenig über Bildungsvoraussetzungen aus. So wird beispielsweise häufig angeführt, daß bei geringerem Einkommen Eltern sich eine höhere Schulausbildung nicht leisten zu können glauben. Sie führen die Einkommensverluste der lange Zeit nicht verdienenden Kinder oder finanzielle Belastungen durch Schule oder gar Studium an. Daß andere Faktoren, wie z.B. langfristige Planungsbereitschaft, Informiertheit über finanzielle Förderungsmöglichkeiten, eigene Aufstiegsmotivation, mindestens ebenso wichtig sind, wird deutlich, wenn man Eltern aus der unteren Angestellten- oder Beamtenschaft mit verleichbarem Einkommen untersucht. Dort zeigt sich eine wesentlich höhere Bildungsmotivation, die einhergeht mit einer höheren Einschätzung der Fähigkeiten ihrer Kinder und einer größeren Zuversicht, auch mit steigenden sozialen Erwartungen ihrer Kinder fertig zu werden.

Die genannten Einzelfaktoren sind selbst wieder abhängig von der Lebenslage der Eltern, ihrer eigenen Biographie, den Erfahrungen der eigenen Schulzeit und der Erfahrung im Beruf. Man kann sagen, daß die Sozialisationserfahrungen der Eltern auf die der Kinder massiven Einfluß nehmen und somit schulische Chancen eröffnen oder verbauen, ohne daß dieser Zusammenhang den Betroffenen immer bewußt sein muß.

Schlägt man den Bogen von den Startvoraussetzungen bis zu den gesellschaftlichen Positionen, in denen die Heranwachsenden schließlich landen, dann spricht sehr viel für die pessimistische Annahme, daß die Schule selbst kaum zur Verbesserung von Sozialchancen beiträgt. Will man diesen Schuleffekt auf den Punkt bringen, heißt das: die Schule bewirkt so gut wie nichts im Vergleich zu dem, was die Kinder in ihrer Familie schon mitbekommen haben.

Ein Resümée:
Schule und Lebenschancen

182

11. Die Rolle der Soziologie in der Gesellschaft: Soziologisches Denken II

Sie haben fast die gesamte Einführung in die Soziologie „hinter sich gebracht", ohne daß wir Ihnen eine „griffige" Definition von Soziologie angeboten haben. Sollten Sie dies als Mangel empfinden und dessen Behebung in diesem Abschnitt erwarten, müssen wir Sie erneut enttäuschen:

> „Definitionen sind wie Hosengürtel. Je kürzer sie sind, um so elastischer müssen sie sein. Ein kurzer Gürtel sagt noch nichts über seinen Träger: wenn man ihn hinreichend dehnt, kann er fast jedem passen." (Toulmin, 1968, S. 21)

Dieses kluge Wort soll Sie davon abhalten, sich auf *eine* oder gar *die* Definition von Soziologie zu kaprizieren. Wir meinen, der Zugang zur Soziologie ergibt sich nicht über eine einengende Definition, die einer bestimmten Tradition oder „Schule" verpflichtet ist. Für eine Einführung in die Soziologie ist es hinreichend, zur Bestimmung von Soziologie auf deren Gegenstand zu verweisen.

Zumindest über den *Gegenstand*, also die *Beziehungen zwischen den Menschen im gesellschaftlichen Zusammenhang*, besteht Übereinstimmung zwischen denen, die Soziologie als Wissenschaft betreiben. Da aber dieser Gegenstand ein wahrhaft „weites Feld" ist, gibt es — um im Bild zu bleiben — nicht nur zahlreiche Gruppen, die an ganz verschiedenen Stellen das Feld „beackern", sie bedienen sich dabei durchaus auch unterschiedlicher Methoden, um ihre „Erträge" zu erzielen. Die Tatsache, daß es auf diesem Feld auch erhebliche Konkurrenz gibt und darüber gestritten wird, wer an den „richtigen" Stellen arbeitet, wer die vernünftigsten Methoden einsetzt und wer die besten Erträge erzielt (und worauf das gegebenenfalls wieder zurückzuführen ist), sollte nicht dazu führen, den jeweils anderen vorschnell ihre grundsätzliche Qualität als „Feldarbeiter" (sprich: Soziologen) abzusprechen.

Hinsichtlich des Problems einer Definition von Soziologie äußert sich *Reimann* folgendermaßen:

> „Auch der *Soziologe ist ein Glied der Gesellschaft,* die er beschreiben, verstehen, erklären will und vielleicht bewahren oder verändern möchte. Es gibt daher auch *keine allgemein verbindliche Definition der Soziologie;* es gibt aber bei aller Verschiedenheit der Auffassung einen gewissen *Consens* unter den Soziologen *über das spezifische Untersuchungsobjekt der Soziologie.* Das ist nämlich das *wissenschaftliche Studium der Gesellschaft in allen ihren Aspekten.* So gesehen ist Soziologie die *zentrale Sozialwissenschaft* neben anderen Sozialwissenschaften (z.B. Ökonomie, Politologie, Linguistik), die jeweils nur einen *bestimmten Aspekt* menschlichen Sozialverhaltens (nämlich des wirtschaftlichen, des politischen, des verbalen Verhaltens) zum Gegenstand haben. Da Soziologie sich also mit sozialem Verhalten schlechthin beschäftigt, muß sie generelle Aussagen formulieren, die das menschliche Sozialverhalten in allen Bereichen der sozialen Wirklichkeit umfassen." (Reimann, 2. A. 1979, S. 10)

(Randnotiz: Noch einmal: Gegenstand der Soziologie)

Reimann begründet die fehlende allgemeine Definition damit, daß die Perspektive des Soziologen immer eine *Innenansicht* ist. Während er in seiner Arbeit „Gesellschaft" zum Thema macht, befindet er sich nicht in der Situation des Biologen am Mikroskop, der das Leben im Mikrokosmos vollständig aus der Außenperspektive mit distanzierter Neugier beobachten kann: Die analytische Distanz des Soziologen hat ihre Grenzen in seiner eigenen gesellschaftlichen Existenz. Seine Erfahrungen und Interessen bestimmen seine Betroffenheit, seine Erkenntnismöglichkeit und seine Perspektiven und damit die Art und Weise, wie er die Soziologie und seine Rolle als Soziologe näher bestimmt.

Die Grenzen des Soziologen als Analytiker von Gesellschaft

In seinem Bemühen, in das, was um ihn herum geschieht, eine gewisse Ordnung zu bringen, Komplexität also zu reduzieren, neigt der Soziologe — wie jeder andere Wissenschaftler auch und nur graduell anders als der Mensch des Alltagshandelns — dazu, ein Raster zu entwickeln, mit dem Wirklichkeit strukturiert werden soll. Jeder Forschungsansatz impliziert eine bestimmte Festlegung der Wahrnehmung und Interpretation von Wirklichkeit. Es ist nicht allein die Wahrnehmung verschiedener Ausschnitte der Wirklichkeit durch verschiedene Ansätze, was das besondere Problem der Vergleichbarkeit von soziologischen Ergebnissen ausmacht. Situationen, von denen man so tut, als ob sie für alle Beobachter gleich seien, sind durch die besondere Aufmerksamkeit unterschiedlicher Forschungsansätze eben nicht mehr gleich. Das zwingt dazu, sich der Perspektive zu vergewissern, die man als Soziologe einnimmt — sowohl bei der Fragestellung vor der Erforschung der Wirklichkeit, als auch im Nachhinein bei der Interpretation der erhobenen Daten und festgestellten „Tatsachen". Diese Perspektive wird oft unreflektiert eingenommen, in anderen Fällen gilt sie als so „selbstverständlich", daß man gar nicht auf den Gedanken kommt, sie zu begründen. Und da Soziologen genauso handfest Interessen verfolgen wie andere Menschen auch, wird manchmal eine Perspektive auch ganz bewußt eingenommen, was nicht bedeutet, daß diese Perspektive explizit genannt wird. Da aber Erkenntnisse, mit denen Soziologen daran gehen, unsere ganz alltäglichen Erfahrungen in ein neues, klareres Licht zu rücken, prinzipiell Folgen haben — nämlich für die, die ihre Erfahrungen im neuen Licht zu reflektieren beginnen! —, sollte beharrlich gefragt werden, welche Gründe einen Soziologen bewogen haben, dieses so und jenes ganz anders zu sehen. Diese Forderung hat *Habermas* in die bekannte Frage nach dem „erkenntnisleitenden Interessen" gefaßt.

„Erkenntnisleitendes Interesse"

In seinem Aufsatz „Erkenntnis und Interesse" (1965) schreibt *Habermas:*

> „Im Begriff des erkenntnisleitenden Interesses sind die beiden Momente schon zusammengekommen, deren Verhältnis erst geklärt werden soll: Erkenntnis und Interesse. Aus Alltagserfahrungen wissen wir, daß Ideen oft genug dazu dienen, unseren Handlungen rechtfertigende Motive anstelle der wirklichen zu unterschieben. Was auf dieser Ebene Rationalisierung heißt, nennen wir auf der Ebene kollektiven Handelns Ideologie. In beiden Fällen ist der manifeste Gehalt von Aussagen durch die unreflektierte Bindung eines nur zum Scheine autonomen Bewußtseins an Interessen verfälscht." (1968, S. 159 f.)

Diese Interessen sind in der Naturgeschichte der Menschengattung (z.B. über den Drang der Selbsterhaltung) und in den tradierten Formen des Zusammenlebens (z.B. über die Form der sprachlichen Kommunikation oder der Arbeitsteilung) begründet. Ihrer bewußt zu werden, ist ein anstrengender Prozeß, dem sich der Mensch meist nur unter Druck stellt. Möglich ist die Lösung aus dem Interessenzusammenhang über Selbstreflexion, einem Prozeß, der der Idee der Mündigkeit verpflichtet ist. Selbstreflexion, heißt es bei *Habermas,* „löst das Subjekt aus der Abhängigkeit von hypostasierten Gewalten. Selbstreflexion ist von einem emanzipatorischen Erkenntnisinteresse bestimmt." (1968, S. 159)

Selbstreflexion und Mündigkeit

Die überaus schwierigen Überlegungen, die *Habermas* anstellt, um die Verschleierung des Interesses (vgl. S. 153) in den Wissenschaften aufzudecken, kann man in dem hier behandelten Zusammenhang auf die Forderung bringen, daß der Soziologe mit seinen Fragen, wenn er sich bestimmten Themen zuwendet und wenn er bestimmte Zusammenhänge herstellt und ihnen besondere Bedeutung zumißt, nicht weit genug zurückgehen kann. Da dieser Rückweg nicht leicht zu gehen ist, müssen Bedingungen geschaffen werden, unter denen die Weiterführung der Fragen gesichert und geboten ist. Diese Bedingungen finden sich in dem vom *Habermas* so genannten „herrschaftsfreien Dialog" (1968, S. 164). An anderer Stelle spricht er auch von „Diskurs" (1971, S. 114 ff.).

Im Diskurs, so wollen wir diese schwierigen Zusammenhänge zusammenfassen, geht es um die wechselseitige Verständigung der Handelnden über die Begründungen für ihr Reden und Handeln (vgl. 1971, S. 115). „Der Diskurs dient der Begründung problematisierter Geltungsansprüche von Meinungen und Normen." (1971, S. 117) Jeder hat das Recht, die Angabe von Gründen zu verlangen.

Begriff: „Diskurs"

> Ein Wort noch, um Mißverständnissen vorzubeugen: Mit der Konzeption des herrschaftsfreien Diskurses beschreibt *Habermas* keine realen Verhältnisse, sondern entwickelt ein *Modell* bzw. einen *Maßstab* für Beschreibung, Analyse und Kritik von empirischen Bedingungen und Zuständen gesellschaftlichen Zusammenlebens.

Kehren wir von diesem kurzen wissenschaftstheoretischen Ausflug zurück und schließen die gerade vorgestellten Überlegungen mit einem Hinweis auf das sog. Thomas-Theorem ab. Dieses Theorem, das mit den amerikanischen Soziologen *William I.* und *Dorothy S. Thomas* in Verbindung gebracht wird, besagt, daß „Dinge, die als real definiert werden, in ihren Konsequenzen real" sind (*Thomas* und *Thomas,* (1928), 1973, S. 154). Zur Erklärung menschlichen Verhaltens scheint dieses Theorem einleuchtend. Wenn jemand mit der festen Meinung in eine Schulklasse geht, daß Kinder von Landwirten nicht so schnell begreifen, dann wird diese „Definition" ganz sicher auch ganz reale Konsequenzen für den Lehrer (der nur darauf wartet, daß sich diese Meinung bestätigt) und für die Kinder (die sich einer bestimmten Aufmerksamkeit erfreuen — oder auch nicht) haben.

Das „Thomas-Theorem"

Gleiche Gültigkeit hat dieses Theorem auch für den Soziologen, der sich an die Erforschung der Wirklichkeit macht. Im ersten Zugang auf die Wirklichkeit und bis weit in die Verknüpfung von „plausiblen" Annahmen hinein wird er nicht anders als alle Menschen seine Annahmen mit dem gesunden Menschenverstand entwickeln und durch Fakten zu belegen suchen. Erst nach und nach setzen bei den Nachdenklichen Zweifel ein, ob die Annahmen und angeblichen Bestätigungen auch stimmen.

Dies ist ein wichtiger Schritt zur Etablierung einer Wissenschaft, der entscheidende Schritt aber ist die ernsthafte, kritische Suche nach den individuellen oder gesellschaftlich nahegelegten Interessen, die den Prozeß der Erkenntnis in Gang gesetzt haben. Eine so vorgehende Soziologie verdient den Namen

„reflexive Soziologie". Sie richtet ihre Analyse auf „die selbstverständlichen Annahmen und unausgesprochenen Voraussetzungen in Wahrnehmung und Denken der sozialen Akteure, speziell des Wissenschaftlers selbst." (Falk und Steinert, 1973, S. 21)

Wir haben uns bisher mit dem Soziologen und der ihm abverlangten Reflexion über seine oder die ihm nahegelegten Interessen befaßt. Jetzt müssen wir den Blick auf das richten, was ihm als Forschungsobjekt gegenübersteht und wie er mit ihm umgeht oder besser: umgehen sollte.

Da ist zunächst einmal die sehr triviale Feststellung zu treffen, daß kein Mensch alles machen kann. So kann auch gar nicht ernsthaft erwartet werden, daß ein Soziologe alles erfaßt und bedenkt. Aber daß er sich davor hüten soll, nur selektiv das wahrzunehmen, was *ihm* wichtig erscheint, diese Forderung wollen wir schon erheben. Daß diese Forderung gerade gegenüber der Soziologie, die sich ja mit dem ganz normalen Alltag und den ihn ordnenden Strukturen und den daraus folgenden Effekten befaßt, zu erheben ist, liegt auf der Hand. Die Frage ist nur, wie es kommt, daß manche soziologischen Fragen und viele Erkenntnisse so abgehoben erscheinen. Ein ganz wesentlicher Grund scheint uns darin zu liegen, daß wir — hier meinen wir vor allem die Soziologen und im übrigen den modernen Menschen überhaupt — verlernt haben, eine Situation in allen oder wenigstens den wichtigsten Einzelheiten aufzunehmen, Dinge zu bemerken, die *auch* passieren, Äußerungen wahrzunehmen, die „eigentlich" nicht dazugehören. Zieht man die Aussage, daß das Ganze mehr ist als die Summe seiner Teile, zur Beurteilung einer Situation heran, dann muß entsprechend gelten, daß eine Situation auf keinen Fall weniger als die Summe zumindest der wahrnehmbaren Teile ist. Der Hang zu immer höherer Abstraktion in der Typisierung von Ereignissen führt aber dazu, daß immer mehr Erscheinungen zu Unwichtigem, Zufälligem, Nicht-Repräsentativem erklärt werden.

Die Soziologie neigt dazu, Alltagswirklichkeit gewissermaßen auf einer höheren Ebene zu ordnen und in abstrakte Begriffe zu fassen, die bestenfalls für das Weitertreiben neuer Denkmodelle, nicht aber für den Aufbau von Handlungskompetenz des Menschen in seinem Alltag relevant sind. Zwar wird viel von dem, was im Alltag geschieht, in der Soziologie thematisiert, doch meist geschieht dies in einer Art, die man unter dem Aspekt der akademischen Lehre als didaktisch unzureichend, unter dem Aspekt der Vermittlung in Alltagshandeln als verfehlt bezeichnen muß. Der Vorwurf des Soziologenjargons wendet sich eben gegen die Unsitte, daß seine Begriffe nur noch für Eingeweihte Aussagekraft haben.

Der Drang zu Höhenflügen der Abstraktion geht so weit, daß wir das Interesse an den „eher weltlichen Dingen" verlieren, „die Menschen tatsächlich tun", kritisiert Howard S. *Becker* sarkastisch: „Wir ignorieren, was wir sehen, weil es nicht abstrakt ist, und wir jagen unsichtbaren 'Kräften' und 'Bedingungen' nach" (1973, S. 171). Soziologie, wie sie *Becker* fordert, nimmt den „Gemeinplatz ernst" (1973, S. 174). Die abstrakte Begrifflichkeit droht die Soziologie von denen abzuschneiden, um die es eigentlich geht: von den Menschen in Situationen, die *sie* konstruieren, nicht die Wissenschaft!

Die Warnung *Beckers* kann denn auch nicht genug unterstrichen werden:

„Wenn die beobachteten Menschen sich ohne Anleitung in diesen Beschreibungen nicht wiedererkennen, sollten wir aufmerksam werden." (1973, S. 172)

Das Problem der Abstraktion bei gleichzeitiger Geringschätzung von Konkretem und Aktuellem, die Strukturierung der Wirklichkeit nach „wichtigen" und „unwichtigen" Fakten, ist natürlich keineswegs auf soziologisch Geschulte beschränkt. Selbst denen, die „nur" ein ungeschultes Interesse mitbringen, fällt es schwer, ihre Umwelt genau zu beobachten. Ein Beispiel aus der Erfahrung der akademischen Lehre — willkürlich aus anderen herausgegriffen — mag dies verdeutlichen.

Wenn in Seminarveranstaltungen Referate gehalten werden, fällt dem geschulten Beobachter auf, daß sich viele Referenten in regelmäßigen Abständen bestimmten Personen zuwenden. Das ist fast immer der Dozent, oft sind es aber auch Studenten, die sich in früheren Sitzungen als kritische Frager hervorgetan haben. Der Referent achtet gewissermaßen darauf, ob sich schon beim Vortrag an Haltung und Gebärde dieser „signifikanten" Personen ablesen läßt, wie das Referat „ankommt". Bei der anschließenden Diskussion bietet sich ein ähnliches Bild. Die Seminarteilnehmer richten ihre Fragen oder Einwände sehr oft direkt an den Dozenten und ignorieren den Referenten, der doch eigentlich als Fachmann auftreten sollte. Die Diskussion läuft gewissermaßen über die Schaltstelle des „eigentlichen" Fachmannes. Selbst der Referent vergewissert sich bei der Diskussion immer wieder der Zustimmung des „eigentlichen" Fachmannes, indem er sich bei seinen Ausführungen direkt an ihn wendet.

Solche Erfahrungen haben wir alle schon gemacht, nur denken wir selten darüber nach, was in diesen Alltagssituationen eigentlich zum Ausdruck kommt. Bittet man Studenten zu beschreiben, was in einer solchen Seminarveranstaltung passiert, werden sicherlich eine Fülle von abstrakten Prozessen beschrieben, doch diese offensichtlichen Erscheinungen werden übersehen. Natürlich ist es dem geschulten Beobachter klar, daß der Kommunikationsprozeß durch das Gefühl der Unsicherheit (beim Referenten), eine vorgefaßte Meinung über den wahren Sachverständigen (bei den Seminarteilnehmern) und eine rigide Strukturierung der Kommunikation zwischen unterschiedlich „wichtigen" Partnern (bei allen Beteiligten) gekennzeichnet ist. Dies alles aber bleibt außerhalb der Reflexion, und die Belastung durch eine solche verfremdete Situation stellt sich in jeder ähnlichen Situation aufs Neue. Würde diese typische Situation ausführlich beschrieben und interpretiert, könnten alle Beteiligten eine Kompetenz erwerben, die man für selbstverständlich und notwendig halten wird, nachdem man erst einmal auf diese bisher nicht wahrgenommenen Tatsachen und Zusammenhänge aufmerksam geworden ist.

Wir wollen die Überlegungen über die Verantwortung des Soziologen hier abbrechen.

Wer sich für eine weitergehende Diskussion interessiert, kann den Aufsatz lesen, aus dem einige Passagen gerade übernommen worden sind: Heinz *Abels*: Alltagswirklichkeit und Situation. Neue Bezugspunkte soziologischer Forschung. In: Soziale Welt, 1975, Heft 2.

Wir kommen nun zum letzten Thema dieses Kapitels und wollen dazu rasch den Schluß ziehen, der sich aus den bisherigen Ausführungen ergibt. Er heißt: Indem sich Soziologie mit den Verhältnissen in einer Gesellschaft befaßt (ganz gleich, auf welcher Art und Weise sie das tut), arbeitet sie nicht irgendwo „aus sicherer Entfernung", sondern sie ist selbst Bestandteil der Gesellschaft. So ist es nur konsequent zu fragen, welche Aufgaben der Soziologie in der Gesellschaft zukommen, welche sie tatsächlich übernommen hat und welche sie vielleicht übernehmen *sollte*.

Jeder Anspruch auf Ernsthaftigkeit wäre sehr schnell unglaubwürdig, wenn man so tun würde, als sei die Wissenschaft der Soziologie kein Bestandteil der

Gesellschaft, die zu untersuchen als Notwendigkeit behauptet und als Aufgabe formuliert wurde. Wenn man nun die Tatsache einer gesellschaftlichen Existenz und grundsätzlichen Betroffenheit des Sozialwissenschaftlers auf den Anspruch der Soziologie bezieht, durch die Entwicklung soziologischen Denkens und soziologischen Bewußtseins dauerhaft „Aufklärung" zu leisten, könnte man zu der Frage kommen, ob der unbegrenzte Anspruch, Bestehendes zu hinterfragen, nicht „automatisch" zur „permanenten Revolution" oder zumindest zur „Systemveränderung" führt. Und wäre es nicht eine Zwangsläufigkeit, gewissermaßen ein „moralischer Imperativ", aus der Erkenntnis und Analyse gesellschaftlicher Ungerechtigkeit und Inhumanität die Konsequenzen zu ziehen und die Verhältnisse zu verändern, die die Ungerechtigkeiten begründen und fortschreiben? Gibt es nicht einen „natürlichen" Gegensatz zwischen der „aufdeckenden" kritischen Soziologie und den Interessen derer, die von einem Fortbestand gesellschaftlicher Ungerechtigkeit profitieren?

„Systemveränderung" als Konsequenz soziologischen Denkens?

Sie sehen, wir sind hier bei Fragen, die schon in der Diskussion zwischen *Dahrendorf* und *Raabe* in Kapitel 1 angeklungen sind. Diese Diskussion hat im Kern eine lange Tradition in der Soziologie und bezieht sich letztlich darauf, welches gesellschaftliche Engagement der Soziologe in seine wissenschaftliche Arbeit einfließen lassen darf.

Zwei Positionen zum Engagement des Soziologen

— „Aufspaltung" und Rollentrennung

— Die erste Position verlangt, der Soziologe müsse sich im Interesse von Wissenschaftlichkeit und Ideologiefreiheit gewissermaßen „aufspalten". Das eine „Produkt" der Spaltung ist das von gesellschaftlichen Problemen und Entwicklungen betroffene und sich in diesem Zusammenhang engagierende Gesellschaftsmitglied. Der andere Aspekt des Soziologen aber ist der distanziert analysierende Wissenschaftler, der sich in seinem Handeln allein von Regeln der Logik und Rationalität leiten läßt. Nur was sich innerhalb der Regeln strenger Wissenschaftlichkeit objektiv erschließen läßt, kann dann Gegenstand wissenschaftlicher Aussagen sein.

— „Ganzheitlichkeit" und Verantwortung

— Die zweite Position zieht keineswegs die Notwendigkeit sauberen, klaren wissenschaftlichen Arbeitens in Frage, möchte den Soziologen mit seiner besonderen Kompetenz aber nicht aus der gesellschaftlichen Verantwortung entlassen. Da in letzter Konsequenz aller wissenschaftlichen Arbeit persönliche und gesellschaftliche Werthaltungen zugrundeliegen, wäre es ehrlicher, diese Werte und Interessen offenzulegen und selbst Verantwortung für den Forschungsprozeß und die gesellschaftliche Verwendung von Wissenschaft zu übernehmen. Von dieser Position aus führt die „Spaltung" dazu, daß der Soziologe scheinbar wertneutrales Wissen produziert, das in ideologischen Zusammenhängen verwendet werden kann, gerade weil es mit dem Siegel der Wissenschaftlichkeit und Neutralität ausgestattet ist.

Der „Werturteilsstreit"

Ausgangspunkt der Soziologiebestimmung zwischen Engagement und Neutralität war der sogenannte „Werturteilsstreit" in der deutschen Sozialwissenschaft um die Jahrhundertwende. Insbesondere Max *Weber* (1864 - 1920) trat für eine „wertfreie" soziologische Forschung ein.

In seinem Aufsatz „Der Sinn der 'Wertfreiheit' der soziologischen und ökonomischen Wissenschaften", der 1917 in der Zeitschrift *Logos* erschien, schreibt er:

„Unendliches Mißverständnis und vor allem terminologischer, daher gänzlich steriler, Streit hat sich an das Wort 'Werturteil' geknüpft, welches zur Sache offenbar gar nichts austrägt. Es ist, wie gesagt, ganz unzweideutig, daß es sich bei diesen Erörterungen für unsere Disziplinen um *praktische* Wertungen sozialer Tatsachen als, unter ethischen oder unter Kulturgesichtspunkten oder aus anderen Gründen, praktisch wünschenswert oder unerwünscht, handelt." (3. A. 1964, S. 263)

Dieses Mißverständnis versucht *Weber* fast beschwörend mit folgendem berühmten Satz aufzuklären:

> „Aber es handelt sich doch ausschließlich um die an sich höchst triviale Forderung, daß der Forscher und Darsteller die Feststellung empirischer Tatsachen (…) und seine praktisch wertende, d.h. diese Tatsachen (…) als erfreulich *beurteilende*, in diesem Sinne: 'bewertende' Stellungnahme unbedingt *auseinanderhalten* solle, weil es sich da nun einmal um heterogene Probleme handelt." (a.a.O., S. 263 f.)

Diese „Ressortaufteilung zwischen Wissenschaft und Politik" (v. Ferber, 3. A. 1966, S. 166) kann nicht so verstanden werden, daß sich der Wissenschaftler nicht auch auf das Terrain praktischer Politik begeben sollte. Dies ist auch nicht gemeint. Gemeint ist vielmehr, daß der Wissenschaftler streng darauf achten muß, bei der Anlage, Durchführung und Auswertung seiner Forschungen persönliche Wertungen auszuschalten. Wenn er zum Schluß mit Erkenntnissen, die wertneutral generiert wurden, auf den Plan tritt, um sie in politisches Handeln umzusetzen, dann ist dies nur dann nach *Weber* statthaft, wenn er für sein *politisches* Engagement nicht den Anspruch wissenschaftlicher Begründung reklamiert.

Diese Trennung von wissenschaftlicher Forschung und politischer Praxis meint *Weber*, wenn er formuliert, „daß Wissenschaft heute ein *fachlich* betriebener 'Beruf' ist im Dienste der Selbstbesinnung und der Erkenntnis tatsächlicher Zusammenhänge und nicht eine Heilsgüter und Offenbarung spendende Gnadengabe von Sehern, Propheten oder ein Bestandteil des Nachdenkens von Weisen und Philosophen über den *Sinn* der Welt." (3. A. 1964, S. 334)

Wissenschaftshistorischer Hintergrund

Den wissenschaftshistorischen Entwicklungshintergrund der Debatte um die Wertfreiheit skizziert im folgenden *Bahrdt*:

> „Die Soziologie ist entstanden aus der politisch engagierten Sozialkritik. An ihrer Wiege standen z.B. Männer wie August Comte, der das Wort Soziologie erfunden hat, und der Graf Saint-Simon, der den Gedanken einer durch die Industrie bestimmten Gesellschaftsordnung entwickelt hat, Lorenz von Stein, der das Wort 'Industrielle Gesellschaft' geprägt hat, Wilhelm Heinrich Riehl und nicht zuletzt Karl Marx. Das waren Männer, denen die Not der Zeit auf den Nägeln brannte.
> Als politisch engagierte Menschen sahen sie das Zerbrechen der Ständegesellschaft, den Durchbruch des Industriekapitalismus, die ungeordnete, sich überschlagende Verstädterung und die Entstehung eines riesigen Proletariats und suchten nach praktischen Lösungen, die aus dem Chaos herausführen könnten. Diese Männer hatten alle auch die Absicht, die Gesetzmäßigkeit jenes Gesellschaftsprozesses, den wir meist mit dem Wort 'Industrielle Revolution' bezeichnen, wissenschaftlich zu analysieren.
> Ihre Erkenntnisse sind so zahlreich, so tief und teilweise so vorausschauend gewesen, daß wir noch heute von ihnen lernen können. Aber sie waren zugleich derart in das politische Geschehen ihrer Zeit verstrickt und methodisch auch noch gar nicht in der Lage, um nun säuberlich Prognose von Prophetie, Analyse von Polemik, Forschung von der Entwicklung politischer Programme zu unterscheiden.
> Wenn aus der Wissenschaft von der Gesellschaft eine selbständige, verläßliche und gerade deshalb auch praktisch verwertbare Tatsachenwissenschaft werden sollte, dann mußte immer wieder eine gewisse Distanz zu den aktuellen Auseinandersetzungen gesucht werden. Es mußte der schmale Pfad zwischen esoterischer Weltfremdheit einerseits und Verstrickung in die Meinungskämpfe andererseits gefunden werden." (4. A. 1966, S. 12 f.)

Sie sehen, daß die Diskussion um die Wertfreiheit keineswegs den Charakter eines weltfremden Gelehrtenstreits hatte, wie man spontan bei einem solchen Wortgebilde assoziieren könnte. Vielmehr spiegelt sie die konkrete Auseinandersetzung der Sozialwissenschaftler mit der Gesellschaft und ihrer eigenen Existenz in der Gesellschaft wider.

Konsequenzen der Debatte für die Entwicklung der Soziologie

Das Postulat der Wertfreiheit hatte weitreichende Konsequenzen für die Soziologie. Zum einen war die Trennung von Wissenschaft und Politik Voraussetzung für die akademische „Karriere" des Faches, also eine weitere Verbreitung an den Universitäten. Zum anderen war das Wertfreiheitspostulat in Verbindung mit der akademischen Anerkennung Grundlage einer intensiven Entwicklung von Methoden und Instrumenten der empirischen Forschung. Die Entwicklung einer umfangreichen Methodologie in den folgenden Jahrzehnten ging einher mit einer wachsenden politischen und wirtschaftlichen Nützlichkeit und Brauchbarkeit soziologischer Forschung.

Sozialtechnologische Nützlichkeit einerseits —

Mit der zunehmenden Anwendbarkeit und Verwendbarkeit des soziologischen Instrumentariums in Bereichen unmittelbarer ökonomischer und politischer Entscheidungen wuchs allerdings auch das, was man die *sozialtechnologische Gefährdung* der Soziologie nennen könnte, nämlich nur noch reines Instrumentarium für beliebige Ziele und Zwecke zu sein. Diese Gefahr ernstnehmen kann aber nicht heißen, daß die Soziologie im Rückzug auf ihre Forschungstechnik sich ihrer Wirkungs- und Veränderungsmöglichkeiten begeben sollte. Denn dadurch begäbe sie sich einer Kompetenz, die sie grundsätzlich in besonderer Weise auszeichnet: der Fähigkeit zur Reflexion und Bewertung gesellschaftlicher Zusammenhänge und Prozesse. Eine Bewertung in diesem Sinne käme nicht aus den Vorlieben und Abneigungen des Alltagslebens, sondern stammte aus selbstkritischer und zu immer neuer Überprüfung bereiter Einsicht.

gesellschaftliche Verantwortung andererseits

Mit zunehmender gesellschaftlicher „Nützlichkeit" stellt sich zwangsläufig die Frage der *Verantwortung* des Wissenschaftlers für sein Handeln. Die Frage nach der Reichweite der Verantwortung des Wissenschaftlers ist alt und doch immer aktuell geblieben. Denken Sie z.B. an die Mitarbeit der Physiker bei der Entwicklung der Wasserstoffbombe oder die Arbeit der Biogenetiker an der Erforschung der Möglichkeiten zur Genmanipulation. Diese extremen Beispiele zeigen das Grundproblem auf: Wissenschaftler kommen zu Ergebnissen und Erkenntnissen, die großen Einfluß auf die Gesellschaftsentwicklung und Umweltveränderung haben können. Müssen sie selbst die Verantwortung dafür übernehmen, was mit ihren Erkenntnissen geschieht, oder können sie sich auf die Rolle des Wissenschaftlers zurückziehen, der von anderen (im Zweifelsfall stets: Mächtigen) mit der Lösung einer Aufgabe beauftragt wurde und dessen Verantwortung mit der Problemlösung endet und ganz auf diejenigen übergeht, die den Forschungsauftrag erteilt haben? Nicht umsonst stammen die beiden genannten Beispiele aus dem Bereich der Naturwissenschaften, in denen die Trennung der Rollen des Wissenschaftlers und des Gesellschaftsmitglieds (Staatsbürger) von Gegenstand, Tradition und Erkenntnismethode her um einiges näherliegend ist als beim Gesellschaftswissenschaftler.

Aber auch der Soziologe kann sich der Grundsatzdiskussion über seine Verantwortung als Wissenschaftler nicht entziehen. So wurde das von *Weber* durchaus anders gemeinte Postulat der Wertfreiheit im Zuge der Entwicklung der Soziologie teilweise als Argument für die *Einschränkung* der Verantwortung benutzt.

„Die wertfreie Neutralität macht den Soziologen zum Auftragsempfänger, ohne daß er den Wertbezug der Aufgabe selbst zu beurteilen hätte oder sich für die Verwendung seiner Ergebnisse verantwortlich fühlen müßte." (von *Merveldt* 1974, S. 11)

Wenngleich die Frage der Verantwortung grundsätzliche Bedeutung hat und sich in einem „Forscherleben" immer wieder stellen mag, ist ihr Stellenwert in der soziologischen Diskussion heute doch deutlich geringer als etwa in den späten 60er Jahren. Dies hat sicherlich auch mit der Einsicht zu tun, daß die Einflußmöglichkeiten der Soziologie auf die gesellschaftliche Entwicklung recht beschränkt sind. Aus den realen Verhältnissen heraus wächst der Soziologie eher die Rolle eines Begleiters der Gesellschaft als die eines Steuermanns zu — unabhängig erst einmal vom Anspruch der Soziologie und der Soziologen. So gesehen liegen die Einflußmöglichkeiten der Soziologie in erster Linie im „langen Atem" soziologischer Aufklärung.

Soziologische Aufklärung kann als der gemeinsame Nenner verschiedener wissenschaftstheoretischer Positionen hinsichtlich der Aufgabe der Soziologie in der Gesellschaft bezeichnet werden, wobei allerdings Unterschiede bestehen hinsichtlich der Reichweite der intendierten Aufklärung. Vor diesem Hintergrund sind unterschiedliche Aussagen über Aufgaben der Soziologie und der Soziologen zu bewerten:

Soziologie als „Begleiter" von Gesellschaft

Soziologische Aufklärung als gemeinsamer Nenner

„Hauptaufgabe der Soziologie wird es, die optimalen Anpassungspfade für die Industrienationen wie für die Dritte Welt in bezug auf eine zukünftige Gesellschaft zu finden, die — entsprechend der noch zu findenden Wohlfahrtskriterien — eine humanere, friedlichere und auf weniger sozialen Ungerechtigkeiten aufbauende Welt garantieren. ....Die Aufgabe von Soziologen muß es jedoch sein, die gesellschaftspolitisch zentralen und zukunftsweisenden Probleme herauszuarbeiten, allen bewußt werden zu lassen und sie unter den spezifisch gegebenen gesellschaftlichen Bedingungen so zu lösen, daß in Zukunft soziale Ungleichheit erniedrigt und gesellschaftliche Wohlfahrt erhöht wird." (*Drexler* 1975, S. 21)

„Daher ist die wichtigste Aufgabe der angewandten Sozialwissenschaft, bei der Voraussage und der Durchführung von sozialem und kulturellem Wandel zu helfen. ... Der praktische Soziologe bemüht sich um Erkenntnisse, welche die Probleme der Menschen in seiner Gesellschaft klären und lösen können. Anders als der reine Wissenschaftler, der sich daran erfreut, Erkenntnisse um ihrer selbst willen zu maximieren oder Hypothesen zu testen und Theorien auszubauen, wird der Praktiker manchmal auf Datenquellen verzichten, wie ergiebig sie auch sein mögen, wenn er befürchten muß, daß ihre Verwertung die intendierte Veränderung erschweren wird." (*Gouldner* 1975, S. 117)

Mit „soziologischer Aufklärung" ist im Verständnis der Autoren die zentrale Rolle der Soziologie in der Gesellschaft umrissen. Die soziologische Perspektive, das soziologische Denkvermögen und Bewußtsein werden so in der Tat zur Voraussetzung für die aufklärerische Potenz der Soziologie und des Soziologen. Erst die rationale, skeptische, entschleiernde Auseinandersetzung mit dem „Gesellschaftlichen" führt zur Erkenntnis jener sozialen Realität unterhalb der offenliegenden Oberfläche, die tatsächlich unser Handeln beeinflußt. Der Soziologe hat also die Verpflichtung, „sich gegenüber den jeweilig herrschenden Idealen, auch den majestätischsten, einen kühlen Kopf im Sinne der persönlichen Fähigkeit zu bewahren, nötigenfalls 'gegen den Strom zu schwimmen' " (Weber, 3. A. 1964, S. 310)

Weil die Soziologie aber nicht nur Analytikerin der Gesellschaft ist, sondern auch den Zwängen, Prozessen und Regeln dieser Gesellschaft unterliegt, ist soziologische Aufklärung — das hat dieser Abschnitt gezeigt — keine Selbstverständlichkeit, sondern beständig in Gefahr, sich in den Strukturen, die Gegenstand ihrer Erkenntnis sind, zu verlieren. Soziologische Aufklärung ist deshalb mitunter ein schmaler Pfad, aber letztlich doch ein gangbarer Weg zwischen der Vereinnahmung durch die Bürokratie der Herrschenden und einem distanzlosen Aktionismus.

Das „Schlußwort" dieses Kapitels und unseres Buches „Gesellschaft lernen" wollen wir nicht selbst formulieren, sondern C. W. *Mills* überlassen, einem engagierten und konsequenten Vertreter der soziologischen Denkweise und der soziologischen Aufklärung, dessen Zusammenfassung zur Rolle der Soziologie in der Gesellschaft wir nichts hinzuzufügen haben.

> „Die Rolle, die ich der menschlichen Vernunft zugeschrieben habe, gibt keine Veranlassung, auf die Straße zu rennen, zum nächsten Krisenherd zu eilen, das Parlament zu beschwören, eine Druckerei zu kaufen, unter die Armen zu gehen oder Reden zu schwingen. Eine solche Aktivität ist oft bewundernswert, und ich kann mir Situationen vorstellen, in denen auch ich etwas Ähnliches zu tun wünschte. Aber der Sozialwissenschaftler kann keinen Beruf daraus machen, wenn er nicht sein Amt und die menschliche Vernunft in Mißkredit bringen will. Er muß sich bei seiner Arbeit bescheiden wollen und verhüten, daß sie und er Opfer der Bürokratisierung werden.
>
> Nicht jeder Sozialwissenschaftler wird meiner Meinung sein, und ich wünschte auch nicht, daß es so wäre. Ich will nur sagen, daß eine seiner Aufgaben darin besteht, sich seine Meinung über den geschichtlichen Wandel und die Rolle, die freien und vernünftigen Menschen hierbei zukommen mag, zu bilden. Nur so erkennt er seine eigene geistige und politische Aufgabe in der Gesellschaft, die er studiert, und nur so gewinnt er Klarheit über die Werte der Freiheit und Vernunft, die so eng mit der Tradition und dem Schicksal der Sozialwissenschaften verknüpft sind.
>
> Sind die Individuen und kleine Gruppen nicht frei, in die Entwicklung einzugreifen, und zugleich unfähig, die Entwicklung zu erkennen, ist ferner die Struktur der modernen Gesellschaft dergestalt, daß der Zufall herrscht und nur die zur Verfügung stehenden Machtmittel und das zu erlernende Wissen etwas ausrichten können, dann besteht die einzige autonome Aufgabe der Sozialwissenschaft im Begreifen und in der Dokumentation; der Gedanke einer Verantwortung der Mächtigen ist sinnlos geworden, und die Werte der Freiheit und Vernunft lassen sich nur im engen Kreise einiger Privilegierter verwirklichen.
>
> Aber das sind viele ‚Wenn und Aber‘. Und obschon man sich über den Grad der Freiheit und der historischen Konsequenzen streiten mag, so glaube ich doch nicht, daß eine zwingende Notwendigkeit bestehe, Freiheit und Vernunft als Elemente der Sozialwissenschaft aufzugeben.
>
> Die weit verbreitete Phrase, daß die Sozialwissenschaft ‚nicht die Welt retten kann‘, ist ein Versuch, diesen Problemen auszuweichen. Darin mag sich der Verzicht eines bescheidenen Gelehrten, wenn nicht die zynische Verachtung aller größeren Problemkreise durch einen Spezialisten äußern, die Enttäuschung jugendlicher Erwartungen oder die Pose dessen, der auf das Prestige des großen Wissenschaftlers als des reinen und fleischlosen Intellekts aus ist. Aber es ist auch möglich, daß hier ein abgewogenes Urteil über die Machtstruktur vorliegt.
>
> Deswegen glaube ich selber nicht, daß die Sozialwissenschaft ‚die Welt retten‘ wird, obschon ich nichts Falsches darin sehe, daß sie ‚versucht, die Welt zu retten‘, wenn dies die Vermeidung eines Krieges und die Neugestaltung des menschlichen Lebens nach den Idealen der menschlichen Freiheit und Vernunft heißen soll. Meine Erfahrungen jedoch stimmen mich in dieser Hinsicht allerdings ziemlich pessimistisch. Und dennoch müssen wir fragen: Wenn es überhaupt ei-

nen Ausweg aus der Krise unserer Zeit mit Hilfe des Intellekts gibt, sind dann nicht gerade die Sozialwissenschaftler berufen, ihn aufzuzeigen? Was wir bieten, ist doch — obschon das nicht immer zum Ausdruck kommen mag — der Blick für das Ganze, für die Menschheit. Und darin muß auch die Lösung für die großen Probleme liegen." (Mills 1963, S. 245f.)

Literatur

Abels, H.: Sozialisation und Chancengleichheit, Düsseldorf, 1972

Abels, H.: Alltagswirklichkeit und Situation. Neue Bezugspunkte soziologischer Forschung, in: Soziale Welt, H. 2, 1975

Allport, G. W.: Die Natur des Vorurteils, Köln 1971

Bacon, F.: Neues Organ der Wissenschaften, (repr. Nachdruck 1830), Darmstadt 1981

Bahrdt, H.P.: Wege zur Soziologie, München, 4. A., 1966

Becker, H.S.: Außenseiter, Frankfurt a.M. 1973

Belardi, N. und *Hamm, A.M.:* Psychologische Grundlagen (=Soziale Arbeit Bd. 2), Frankfurt a.M. 1980

Berger, P. und *Luckmann, T.:* Die gesellschaftliche Konstruktion der Wirklichkeit, Frankfurt a.M., 3. A. 1972

Berger, P. und *Berger, B.:* Individuum und Co. Soziologie beginnt beim Nachbarn, Stuttgart 1974. (Als Taschenbuch unter dem Titel: Wir und die Gesellschaft, Reinbek bei Hamburg, 1976)

Bernstein, B.: Sozio-kulturelle Determinanten des Lernens. Mit besonderer Berücksichtigung der Rolle der Sprache (1959), in: Heinz, P. (Hrsg.) Soziologie der Schule (Sonderheft 4 der Kölner Zeitschrift für Soziologie und Sozialpsychologie) Köln 8. A. 1970

Bohnsack, R.: Handlungskompetenz und Jugendkriminalität, Neuwied 1973

Bronfenbrenner, U.: Socialization and social class through time and space; in: Maccoby, E. et al. (eds.): Readings in social psychology, New York 1958

Dahrendorf, R.: Homo sociologicus, Köln und Opladen 5. A. 1965

Dreitzel, H.P.: Wege in die soziologische Literatur, in:Bahrdt, H.P.: Wege zur Soziologie, München 4.A. 1966

Drexler, W.: Rahmencurriculum Soziologie (Schulprojekte der Universität Bielefeld, Heft 10 Oberstufenkolleg), Stuttgart 1975

Elias, N.: Was ist Soziologie? München 4. A. 1981

Falk, G. und *Steinert, H.:* Über den Soziologen als Konstrukteur von Wirklichkeit, das Wesen der sozialen Realität, die Definition sozialer Situationen und die Strategien ihrer Bewältigung; in: Steinert, H. (Hrsg.): Symbolische Interaktion, Stuttgart 1973

Fend, H.: Gesellschaftliche Bedingungen schulischer Sozialisation, Weinheim 1974

Ferber, v., C.: Der Werturteilsstreit 1909/1959; in: Topitsch, E. (Hrsg.): Logik der Sozialwissenschaften, Köln 3. A. 1966

Freud, S.: Drei Abhandlungen zur Sexualtheorie (1905); in: ders.: Studienausgabe Bd. V, Frankfurt a.M. 1982

Freud, S.: Über infantile Sexualtheorie (1908); in: ders.: Studienausgabe Bd. V, Frankfurt a.M. 1982

Freud, S.: Vorlesungen zur Einführung in die Psychoanalyse (1916-1917); in: ders.: Studienausgabe Bd. I, Frankfurt a.M. 1982

Freud, S.: Einige psychische Folgen des anatomischen Geschlechtsunterschieds (1925); in: ders.: Studienausgabe Bd. V, Frankfurt a.M. 1982

Freud, S.: Neue Folge der Vorlesungen zur Einführung in die Psychoanalyse (1932 - 1933); in: ders.: Studienausgabe Bd. I, Frankfurt a.M. 1982

Freud, S.: Abriß der Psychoanalyse (1938), Frankfurt a.M. 1953

Fuchs, W. u.a. (Hrsg.): Lexikon zur Soziologie, 2 Bde., Reinbek bei Hamburg 1975

Gehlen, A.: Der Mensch, Frankfurt a.M. 9. A. 1971

Gehlen A.: Urmensch und Spätkultur, Frankfurt a.M. 3. A. 1975

Geulen, D.: Das vergesellschaftete Subjekt, Frankfurt, a.M. 1977

Geulen, D.: Die historische Entwicklung sozialisationstheoretischer Paradigmen; in: Hurrelmann, K. und Ulich, D. (Hrsg.): Handbuch der Sozialisationsforschung, Weinheim 1980

Geulen, D.: Bildungsreform und Sozialisationsforschung; in: Zeitschrift für Sozialisationsforschung und Erziehungssoziologie, 1983, H. 2

Goffman, E.: Wir alle spielen Theater. Die Selbstdarstellung im Alltag (1959), München 2.A. 1973

Gouldner, A.W.: Theoretische Bedingungen der angewandten Sozialwissenschaften, in: Bennis, W.G. u.a. (Hrsg.): Änderung des Sozialverhaltens, Stuttgart 1975

Habermas, J.: Erkenntnis und Interesse (1965); in: ders.: Technik und Wissenschaft als 'Ideologie', Frankfurt a. M. 1968

Habermas, J.: Stichworte zur Theorie der Sozialisation (1968), in: ders.: Kultur und Kritik, Frankfurt a. M. 1973

Habermas, J.: Umgangssprache, Wissenschaftssprache, Bildungssprache; in: Merkur 32. Jg., 1978, H. 4.

Hofmann, W.: Wissenschaft und Ideologie (1967); in: ders.: Universität, Ideologie, Gesellschaft. Beiträge zur Wissenschaftssoziologie, Frankfurt a. M. 6. A. 1972

Hofstätter, P.R.: Einführung in die Sozialpsychologie, Stuttgart 3. A. 1963

Hurrelmann, K.: Erziehungssystem und Gesellschaft, Reinbek bei Hamburg 1975

Joas, H.: Rollen- und Interaktionstheorien in der Sozialisationsforschung; in: Hurrelmann, K. und Ulich, D. (Hrsg.): Handbuch der Sozialisationsforschung, Weinheim 1980

Klineberg, O.: Prejudice; in: International Encyclopedia of the Social Sciences, Vol 12, 1968

Kloas, P. W. und *Stenger, H:* Berufsschüler ohne Berufschance? Eine Analyse zu den Berufsstartproblemen, der sozialen Herkunft und den Maßnahmen der beruflichen Integration lernbehinderter und lerngestörter Jugendlicher, Hannover 1980

Kohn, M.: Social class and parental values, in: American Journal of Sociology 1959

Kohn, M.: Social class and parent-child relationships (1963); in: Anderson, M. (ed.): Sociology of the family, Harmondsworth 1971

Krappmann, L.: Soziologische Dimensionen der Identität, Stuttgart 1971

Krappmann, L.: Neuere Rollenkonzepte als Erklärungsmöglichkeit für Sozialisationsprozesse (1971); in: Auwärter, M. u.a. (Hrsg.): Seminar: Kommunikation, Interaktion, Identität, Frankfurt a. M. 1976

Leithäuser, T. und *Volmerg, B.:* Die Entwicklung einer empirischen Forschungsperspektive aus der Theorie des Alltagsbewußtseins, in: Leithäuser, T. u.a. (Hrsg.): Entwurf zu einer Empirie des Alltagsbewußtseins, Frankfurt a. M. 1977

Löwenthal, L. und *Gutermann, N.:* Agitation und Ohnmacht, Neuwied 1966

Mannheim, K.: Ideologie und Utopie (1929), Frankfurt a. M. 6. A. 1978

Matthes, J. und *Schütze, F.:* Zur Einführung; in: Arbeitsgruppe Bielefelder Soziologen (Hrsg.): Alltagswissen, Interaktion und gesellschaftliche Wirklichkeit, B. 1, Reinbek bei Hamburg 1973

Marx, K.: Zur Kritik der politischen Ökonomie (1859), MEW. Bd. 13, Berlin (Ost) 1981

Mead, G.H.: Geist, Identität und Gesellschaft (1934), Frankfurt a. M. 1973

Merveldt, D. v.: Soziologie der Soziologen, Heidelberg 1974

Milgram, St.: Das Milgram-Experiment. Zur Gehorsamsbereitschaft gegenüber Autorität, Reinbek bei Hamburg 1974

Mills, C.W.: The promise of the sociological imagination (1959); in: Douglas, J. D. (ed.): The relevance of sociology, New York 1970

Mills, C.W.: Kritik der soziologischen Denkweise, Neuwied 1963

Newcomb, Th.M.: Sozialpsychologie, Meisenheim am Glan 1959

Oevermann, K.: Sprache und soziale Herkunft, Frankfurt a. M. 1970

Paris, R.: Befreiung vom Alltag? in: Kursbuch 41, Berlin 1975

Parsons, T.: Die Schulklasse als soziales System (1959); in: Graumann, C. F. und Heckhausen, H. (Hrsg.): Pädagogische Psychologie Bd. 1, Frankfurt a. M. 1973

Plessner, H.: Die Stufen des Organischen und der Mensch, Berlin 3. A. 1975

Reimann, H.: Basale Soziologie: Einführung, in: ders. u.a.: Basale Soziologie: Theoretische Modelle, Opladen 1975

Riesman, D.: Die einsame Masse, Reinbek bei Hamburg 1958

Rolff, H.G.: Sozialisation und Auslese durch die Schule, Heidelberg 6. A. 1973

Rolff, H.G.: Bildungspolitik und bildungssoziologische Forschung im Bereich Schule - Kulturelle Modernisierung im Klassenkonflikt; in: Zeitschrift für Sozialisationsforschung und Erziehungssoziologie, 1983, H. 2

Roth, H. (Hrsg.): Begabung und Lernen (1968) (Deutscher Bildungsrat, Gutachten und Studien der Bildungskommission, Bd. 4), Stuttgart 4. A. 1969

Secord, P.F. und *Backman*, C.W.: Sozialpsychologie, Frankfurt a.M. 1976

Stenger, H.: Aspekte des raumbezogenen Verhaltens alter Menschen in Berlin-Kreuzberg und Berlin-Gropiusstadt; in: Arbeitsgruppe Interpretative Altersforschung: Alltag in der Seniorenfreizeitstätte. Soziologische Untersuchungen zur Lebenswelt älterer Menschen, Berlin 1983

Stenger, H.: Der Jugendliche im Desintegrationsprozeß; in: Monatsschrift für Kriminologie und Strafrechtsreform 3, 1984

Stenger, H.: Stigma und Identität. Über den Umgang straffälliger Jugendlicher mit dem Etikett ,,kriminell'', in: Zeitschrift für Soziologie 1, 1985 a

Stenger, H.: Aneignung statt Anpassung. Eine theoretische Skizze zur gesellschaftlichen Integration straffälliger Jugendlicher; in: Neue Praxis 5, 1985 b

Thomas, W.I. und *Thomas*, D.S.: Die Definition der Situation (1928); in: Steinert, H. (Hrsg.): Symbolische Interaktion, Stuttgart 1973

Toulmin, St.: Voraussicht und Verstehen. Ein Versuch über die Ziele der Wissenschaft, Frankfurt a.M., 1968

Weber, M.: Vom inneren Beruf zur Wissenschaft; in: ders.: Soziologie, Weltgeschichtliche Analysen, Politik, Stuttgart 3. A. 1964

Weber, M.: Soziologische Grundbegriffe, (Sonderdruck aus: Weber, M.: Wirtschaft und Gesellschaft, 4. A. 1956) Tübingen 2. A. 1966

Weber, M.: Der Sinn der ‚Wertfreiheit' der soziologischen und ökonomischen Wissenschaften (1917) (später u.d.T. ,,Der Sinn der ‚Wertfreiheit' der Sozialwissenschaften''); in: ders.: Soziologie, Weltgeschichtliche Analysen, Politik, Stuttgart 3. A. 1964

Geulen, D.: Bildungsreform und Sozialisationsforschung; in: Zeitschrift für Sozialisationsforschung und Erziehungssoziologie, 1983, H. 2

Goffman, E.: Wir alle spielen Theater. Die Selbstdarstellung im Alltag (1959), München 2.A. 1973

Gouldner, A.W.: Theoretische Bedingungen der angewandten Sozialwissenschaften, in: Bennis, W.G. u.a. (Hrsg.): Änderung des Sozialverhaltens, Stuttgart 1975

Habermas, J.: Erkenntnis und Interesse (1965); in: ders.: Technik und Wissenschaft als 'Ideologie', Frankfurt a. M. 1968

Habermas, J.: Stichworte zur Theorie der Sozialisation (1968), in: ders.: Kultur und Kritik, Frankfurt a. M. 1973

Habermas, J.: Umgangssprache, Wissenschaftssprache, Bildungssprache; in: Merkur 32. Jg., 1978, H. 4.

Hofmann, W.: Wissenschaft und Ideologie (1967); in: ders.: Universität, Ideologie, Gesellschaft. Beiträge zur Wissenschaftssoziologie, Frankfurt a. M. 6. A. 1972

Hofstätter, P.R.: Einführung in die Sozialpsychologie, Stuttgart 3. A. 1963

Hurrelmann,K.: Erziehungssystem und Gesellschaft, Reinbek bei Hamburg 1975

Joas, H.: Rollen- und Interaktionstheorien in der Sozialisationsforschung; in: Hurrelmann, K. und Ulich, D. (Hrsg.): Handbuch der Sozialisationsforschung, Weinheim 1980

Klineberg, O.: Prejudice; in: International Encyclopedia of the Social Sciences, Vol 12, 1968

Kloas, P. W. und *Stenger,H:* Berufsschüler ohne Berufschance? Eine Analyse zu den Berufsstartproblemen, der sozialen Herkunft und den Maßnahmen der beruflichen Integration lernbehinderter und lerngestörter Jugendlicher, Hannover 1980

Kohn, M.: Social class and parental values, in: American Journal of Sociology 1959

Kohn, M.: Social class and parent-child relationships (1963); in: Anderson, M. (ed.): Sociology of the family, Harmondsworth 1971

Krappmann, L.: Soziologische Dimensionen der Identität, Stuttgart 1971

Krappmann, L.: Neuere Rollenkonzepte als Erklärungsmöglichkeit für Sozialisationsprozesse (1971); in: Auwärter, M. u.a. (Hrsg.): Seminar: Kommunikation, Interaktion, Identität, Frankfurt a. M. 1976

Leithäuser, T. und *Volmerg, B.:* Die Entwicklung einer empirischen Forschungsperspektive aus der Theorie des Alltagsbewußtseins, in: Leithäuser, T. u.a. (Hrsg.): Entwurf zu einer Empirie des Alltagsbewußtseins, Frankfurt a. M. 1977

Löwenthal, L. und *Gutermann, N.:* Agitation und Ohnmacht, Neuwied 1966

Mannheim, K.: Ideologie und Utopie (1929), Frankfurt a. M. 6. A. 1978

Matthes, J. und *Schütze, F.:* Zur Einführung; in: Arbeitsgruppe Bielefelder Soziologen (Hrsg.): Alltagswissen, Interaktion und gesellschaftliche Wirklichkeit, B. 1, Reinbek bei Hamburg 1973

Marx, K.: Zur Kritik der politischen Ökonomie (1859), MEW. Bd. 13, Berlin (Ost) 1981

Mead, G.H.: Geist, Identität und Gesellschaft (1934), Frankfurt a. M. 1973

Merveldt, D. v.: Soziologie der Soziologen, Heidelberg 1974

Milgram, St.: Das Milgram-Experiment. Zur Gehorsamsbereitschaft gegenüber Autorität, Reinbek bei Hamburg 1974

Mills, C.W.: The promise of the sociological imagination (1959); in: Douglas, J. D. (ed.): The relevance of sociology, New York 1970

Mills, C.W.: Kritik der soziologischen Denkweise, Neuwied 1963

Newcomb, Th.M.: Sozialpsychologie, Meisenheim am Glan 1959

Oevermann, K.: Sprache und soziale Herkunft, Frankfurt a. M. 1970

Paris, R.: Befreiung vom Alltag? in: Kursbuch 41, Berlin 1975

Parsons, T.: Die Schulklasse als soziales System (1959); in: Graumann, C. F. und Heckhausen, H. (Hrsg.): Pädagogische Psychologie Bd. 1, Frankfurt a. M. 1973

Plessner,H.: Die Stufen des Organischen und der Mensch, Berlin 3. A. 1975

Reimann, H.: Basale Soziologie: Einführung in: ders. u.a.: Basale Soziologie: Theoretische Modelle, Opladen 1975

Riesman, D.: Die einsame Masse, Reinbek bei Hamburg 1958

Rolff, H.G.: Sozialisation und Auslese durch die Schule, Heidelberg 6. A. 1973

Rolff, H.G.: Bildungspolitik und bildungssoziologische Forschung im Bereich Schule - Kulturelle Modernisierung im Klassenkonflikt; in: Zeitschrift für Sozialisationsforschung und Erziehungssoziologie, 1983, H. 2

Roth, H. (Hrsg.): Begabung und Lernen (1968) (Deutscher Bildungsrat, Gutachten und Studien der Bildungskommission, Bd. 4), Stuttgart 4. A. 1969

Secord, P.F. und *Backman*, C.W.: Sozialpsychologie, Frankfurt a.M. 1976

Stenger, H.: Aspekte des raumbezogenen Verhaltens alter Menschen in Berlin-Kreuzberg und Berlin-Gropiusstadt; in: Arbeitsgruppe Interpretative Altersforschung: Alltag in der Seniorenfreizeitstätte. Soziologische Untersuchungen zur Lebenswelt älterer Menschen, Berlin 1983

Stenger, H.: Der Jugendliche im Desintegrationsprozeß; in: Monatsschrift für Kriminologie und Strafrechtsreform 3, 1984

Stenger, H.: Stigma und Identität. Über den Umgang straffälliger Jugendlicher mit dem Etikett „kriminell", in: Zeitschrift für Soziologie 1, 1985 a

Stenger, H.: Aneignung statt Anpassung. Eine theoretische Skizze zur gesellschaftlichen Integration straffälliger Jugendlicher; in: Neue Praxis 5, 1985 b

Thomas, W.I. und *Thomas*, D.S.: Die Definition der Situation (1928); in: Steinert, H. (Hrsg.): Symbolische Interaktion, Stuttgart 1973

Toulmin, St.: Voraussicht und Verstehen. Ein Versuch über die Ziele der Wissenschaft, Frankfurt a.M., 1968

Weber, M.: Vom inneren Beruf zur Wissenschaft; in: ders.: Soziologie, Weltgeschichtliche Analysen, Politik, Stuttgart 3. A. 1964

Weber, M.: Soziologische Grundbegriffe, (Sonderdruck aus: Weber, M.: Wirtschaft und Gesellschaft, 4. A. 1956) Tübingen 2. A. 1966

Weber, M.: Der Sinn der ‚Wertfreiheit' der soziologischen und ökonomischen Wissenschaften (1917) (später u.d.T. „Der Sinn der ‚Wertfreiheit' der Sozialwissenschaften"); in: ders.: Soziologie, Weltgeschichtliche Analysen, Politik, Stuttgart 3. A. 1964